Enterprise Application Integration

Wolfgang Keller ist Manager für die wiederverwendbaren Softwarekomponenten (Plattformmanager) der Generali Group Vienna. Sein Verantwortungsbereich umfasst technische Basissysteme für die Phoenix-Produktlinie, Produktarchitektur und internationale Koordination der Entwicklungslabors für die Generali-Plattform, sowohl für fachliche als auch für technische Anwendungen, die das Kerngeschäft von Versicherungen unterstützen. Er studierte nach einer »Siemens Stammhauslehre« Informatik/BWL an der Technischen Universität München und war vor seiner Tätigkeit bei der Generali als Seniorberater und Projektmanager bei der software design & management AG in Hamburg und München beschäftigt. Herr Keller hat über lange Zeit die VAA-Initiative des GDV (*http://www.gdv.de/vaa*) beraten.

Wolfgang Keller

Enterprise Application Integration

Erfahrungen aus der Praxis

dpunkt.verlag

Wolfgang Keller
Website: www.objectarchitects.de
E-Mail: wk@objectarchitects.de

Lektorat: Christa Preisendanz
Copy-Editing: Ursula Zimpfer, Herrenberg
Herstellung: Verlagsservice Hegele, Dossenheim
Umschlaggestaltung: Helmut Kraus, Düsseldorf
Druck und Bindung: Koninklijke Wöhrmann B.V., Zutphen, Niederlande

Die Deutsche Bibliothek – CIP-Einheitsaufnahme

Keller, Wolfgang:
Enterprise Application Integration : Erfahrungen aus der Praxis / Wolfgang Keller. –
1. Aufl. – Heidelberg : dpunkt-Verl., 2002
ISBN 3-89864-186-4

1. Auflage 2002

Ringstraße 19 b
69115 Heidelberg

Für *Manhard Keller*
* 5. 6. 1928 † 28. 12. 2001

und *Arved Wellm*
* 11. 1. 2000

Der eine war Ingenieur – der andere wird vielleicht mal einer werden.

Vorwort

Für dieses Buch über Enterprise Application Integration (EAI) hat es zahlreiche Anstöße gegeben. In unserer Firma, der Generali Gruppe Wien, ist wie bei vielen anderen Finanzdienstleistern auch, eine selbst gebaute EAI-Lösung entstanden. Etwas später wurde in anderen Teilen des Konzerns für ein zentrales E-Business-Projekt ein EAI-Produkt ausgewählt und später als Konzernstandard etabliert. Seit dem Jahr 2000 wird der Begriff EAI im Unternehmen immer wieder gebraucht und auch missbraucht. Um das Bild der Verwirrung zu komplettieren, haben wir seit 1995 auch Workflow-Lösungen im Haus. Diese treten allerdings immer mehr in Konkurrenz zu den Fähigkeiten von EAI-Integrationsservern. Die Unterschiede sind nicht trivial. Dazu kommen bei einem typischen Finanzdienstleister noch Ad-hoc-Workflows auf der Basis von Groupwarelösungen wie Lotus Notes. Doch damit nicht genug. Die meisten Finanzdienstleister setzen massiv auf IBM Host-Produkte wie OS/390, CICS und IBM MQSeries, während das Projekt, das den Konzernstandard gesetzt hat, mit solchen Umgebungen nur am Rande zu tun hatte.

Es wurde also Zeit, die Landkarte zu bereinigen und strategische Produktentscheidungen zu treffen. Wenn man das tut, möchte man sich typischerweise auf Referenzmodelle oder sonstige Unterlagen und Publikationen verlassen, die einem eine Richtlinie geben, wie man bei der Bereinigung sinnvoll vorgehen könnte. Bei der Literaturrecherche dazu war schnell festzustellen, dass hier eine Marktlücke existiert. Es gibt nur wenige Bücher zum Thema EAI (zum Beispiel [Lint2001, Ruh+2001]) und auch nur einen deutschen Titel [Nuss2000]. Während dieses Buch geschrieben wurde, sind noch zwei Spezialtitel zum Thema EAI mit J2EE auf den Markt gekommen [Juric2002, Shar+2001]. Alle diese Publikationen haben die Frage nach einem sinnvollen Referenzmodell nicht vollständig beantwortet und als Finanzdienstleister findet man sich auch nicht immer mit seinen Problemen wieder.

Damit war die Idee geboren, diese Lücke zu schließen und dieses Buch zu schreiben.

Danksagungen

Als derzeit nicht kodierender Manager war ich darauf angewiesen, auch die nötigen Mengen an Basisstoff zu bekommen, um dieses Buch schreiben zu können. Ich möchte dafür den Herren Rainer Frömmel (Shark Soft Wien) und Bernhard Anzeletti (Generali Wien) danken, die EDS gebaut und mit der Euro-Umstellung im großen Maßstab in Produktion gebracht haben. Wichtige Impulse habe ich außerdem von allen erhalten, die von »Schnittstellen zum Nulltarif« geträumt und mit dieser Vision für kreative Verwirrung gesorgt haben, die ich unter anderem mit diesem Buch wieder einfangen muss. Mein Vorgesetzter, Herr Walter Steidl, hat freundlicherweise die Freigabe für das Buch gegeben. Mein besonderer Dank gilt allen Reviewern, besonders Manfred Polczer, Dr. Gernot Starke, Markus Völter, Dr. Gabriele Wellm, und dem Verlagsteam, vertreten durch Frau Christa Preisendanz.

Wien, im Frühjahr 2002

Wolfgang Keller

Inhalt

1 Einleitung und Überblick

Enterprise Application Integration (EAI) und Enterprise Nervous Systems (ENS) sind Technologien, die zum Baukasten eines Softwarearchitekten auf Unternehmensebene gehören. Neben erheblichen Kostensenkungs- und Beschleunigungspotenzialen durch den Einsatz dieser Technologien gibt es aber, wie bei jeder Technologie auch, Risiken, die durch einen falschen oder nicht angepassten Einsatz solcher Werkzeuge entstehen.

Viele Unternehmen können mit EAI Geld verdienen

Dieses Buch entstand aus der Beschäftigung eines »Unternehmensarchitekten« aus der Versicherungswirtschaft mit dem Thema EAI und ENS. Ich habe es vor allem geschrieben, weil ich ein solches Buch gebraucht hätte, um in der Lage zu sein, die Angebote verschiedener Hersteller zu beurteilen und die Frage »make or buy« profund zu beantworten.

Am meisten von diesem Buch profitieren Softwarearchitekten von Finanzdienstleistern. Aber auch Softwarearchitekten aus anderen Branchen werden profitieren

Zielgruppe

Das Buch hat daher vor allem den Anspruch, Softwarearchitekten auf Unternehmensebene im Bereich der Finanzindustrie zu helfen. Wenn Sie als solcher arbeiten, werden Sie von der Lektüre am meisten profitieren. Die Beispiele sind bewusst auf das Arbeitsgebiet des Autors fokussiert, weil der praktische Wert eines Buches dann höher ist, wenn echte Projekterfahrung hinter einem Text steht und nicht vor allem theoretische Überlegungen.

Softwarearchitekten aus anderen Branchen werden jedoch ebenfalls profitieren. Die Zielgruppe sind also vor allem Entscheider, die über den Einsatz von EAI-Technologien mitbestimmen, und Unternehmensarchitekten, die dafür die Umsetzungspläne entwerfen.

Sie können diesen Text natürlich auch zur Einarbeitung verwenden, wenn Sie als Softwarearchitekt eines anderen Projektes mit EAI-Technologien zu tun haben oder wenn Sie ein EAI-Konzept beurteilen möchten.

Das Buch ist von Profis für Profis gemacht

Explizit angesprochen sind vor allem Leser, die mit Grundbegriffen der Datenkommunikation, wie Queuing-Modelle, TCP, SNA, XML und Ähnlichem, etwas anfangen können und Berufserfahrung als Softwareentwickler im Umfeld großer Geschäftsinformationssysteme haben. Viele Bücher zu EAI werden deshalb so extrem dick, weil sie genau alle diese Grundbegriffe erklären. Dieses Buch versucht dagegen, sich speziell auf die neuen Aspekte von EAI und ENS zu konzentrieren, die Sie als Entwickler und Architekt benötigen, um sich schnell einzuarbeiten, und ist daher bewusst dünner als viele andere Bücher in demselben Gebiet, die zusätzlich noch Grundlagen der Datenkommunikation mit vermitteln.

Dadurch ergibt sich auch ein gewisses Dilemma: Experten sollten diesen Text schnell diagonal lesen können und nur diejenigen Abschnitte durcharbeiten, die Aspekte abdecken, die sie nicht sowieso schon kennen – daher wird nicht jeder Begriff wie zum Beispiel »Applikationsserver« oder XML von null ausgehend eingeführt. Stattdessen wird er erst einmal verwendet und es werden dann Querverweise auf Erläuterungen und Definitionen an geeigneten Stellen angebracht. Das mag zwar methodisch nicht immer 100% sauber sein, erleichtert aber das schnelle Lesen für die Zielgruppe.

1.1 Was wissen Sie, wenn Sie dieses Buch gelesen haben?

Kapitel 2

Wenn Sie dieses Buch gelesen haben, kennen Sie *wichtige Anwendungsfelder*, bei denen es sich potenziell lohnt, mit Methoden der Enterprise Application Integration zu arbeiten (siehe vor allem Kapitel 2). Sie kennen auch den Unterschied zwischen EAI und B2B-E-Commerce (Business to Business: Elektronischer Handel zwischen Unternehmungen, meist über das Internet), wissen aber, dass dafür sehr ähnliche Technologien eingesetzt werden, allerdings mit einem anderen Fokus.

Kapitel 3, 4

Sie kennen die *wesentlichen Entscheidungsfelder, in denen Sie Architekturentscheidungen* treffen müssen, wenn Sie eine Enterprise-Application-Integration-Lösung für Ihr Unternehmen entwerfen wollen (siehe Kapitel 3 und 4).

Sie kennen wesentliche Fähigkeiten von Integrationsservern (siehe wieder Kapitel 3, 4 und auch Kapitel 10 als kondensierte Checkliste) und können damit beurteilen, ob Sie solche Fähigkeiten mit in Ihre Evaluierung von EAI-Produkten aufnehmen wollen.

Checklisten Kapitel 10

Sie haben in Kapitel 5 *zwei Fallstudien* gesehen, die Ihnen einen *Vergleich zwischen einer selbst gebauten EAI-Lösung* (Abschnitt 5.1) *und einem kommerziellen High-End-Produkt* (Abschnitt 5.2) erlauben. Sie lernen außerdem die EAI-Strategie von Microsoft kennen (Kapitel 6) und wissen, wie .NET und EAI zusammenspielen. Dabei erfahren Sie auch etwas über die Rolle von neuen Konzepten wie SOAP und Webservices für EAI. Sie bekommen damit ein Gefühl, warum selbst gebaute Lösungen auf dem Rückzug sein werden. Für Fans von J2EE wird auch diese Architektur in Hinblick auf EAI beleuchtet (Kapitel 7).

Fallstudien Kapitel 5

Kapitel 6, 7

Sie kennen typische »Verkaufsgeschichten« von EAI- und ENS-Verkäufern und können beurteilen, welchen Nutzen Sie wirklich in Ihren Business Case schreiben können und wo Sie es mit eher unrealistischen Versprechungen und Erwartungen zu tun haben. Diesem Thema habe ich Teile von Kapitel 8 »Praktische Erfahrungen mit EAI« gewidmet.

Kapitel 8

Anhand einer groben Checkliste können Sie Ihren *Weg zu einem EAI-Architekturkonzept* (Kapitel 9) erarbeiten und haben es leichter, eine EAI-Lösung für Ihr Unternehmen zu entwickeln.

Kapitel 9

1.2 Wie können Sie dieses Buch lesen?

Sie können dieses Buch am besten diagonal von vorne nach hinten lesen und dort einhaken, wo Sie Dinge als neu und nützlich empfinden.

Es gibt aber auch Bereiche zum Nachschlagen, wie die Produkt-Checkliste (Kapitel 10) oder die sehr detaillierte Abhandlung von Kommunikations- und Integrationstechnologien (Kapitel 4), die Sie am besten nur bei Bedarf lesen sollten und wie gesagt zum Nachschlagen nutzen können, wenn Sie Ihr konkretes EAI-Projekt durchführen.

2 Wann brauchen Sie eine EAI-Lösung?

Wie Sie noch sehen werden, ist der Begriff EAI nicht gerade präzise definiert. Wenn Sie allerdings vom Verkäufer eines EAI-Tools angesprochen werden, wird der Ihnen klar machen, dass Sie genau sein Tool benötigen. Oft wird er das tun, ohne wirklich nach Ihrem Anwendungsfall zu fragen – one tool fits all.

Dieses Kapitel gibt Ihnen zunächst einen ersten begrifflichen Überblick über EAI. Sie werden dann die Trends kennen lernen, die den Bedarf nach EAI-Lösungen wachsen lassen.

EAI-Anwendungsfälle

Dann erfahren Sie Näheres zu vier häufigen Anwendungsfällen für EAI-Lösungen. Es sind dies:

- Multichannel-Architekturen,
- Application to Application (A2A) Integration,
- Geschäftsprozessintegration mit Workflow und
- Anwendungen aus dem Bereich Trade Rooms.

Das Kapitel stellt die rein durch das Geschäft verursachten Anwendungsfälle für diese Technologien dar. Über die Technologien selbst lesen Sie zunächst noch wenig. Es gibt sicher noch mehr Anwendungsfälle. Die hier aufgeführten und beschriebenen treten jedoch sehr häufig auf.

2.1 Was ist EAI?

Begriff

EAI heißt Enterprise Application Integration. EAI-Produkte sind Software, die es erlaubt, die Anwendungen eines Unternehmens zu integrieren. Der Begriff wurde geprägt durch das Bemühen, viele Anwendungen, die nicht für eine Zusammenarbeit entworfen wurden und auch nur Teilaufgaben von Geschäftsprozessen abdecken, dazu zu bringen, in einheitlichen Geschäftsprozessen zusammenzuspielen. Es geht also darum, heterogene Anwendungen eines Unternehmens so zu integrieren, dass sie sich möglichst so verhalten, als wären sie von Anfang an dafür entworfen worden, die aktuellen Geschäftsprozesse eines Unternehmens zu unterstützen. Abschnitt 2.3.3 beleuchtet dieses spezielle Benutzungsszenario von EAI später noch näher.

Da die Werkzeuge, die wir in diesem Buch vor allem erläutern, nämlich so genannte EAI-Integrationsserver, auch in anderen Bereichen Verwendung finden, macht es hier Sinn, EAI von so genanntem B2B-E-Commerce kurz abzugrenzen.

Abbildung 1:
B2B-E-Commerce Die Pfeile stellen den Informationsaustausch zwischen den Partnern dar.

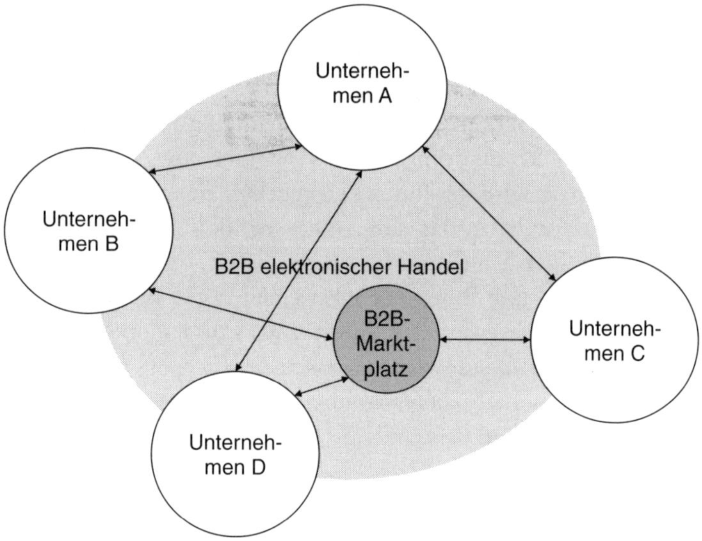

B2B **B2B-E-Commerce** rationalisiert den Handel zwischen Unternehmen. Mittels Geschäftsprozess-Reengineering gestalteten viele Firmen in den 90er Jahren ihre internen Prozesse neu. Dabei beschleunigten sie vor allem den Fluss von Gütern. Heute machen die Unternehmen den Fluss von Informationen zwischen Geschäftspartnern schneller. B2B-E-Commerce wird also vor allem eingesetzt, um schneller und mittels elektronischem Datenaustausch Geschäfte zwischen Unternehmen zu vereinbaren und abzuwickeln. Das ist nicht neu. Die Versuche gibt es mit EDI schon mehr als 20 Jahre. Nur durch neue Technologien, wie vor allem das Internet und die dort verwendeten Technologien wie XML, SOAP, Webservices und auch Integrationsserver, erhalten diese Bestrebungen neuen Schwung und die Unternehmen hoffen, bei diesem Anlauf mehr zu erreichen. Zum Teil wurde auch schon in bestimmten Industrien viel erreicht, wie die Geschichte von RosettaNet zeigt.

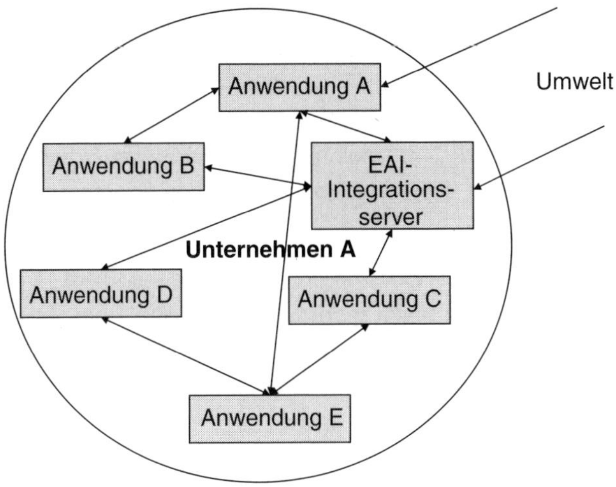

***Abbildung 2:** EAI*
Die Pfeile stellen wieder den Informationsaustausch dar. Die Unternehmensumwelt kann entweder direkt mit einer Anwendung (A) kommunizieren oder die Kommunikation mit der Unternehmensumwelt wird über einen EAI-Integrationsserver konzentriert abgewickelt. Dieser kann auch als Hub & Spoke-Verteiler für Informationsaustausch im Unternehmen eingesetzt werden.

EAI

EAI (Enterprise Application Integration) beschleunigt und rationalisiert die Informationsflüsse innerhalb eines Unternehmens. Wenn man sich Abbildung 2 ansieht, wird man feststellen, dass sie strukturell identisch zu Abbildung 1 ist. Die Unternehmen wurden durch die einzelnen Anwendungen eines Unternehmens ersetzt, die miteinander kommunizieren müssen, und der B2B-Marktplatz durch den EAI-Integrationsserver. Damit zielt EAI auf die Rationalisierung innerhalb des Unternehmens.

Werkzeuge

Es ist einleuchtend, dass die Werkzeuge, die man für EAI und B2B-E-Commerce verwendet, strukturell ähnlich sind. Dieses Buch beschäftigt sich allerdings schwerpunktmäßig mit EAI. B2B-E-Commerce werden wir in einigen Abschnitten streifen, vor allem dann, wenn die Strategie von Microsoft erläutert wird. Deren EAI-Tool, der BizTalk-Server, stammt eher aus dem Bereich B2B-E-Commerce und es macht daher auch Sinn, dieses Gebiet im Überblick zu erläutern, wenn man ein gutes Verständnis für EAI erreichen will.

Die Werkzeuge, die für EAI entwickelt wurden, kann man für viele Anwendungsfälle in Unternehmen verwenden, so zum Beispiel um so genannte Multichannel-Architekturen aufzubauen (siehe dazu Abschnitt 2.3.1) oder um generell die Kommunikation zwischen Anwendungen eines Unternehmens einfacher und billiger zu gestalten (siehe A2A-Kommunikation, Abschnitt 2.3.2).

Das Akronym EAI ist zu einem Sammelbegriff für viele Kategorien von Softwarelösungen geworden, die sämtlich etwas mit der Integration heterogener Lösungen innerhalb eines Unternehmens zu tun haben. Trotzdem unterscheiden sich aber die optimalen Lösungen immer noch sehr stark, je nachdem, um welche Art von Problem es sich handelt – auch wenn sie alle unter den Oberbegriff EAI-Lösungen fallen.

ENS

Um abzugrenzen, mit welcher Art von Softwareprodukten und -lösungen wir uns hier befassen wollen, macht es Sinn, noch ein weiteres Akronym einzuführen. Das Akronym ENS steht für Enterprise Nervous System. Gartner Research hat diesen Begriff eingeführt für die Summe aus:

- Integration Brokern – das sind Sternverteiler, die für die Kommunikation von Anwendungen genutzt werden, um über Adapter mit vielen Systemen kommunizieren zu können,
- Geschäftsprozessmanagementtools,
- Middleware zur Kommunikation,
- Webservern,
- Applikationsservern
- und Datenintegrations- und ETL[1]-Technologien.

Was enthält ein Anwendungsportfolio?

Bei den oben genannten Kategorien von Software handelt es sich um technische Software ohne fachlichen Inhalt. Wenn man sich nun das Anwendungs- und Softwareportfolio einer typischen Versicherung ansieht (siehe auch Abbildung 3), dann findet man dort:

- Anwendungen, die das Kerngeschäft abdecken. Es sind dies meist große, hochspezialisierte Hostanwendungen, die man auf dem freien Softwaremarkt von ERP-Herstellern noch nicht zukaufen kann. Bei Versicherungen ist dies zum Beispiel ein Vertragssystem für mehrere Millionen Lebensversicherungsverträge. Bei Banken stünde hier ein System für die Abwicklung von Zahlungsverkehr oder Aktienhandel mit Millionen von Transaktionen pro Woche.
- Spezialisierte Verkaufsanwendungen und Anbindungen an Vertriebspartner.
- ERP-Anwendungen. Also typischerweise standardisierte Anwendungen für sekundäre Geschäftsprozesse wie Hauptbuchhaltung, Controlling, Personalverwaltung und Ähnliches. Solche Anwendungen kann man von ERP-Herstellern, wie zum Beispiel SAP, Baan, Peoplesoft oder Oracle, zukaufen
- Data-Warehouse (DWH)- und Statistikanwendungen. Diese entstehen auf zugekaufter Basissoftware und decken den so genannten dispositiven Bereich ab. Für solche Lösungen haben sich Architek-

---

1. ETL ist ein Akronym für *extract, transform, load*. Man benutzt ETL-Tools, um Inhalte aus operativen Datenbanken zu extrahieren, diese zu transformieren und hinterher zum Beispiel in ein Data Warehouse zu laden. ETL Tools können oft auch für Datentransformationen im EAI-Bereich eingesetzt werden.

turstandards entwickelt. Siehe dazu zum Beispiel [Kimb+1998, Wiek1999].

Die Reihenfolge ist nicht zufällig so gewählt. Die Kernanwendungen waren meist zuerst vorhanden. Vielfach enthielten sie das, was heute unter den Kategorien ERP und DWH zugekauft wird, aber noch vor 25 Jahren ebenfalls selbst entwickelt wurde. Verkaufsanwendungen wurden später ab den 80er Jahren dazu gebaut, und zwar mit dem Aufkommen von mittlerer Datentechnik für dezentrale Einheiten, mit dem Aufkommen des PCs und mit der Verbreitung von Laptops.

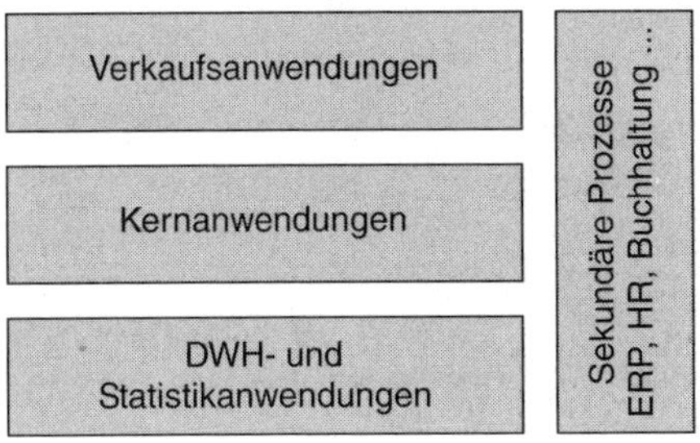

Abbildung 3: Oberste Sicht auf das Anwendungsportfolio einer Versicherung

ENS als GlueWare

Das Enterprise Nervous System, also die oben genannten Arten von technischer Software, wird zunehmend als Klebstoff und Schmiermittel benützt, um Applikationen zusammenzufügen, kommunizieren zu lassen und um Inhalte für Geschäftspartner verfügbar zu machen – zum Beispiel im Web.

In diesem Buch beschäftigen wir uns näher mit den ersten drei Arten von Bestandteilen eines ENS, nämlich Integration Brokern, Geschäftsprozessmanagementtools und Middleware zur Kommunikation. Webserver und Applikationsserver sind hier nicht unser Thema. Mit ETL-Tools werden wir uns nur am Rande befassen, sofern sie auch EAI bei der Datentransformation unterstützen können.

2.2 Trends, die den Bedarf nach EAI wecken

Internet

In diesem Abschnitt soll der Frage nachgegangen werden, warum der Markt und der Bedarf für EAI-Lösungen derzeit dramatisch wächst. Der Satz:

Das Internet wird für immer die Art verändern, wie wir Geschäfte machen ist zwar schon ein guter Einstieg, aber noch keine vollständige Erklärung, weil sich hinter dem Begriff eine große Menge von Technologien und Möglichkeiten verbergen, die man differenzierter betrachten muss.

2.2.1 Trend 1: Internet, B2B und neue Geschäftsprozesse

Der Internet-Hype der letzten Jahre vor dem Dotcom-Crash war geprägt durch so genannte B2C-Modelle, also Business-to-Customer-Modelle. Die Geschäftsmodelle, die dort primär implementiert wurden, waren (nach Musil et al. [Musil2000]) folgende:

Verkehr verkaufen

- **Verkehr erzeugen und verkaufen:** Auf diesem Geschäftsmodell basieren Suchmaschinen, Verzeichnisdienste und zum Beispiel kostenfreie E-Mail-Provider und ähnliche Anbieter. Der Betreiber eines Internetauftrittes versucht, möglichst viel Verkehr auf seine Seiten zu ziehen, den Kunden dort möglichst lange zu halten, und erzielt Einnahmen über Werbung.

Kundenorientierung

- **Kundenorientierung zum Beispiel im elektronischen Handel:** Unter diese Kategorie fallen die großen Internet-Versandhändler. Das Geschäftsmodell funktioniert dann am besten, wenn man beim Verkaufen sein Wissen über den Kunden ausnutzt. Wie solche Anbieter gut mit Customer Relationship Management (CRM) umgehen können, kann man zum Beispiel sehr gut studieren, wenn man Kunde von amazon.com ist. Die Lesevorschläge, die man dort bekommt, stellen einen echten Mehrwert gegenüber einem normalen Einzelhandel dar. Die Auswahl ist enorm groß und die Lieferung ist nicht langsamer als bei einer Bestellung im normalen Buchhandel.

Prozesseffizienz

- **Prozesseffizient, also B2C-Marktplätze und Vermittlung von Geschäften:** Eine weitere Kategorie von Geschäftsmodellen ist die Vermittlung von Geschäften. Darunter fallen zum Beispiel elektronische Auktionshäuser, elektronische Vergleichsplattformen und sonstige Vermittlung von Waren und Dienstleistungen über das Netz. Diese Geschäftsmodelle funktionieren, weil sie effizientere Prozesse bieten als ohne den Einsatz des Internets zur Unterstützung.

Allen den obigen Modellen ist gemeinsam, dass sie nicht unbedingt Treiber für EAI-Anwendungen sind. Am ehesten kann noch aus den letzten beiden Modellen der Bedarf nach EAI-Lösungen entstehen, nämlich dann, wenn für die Veranlassung von Lieferungen, Verbindungen mit Geschäftspartnern aufgebaut werden müssen.

Einige der aus den obigen Modellen hervorgegangenen Firmen sind stabil und werden bestehen bleiben. Viele weniger solide Marktteilnehmer mit schwachen Geschäftsmodellen sind schon ausgeschieden.

Übertragen auf Abbildung 4 befinden wir uns derzeit knapp hinter dem Punkt, der mit »The empire strikes back« markiert ist.

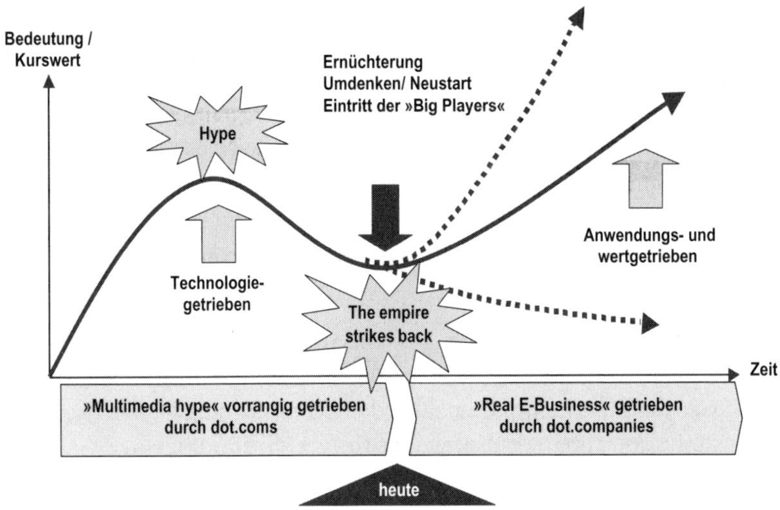

Abbildung 4:
Hype-Kurve für E-Business und EAI
Quelle: Generali eBusiness Strategieprojekt, Roland Berger Strategy Consultants, 2000

Dieser Punkt zeichnet sich dadurch aus, dass auch ältere, lange bestehende, konservative und etablierte Unternehmen anfangen, die Möglichkeiten des E-Business und des Internets zu erkennen und zu verwenden. Dort wird Internettechnologie vor allem für folgende Anwendungsfälle genutzt:

Reengineering von Prozessen

- **Neugestaltung von Geschäftsprozessen:** Begriffe wie Business Process Reengineering gibt es schon länger und die »radikale Neugestaltung von Geschäftsprozessen« hatte nicht immer einen guten Ruf. Trotzdem kann man in sehr vielen Unternehmen Kosteneffekte dadurch erzielen, dass man bestehende Geschäftsprozesse vereinfacht oder mit Hilfe von Technologieeinsatz komplett neu erfindet. Dabei wird man vor allem versuchen, Bearbeitungsschritte zu automatisieren oder ganz wegfallen zu lassen und das 80/20-Prinzip anzuwenden. Also zum Beispiel 80% der Fälle möglichst automatisch abzuwickeln und menschliche Bearbeiter nur dort einzusetzen, wo es unvermeidbar ist.

B2B-Prozessautomatisierung

- **B2B-Integration:** Eine Variante der Neugestaltung von Geschäftsprozessen ist die Business-to-Business-Integration. Hier werden die Wertketten von Unternehmen durch Kommunikationstechnik verbunden. Es bestehen Beschleunigungs- und damit Kosteneffekte. Zum Beispiel kann das Bestellwesen automatisiert werden.

Selbstbedienung

- **Verlagerung von Service auf billigere Kanäle:** Zum Boom der Callcenter hat beigetragen, dass sie es erlauben, ähnlichen Service preiswerter zu erbringen als zum Beispiel mit einer flächendeckenden Service-Organisation. Selbstbedienung über das Internet ist noch mal preiswerter als Service über das Callcenter. Viele Unternehmen versuchen also möglichst viele Prozesse nach außen zu Kunden und Geschäftspartnern zu verlagern, um Kosten zu sparen.

B2E-Portale

- **B2E-Modelle:** Eine Variante der Verlagerung von Service auf billigere Kanäle sind auch Business-to-Employee-Portale. Statt Mitarbeiter durch andere Mitarbeiter bedienen zu lassen, werden die nötigen Informationsleistungen über elektronische Portale erbracht.

Alle diese Ansätze haben eines gemeinsam: Um sie zu implementieren, muss man alte und neue Anwendungen integrieren und existierende DV-Systeme für Nachrichten aus dem Internet zugänglich machen. Dies sind also primäre Einsatzfelder für EAI-Technologien.

2.2.2 Trend 2: ERP-Lösungen und Komponenten

ERP-Systeme

Ein weiterer Trend am Markt hat nur sekundär etwas mit dem Internet zu tun. So genannte ERP-Lösungen sind große fertige Softwarepakete, die von den meisten größeren Unternehmen heute für sekundäre Geschäftsprozesse wie Rechnungswesen, Materialwirtschaft und vieles mehr eingesetzt werden. Prominentester Vertreter solcher Systeme ist SAP.

Diese Systeme müssen natürlich mit den proprietären und zum Teil wettbewerbskritischen Anwendungen der Unternehmen verbunden werden.

Der Trend geht dahin, dass immer mehr Software in den Unternehmen im Einsatz ist und davon prozentual immer weniger selbst programmiert wird. Das heißt, dass sich die Aufgabenschwerpunkte von EDV-Mitarbeitern verschieben, und zwar von der Programmierung proprietärer Lösungen hin zur Integration fertiger Lösungen zu den Geschäftsprozessen, die das Unternehmen benötigt. Die EDV-Mitarbeiter der ERP-Anwenderunternehmen werden also nicht arbeitslos, sondern haben dann vor allem zwei Arten von Aufgaben:

- Customizing der zugekauften ERP-Anwendungen
- und Integration dieser Anwendungen mit den eigenen Anwendungen mittels GlueWare, wie zum Beispiel EAI-Tools.

Weitere Entwicklungen verstärken diesen Trend. Die Vorstellungen aus den 80er und 90er Jahren, dass ein Unternehmen ein möglichst integriertes Gesamtsystem in einer möglichst homogenen Technologie haben sollte, befinden sich auf dem Rückzug, weil sie sich als nicht praktikabel erwiesen haben.

Kurze Technologiezyklen

- Zum einen sind die Technologiezyklen heute so kurz, dass es kaum noch ein Unternehmen schaffen wird, seine komplette Software innerhalb eines Technologiezyklus von 2–3 Jahren neu zu schreiben. Die typische Lebensdauer von geschäftskritischen Systemen liegt eher bei 20–30 Jahren und es dauert zum Beispiel in einer Versicherung um die 7–10 Jahre, ein Anwendungsportfolio einmal komplett zu erneuern. Daher müssen sich die Daten- und Architekturpolizisten mit dem Gedanken vertraut machen, es mit mehr als einer Technologiegeneration zu tun zu haben. Diese Systeme müssen integriert werden. Mithin handelt es sich wieder um einen potenziellen Anwendungsfall für EAI-Technologien.

Lose gekoppelte Systeme

- Zum anderen ist es gar nicht immer wirklich gut, ein voll integriertes System zu haben. Lose gekoppelte Komponenten können wesentlich leichter zu betreiben sein. Siehe dazu auch das Beispiel in Abschnitt 8.1.4, in dem es um die Vorteile »schlecht« integrierter Systeme geht.

Componentware

Schließlich gibt es noch den Trend »Componentware«. Wenn man Architekturen wie J2EE oder .NET als Componentware bezeichnet, wird Componentware eine Rolle spielen. Bei der Integration von existierenden, alten Systemen sind die Versprechungen des Component-Hypes allerdings nicht wahr geworden. Der wirklich große Component-Hype flaut daher schon wieder ab. Für EAI spielt Componentware nicht DIE große Rolle. Trotzdem werden wir auch die Integration über Komponenten in diesem Buch mit diskutieren. Siehe dazu Abschnitt 4.1.4.

2.2.3 Trend 3: Fusionen

Fusionen

Eine weitere Strömung, die die Integration von Software zu einer häufig geübten Sportart macht, die jeder EDV-Profi beherrschen muss, sind die Unternehmenszusammenschlüsse und Fusionen. Sie kommen derzeit in der Finanzindustrie immer häufiger vor und haben teilweise gigantischen Umfang. Andere Industrien nutzen ebenfalls Economies of Scale.

Das Endziel bei solchen Fusionen wird es meist sein, das EDV-System eines der Fusionspartner zu behalten und die Bestände des anderen Partners in das beibehaltene System zu migrieren. Dieses Vorgehen ist jedenfalls aus guten Gründen bei Fusionen im Finanzdienstleistungssektor sehr gebräuchlich, weil die Systeme meist skalierbar genug sind, um das Geschäft eines der Fusionspartner noch mit aufzunehmen. Man kann sich damit sehr oft doppelte Wartung ersparen[2]. Bis man so weit ist, vergehen allerdings meist 1,5 bis 3 Jahre, in denen man zum Beispiel gemeinsame Sichten auf Datenbestände beider Unternehmen benötigt. Dies kann dann wieder ein Anwendungsfall für EAI-Technologien sein.

2.3 Einige Anwendungsfälle für EAI-Lösungen

EAI-Anwendungsfälle

In diesem Abschnitt lernen Sie vier typische Anwendungsfelder für EAI näher kennen. Die Beispiele stammen großteils aus dem Bereich der Finanzindustrie, denn dieses Buch hat, was die Beispiele anbelangt, einen Schwerpunkt auf Versicherungen und Banken. Der Analogieschluss zu anderen Industrien ist meist nicht sehr schwer.

Andere Fälle aus eher industriellen und sonstigen Umfeldern werden dann danach noch in Kürze vorgestellt.

2.3.1 Multichannel-Architekturen

Multichannel-Architekturen

Um zu verstehen, warum man so genannte Multichannel- (oder auch Mehrkanal-) Architekturen unterstützen muss und welche Softwarewerkzeuge man dafür benötigt, ist ein kleiner Blick in die jüngere Vergangenheit von Versicherungen hilfreich.

Noch vor etwa 10 Jahren sah die Anwendungslandschaft eines Versicherungsunternehmens in etwa so aus, wie in Abbildung 5 dargestellt. Data-Warehouse-Anwendungen und ERP-Anwendungen waren oft noch in die Kernsysteme integriert. Uns interessiert für die Diskussion hier auch nur die Beziehung zwischen Verkaufssystemen (Front-Office) und Kernsystemen (Back-Office). Auch wenn im Vertrieb Laptops vorhanden waren, so erfolgte dennoch ein Großteil des Informationsflusses (Pfeil) zwischen Verkäufer und Back-Office über Papier.

2. Die Begründung dafür ist länger und nicht Thema dieses Buches und kann bei Interesse in [Kell2001] nachgelesen werden.

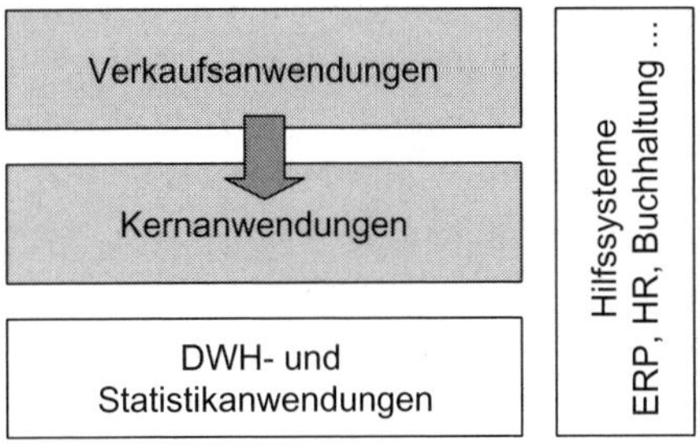

Abbildung 5: *Anwendungsportfolio grob – frühe 90er Jahre. Damals erfolgte ein Großteil des Informationsflusses zwischen Verkaufsanwendungen und Back-Office (Kernanwendungen) noch über Papier.*

Schon damals existierte mehr als nur ein Vertriebskanal. So gab und gibt es als Vertriebskanäle den von Versicherungsunternehmen angestellten Außendienst, Agenten, Makler und diverse Partnerorganisationen. Auch Kunden benötigen Auskünfte und direkte Kontakte.

Mit dem Internet bieten sich nun mehrere Möglichkeiten der Verbilligung von Geschäftsprozessen an:

Callcenter

- Durch das Aufkommen von Callcentern und Internetdialogen konnte man darangehen, Auskünfte an Kunden auf Kanäle zu verlegen, die billiger sind als die Auskunft durch einen Außendienstmitarbeiter, Makler oder Innendienstmitarbeiter am Telefon.

Außendienst

- Die Außendienstkanäle, die nicht Teil des Unternehmens sind (Makler, Agenten, Partnerorganisationen), können ebenfalls mit Selbstbedienung und automatisiertem Datenaustausch besser und billiger angebunden werden, als das über telefonische Auskünfte durch einen Innendienst bisher der Fall war.

Diese beiden Entwicklungen hatten und haben Auswirkungen auf die Architektur der Informationssysteme. Die Welt vor dem Back-Office-System wird um einiges vielfältiger und komplexer.

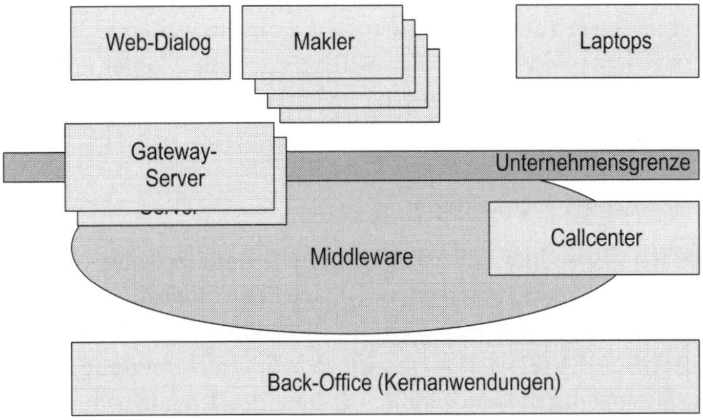

Abbildung 6: *Typische Front-Office-Landschaft einer Versicherung*

Kanäle

Abbildung 6 zeigt dies. Vor der Unternehmensgrenze gibt es mehr als eine Anwendung, die Geschäftspartnern zur Verfügung steht. Für Kunden sind Web-Dialoge als Anwendungen zur Selbstbedienung vorhanden. Für Makler und Agenten gibt es entweder spezialisierte Anwendungen als Web-Anwendungen oder Datenaustausch über normierte Formate. Der eigene Außendienst arbeitet nach wie vor weiter mit Laptops oder demnächst permanent online mit Smartphones und Laptops. Das Callcenter steht als weiterer Kanal für die Bedienung von Kunden und Vertriebspartnern zur Verfügung.

Firewall

Die Unternehmensgrenze wird oft durch eine Firewallarchitektur dargestellt, durch die das Unternehmensnetz vom Internet abgetrennt und gegen Angriffe abgesichert wird. Gateway-Server übernehmen die Kommunikation nach außen.

Man kann dieses Bild sicher noch detaillierter darstellen. Wichtig ist jedoch vor allem der Aspekt der Middleware. Im Endeffekt werden bei der oben abgebildeten Multichannel-Architektur aus immer denselben Backend-Anwendungen die verschiedensten Frontend-Anwendungen bedient, allerdings ist die Aufbereitung jedes Mal eine geringfügig andere.

Einige Kanalarten

- Die Selbstbedienungs-Internetanwendung für Kunden lässt nur wenige, einfache Geschäftsfälle zu.
- Im Kundenservicecenter (Callcenter) gibt es schon einen erweiterten Zugriff auf die Kernsysteme, zum Beispiel über einen Intranetdialog. Hier werden mehr Geschäftsfälle angeboten, zum Beispiel Änderungen von Verträgen.
- Und die Offline-Laptops der Außendienstmitarbeiter werden über eine Datenversorgung bedient, die den Außendienst mit wichtigen Kunden- und Vertragsdaten beliefert. Es ist weiter damit zu rechnen, dass auch der eigene Außendienst Onlinezugriffe erhalten wird, wenn mobile Datenkommunikation so billig ist, dass das kostenmäßig verträglich ist. Es entsteht dann ein weiterer Onlinekanal.
- Die gleichen Vertragsinhalte werden auch für Makler entweder im Dialog oder als Versorgungspakete für deren eigene Datenverarbeitung aufbereitet.

N:1-Multichannel-Architekturen

Wir haben es also hier mit Architekturen zu tun, bei denen eine Art von Kunde über mehrere verschiedene Kanäle bedient wird. Allerdings werden die Kunden immer wieder aus demselben Backend-System mit grundsätzlich denselben Informationen beliefert. Abbildung 7 zeigt eine solche Situation. Ein Kunde kann hier über drei Kanäle bedient werden.

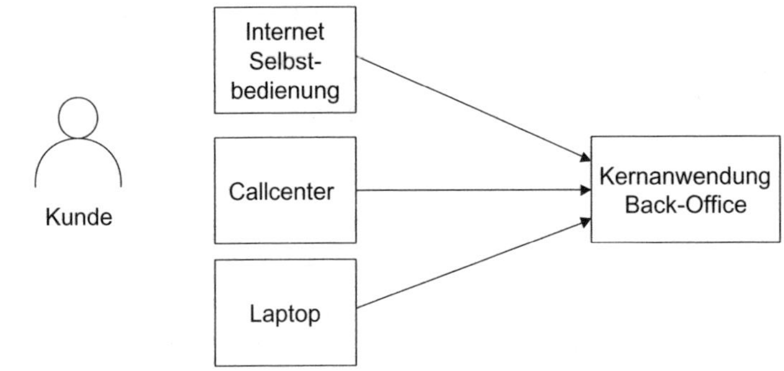

Abbildung 7:
N:1-Multichannel-Situation

Abbildung 7 trägt aber bewusst noch nicht den Titel »Architektur«. Eine vernünftige Architektur muss es vermeiden, dass für jeden Kanal eine neue, individuelle Schnittstelle entsteht. Würde man ohne Architekturkonzept einen Kanal nach dem anderen an das existierende Kernsystem (Back-Office-System) andocken, könnte es zu einer Situation kommen, in der es für jeden Kanal eine eigene Schnittstelle für dieselbe oder sehr ähnliche Funktionalität gibt. Das wäre zu teuer und ist daher zu vermeiden.

Wartungskosten senken

Ein vernünftiger Einsatz von Middleware, und speziell von EAI-Middleware, erlaubt es hier, die Erstellungs- und Wartungskosten zu senken. Was für einen solchen Ansatz benötigt wird, ist abstrakt in Abbildung 8 gezeigt.

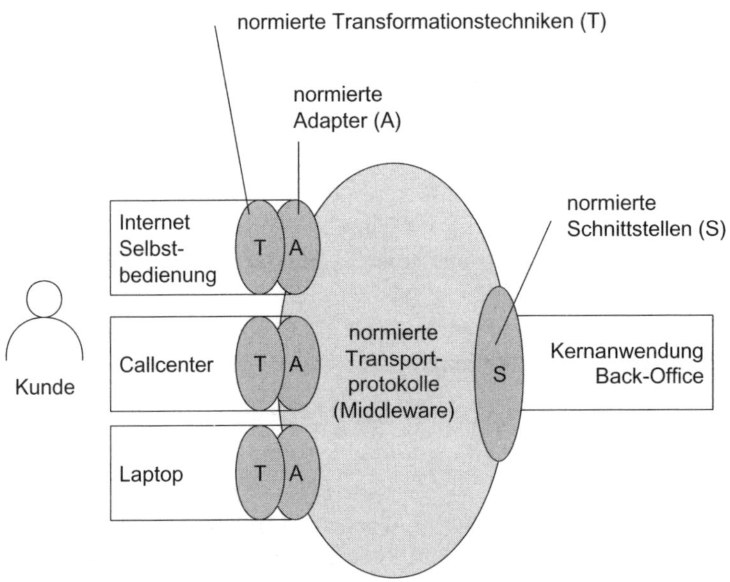

Abbildung 8:
Einsatz von EAI-Technologien im N:1-Multichannel-Szenario

Einsparungen kann man durch folgende Vereinheitlichungen erzielen:

Kostensenkung durch Vereinheitlichung

- Zunächst macht es Sinn, wenn es möglichst nur eine Art der technischen Kommunikation gibt, damit nicht jeder Kanal über eine eigene Kommunikationsarchitektur mit der Kernanwendung kommuniziert.
- Dann sollte man die Schnittstelle des Kernsystems normieren. Man sollte versuchen, einfach aufzurufende Schnittstellen zur Verfügung zu stellen, die von mehr als einem Kanal genutzt werden können. Wer weiß, dass die Schnittstellen alter Hostsysteme vor allem für Onlinetransaktionen designt sind, der weiß, dass die Normierung von Schnittstellen alles andere als ein triviales Unterfangen ist. Damit beschäftigen sich daher im Speziellen Abschnitt 4.2 und 8.2.1.
- Auch die Art, wie Frontend-Systeme auf die Middleware zugreifen, sollte weitgehend genormt sein. Wir sprechen hier im Folgenden von so genannten Clips. Siehe dazu speziell noch Abschnitt 5.1.2.
- Ebenso sollte auch die Art, wie aus einer möglichst gleichen Nachricht mehrere leicht unterschiedliche Darstellungen erzeugt werden, in einem Framework normiert sein. Die Werkzeuglandschaften rund um XML (wie zum Beispiel XSLT) bieten hierfür reichliche Möglichkeiten.

Wenn Sie EAI-Integrationsserver wie Vitria, TIBCO oder andere schon kennen sollten, werden Sie bemerken, dass man von den angebotenen Fähigkeiten solcher Tools für das hier dargestellte Szenario nur einen Bruchteil benötigt. Dies ist einer der Gründe, warum solche Tools nicht sehr verbreitet sind, wenn ein Kunde nur den oben dargestellten Anwendungsfall hat.

Routing

Speziell das so genannte Routing ist hier trivial. Unter Routing versteht man die Sicherstellung, dass ein Aufruf den richtigen Server erreicht. Wenn alle Aufrufe immer von demselben Backend bedient werden, ist das Routen der Aufrufe logischerweise trivial.

Wenden wir uns also einer etwas komplexeren Familie von Anwendungsszenarien zu.

N:M-Multichannel-Architekturen

Bisher haben wir uns mit dem Szenario beschäftigt, bei dem im Wesentlichen ein Kernsystem (Back-Office-System) die Anforderungen aus den Kanälen abarbeitet. In den meisten Versicherungsunternehmen (und auch Banken) hat man es allerdings mit deutlich mehr als einem Server zu tun, der die nötigen Informationen liefert, um eine Gesamtsicht für einen Kunden zu erzeugen.

- Bei einer Versicherung sind typischerweise oft das Sachversicherungssystem und das Lebensversicherungssystem getrennt. Häufig kann es auch mehr als ein Lebensversicherungs- oder Sachversicherungssystem geben.
- In einer Bank gibt es typischerweise mindestens ein System für laufende Konten und eines für Wertpapierhandel.

N:M-Multichannel

Oft liegen alle diese Systeme auf einer Maschine. Manchmal ist aber auch das schon nicht mehr der Fall. Spätestens dann aber, wenn ein Unternehmen auch Marktleistungen anderer Anbieter offeriert, ist das N:1-Multichannel-Szenario durchbrochen. Sowohl Banken als auch Versicherungen verkaufen Produkte des jeweils anderen Bereiches der Finanzindustrie mit und versuchen Allfinanzkonzepte zu implementieren.

Viele Server

Damit ergibt sich ein Trend zu mehr Kanälen und gleichzeitig mehr Servern. Diese Server für Kernapplikationen (Back-Office-Systeme) werden wir im Folgenden Produktfabriken nennen. Wir haben es durch Ideen zur Kostensenkung mit mehreren Kanälen zu tun. Durch die horizontale Integration von neuen Produkten werden gleichzeitig im Bereich der Back-Office-Systeme mehrere Produktfabriken angesprochen. Um zum Beispiel als Versicherung ein Allfinanzangebot zur Verfügung stellen zu können, benötigt man noch mehr Server als Versicherungsvertragssysteme (siehe Abbildung 9), nämlich Produktfabriken für Bankprodukte.

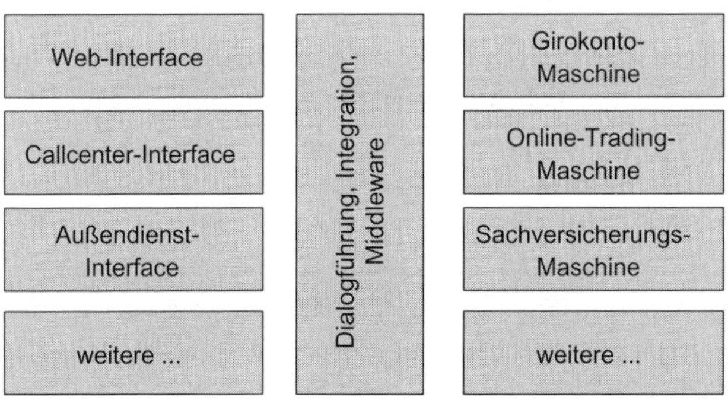

Abbildung 9: *Multichannel-Architektur und integrierende Middleware*

Abbildung 9 zeigt, dass man, um zum Beispiel ein einheitliches Web-Interface für einen Kunden anzubieten, auf Versicherungsvertragssysteme zugreifen muss oder nun auch zum Beispiel auf eine Girokonto-Maschine.

Gleichzeitig müssen die Informationen der Sachversicherungsmaschine (Vertragssystem) in mehr als einer Oberfläche angezeigt werden.

Solche Probleme geht man typischerweise wieder mit EAI (Enterprise Application Integration)-Lösungen an.

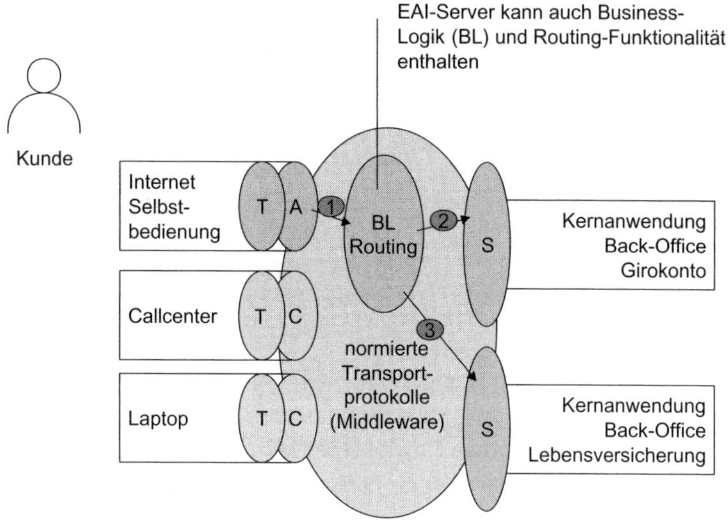

Abbildung 10: *Einsatz von EAI-Technologien im N:M-Multichannel-Szenario*

Abbildung 10 ist geringfügig komplexer als Abbildung 8. Als zusätzliche Funktionalitäten sollte die Middleware praktischerweise noch Folgendes beherrschen:

Business-Logik

- Es sollte möglich sein, mit Hilfe der Business-Logik Dienste auf Ebene der Middleware zu definieren, die es in keiner der angeschlossenen Produktfabriken schon gibt. Zum Beispiel könnte sich der »Netto-Vermögenswert« eines Kunden aus dem Wert seiner Girokonten und Lebensversicherungen zusammensetzen. Es macht keinen Sinn, wenn jeder Channel diese Formel und dieses Wissen wieder neu implementiert. Besser ist es, wenn dies zum Beispiel in einem EAI-Server implementiert wird. BL steht dabei in Abbildung 10 für Business Logic, also Geschäftsfunktionalität.

Routing

- Weiter macht es Sinn, zumindest elementare Routing-Fähigkeiten in der Middleware zu haben, da man nicht jede Menge Software durchsehen möchte, wenn sich ein Produktgeber oder auch nur die Adresse der Produktfabriken im Netz ändert.

Lage eines EAI-Servers in einer N:M-Multichannel-Architektur

In Abbildung 8 und Abbildung 10 wurde die EAI-Funktionalität als Wolke zwischen den Kanalanwendungen (Clients, Frontends) und den Produktfabriken gezeichnet. Eine solche Wolke gibt es weder als »Stück Software« noch wäre dies eine besonders befriedigende Architekturskizze. Wir wollen daher kurz beschreiben, mit welcher Art von Servern man es dann in der Realität zu tun hat und welche Verantwortlichkeiten diese haben. Nicht jeder Server muss auf einer eigenen Maschine laufen, er könnte es aber.

J2EE und EAI

Für die Beispiele und Arten von Servern und Software werden wir im Folgenden die Terminologie von J2EE (Java 2 Enterprise Edition) verwenden. Analoge Architekturen kann man auch für Microsofts .NET-Plattform aufbauen, allerdings mit einer leicht unterschiedlichen Terminologie.

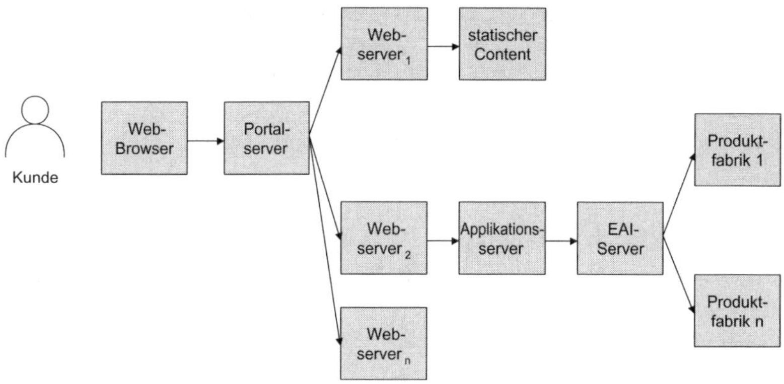

Abbildung 11: *Vom Browser zur Produktfabrik*

Die in Abbildung 11 dargestellten Server haben die folgenden Verantwortlichkeiten:

Server	Verantwortung
Portalserver	Der Portalserver bietet dem Benutzer einen Einstieg (auch personalisiert), die Authentifizierung und bindet statische Web-Inhalte an.
Webserver	Die Webserver stehen hier für Server für statische oder dynamische Inhalte. Die Webserver können auch Komponenten enthalten, die Benutzerinteraktionen auf der Basis von Eingaben des Benutzers steuern. Das geht dann über die reine statische Web-Interaktion hinaus. Die Formulare einer Anwendung für Überweisungen würden zum Beispiel von einem Webserver gerendert werden. Dieser würde auch einen Session-Kontext für den Benutzer mindestens während seiner Überweisung halten. Im J2EE-Modell würden auf dem Webserver vor allem die JSPs (Java Server Pages) laufen, die die dynamischen Webseiten erzeugen. Es ist klar, dass hinter einem Portalserver mehrere Applikationen und damit beliebig viele Webserver in Frames laufen können.

Server	Verantwortung
Applikationsserver	Ein Applikationsserver stellt Geschäftsfunktionalität zur Verfügung. Der Webserver kann entweder einen Applikationsserver benutzen, wenn der Kunde komplexere Objekte zu sehen bekommt. In einem solchen Fall würde auf dem Applikationsserver zum Beispiel ein EJB-Container laufen. Oder es können auch Proxies (Java-Servlets) für andere Funktionalitäten dort laufen.
EAI-Server	Der EAI-Server übernimmt Business Logic und Routing sowie unter Umständen auch Schnittstellennormalisierung für nachgelagerte Back-Office-Systeme. Die genaue Aufgabenverteilung zwischen EAI-Server und Back-Office-System wird in Kapitel 5 noch am Beispiel eines EAI-Servers exemplarisch erläutert werden.
Backend	Die Backend- oder Produktfabriken erbringen Dienste für den Benutzer.

Die Architektur in Abbildung 11 ist in dieser Form noch sehr abstrakt dargestellt. Es gibt durchaus noch Designfragen, die gestellt werden und für die man eine für das jeweilige Projekt angemessene Antwort finden muss:

Portalserver

- Portalserver sind noch nicht sehr weit verbreitet. Sie können auch durch einen Applikationsserver mit starker Personalisierung abgebildet oder einfach weggelassen werden.

Integration über Frames

- Web-Anwendungen können über Frames aus Anwendungen mehrerer Webserver zusammengesetzt werden. Die Frage, ob man fremde Teile und Unterapplikationen einfach über einen Frame einblendet oder die Reaktionen des Benutzers selbst kontrolliert, kann eine sehr entscheidende für das Customer Relationship Management sein. Im einen Fall weiß der Informationslieferant für einen bestimmten Inhalt, wohin Ihr Benutzer klickt. Wenn Sie sich die Mühe machen, die XML-Datenströme des Informationslieferanten selbst aufzubereiten und darzustellen, wissen Sie auch selbst, ob Ihr Kunde sich mehr für riskante oder konservative Aktien interessiert.
- Hinter einem Webserver können beliebig viele Applikationen und Applikationsserver stehen. Deren Partitionierung ist eine Designfrage.
- Die Mächtigkeit des eingesetzten EAI-Servers und die Kommunikationsmodelle sind ebenfalls interessante Designfragen, die von Anforderungen getrieben werden.
- In Abschnitt 4.2 und 5.1.4 werden wir sehen, dass es auch Unterschiede macht, wie man das Thema der Schnittstellennormalisierung angeht und ob man Gateways oder Wrapper verwendet.

Von daher kann Abbildung 11 wirklich nur eine grobe Orientierung geben. Eine Architektur ist damit noch lange nicht festgelegt. Dazu benötigt man zum Beispiel noch die genauere Beschreibung verschiedener Architektursichten. Eine vertiefende Anleitung dazu finden Sie zum Beispiel in [Star2002].

2.3.2 A2A-Kommunikation

A2A

Eine der verbreiteten Geschichten, die benutzt werden, um EAI zu verkaufen, ist die so genannte A2A (Application to Application)-Integration. Der Anwendungsfall liegt dann vor, wenn ein Unternehmen viele Inselanwendungen hat, die auch auf sehr vielen Servern liegen können und die miteinander kommunizieren müssen. Abbildung 12 zeigt viele Anwendungen, die über Punkt-zu-Punkt (P2P)-Verbindungen miteinander kommunizieren.

P2P

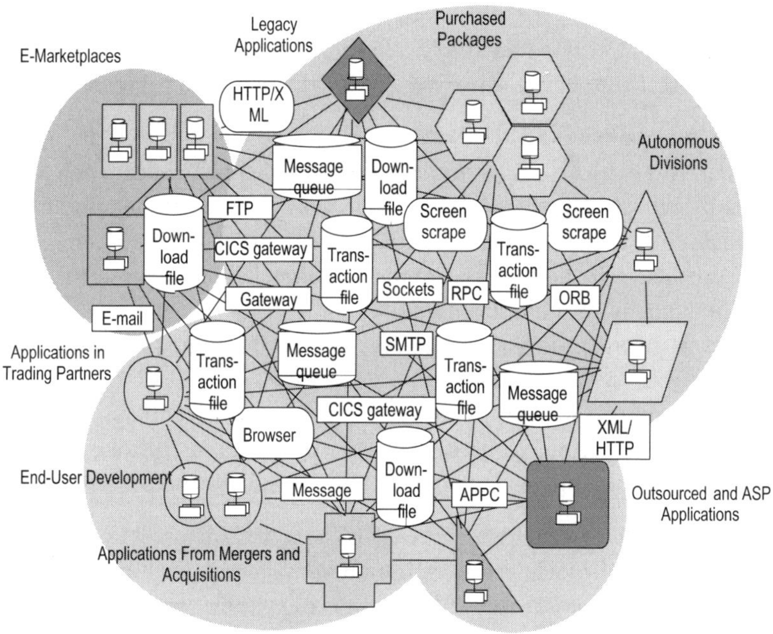

Abbildung 12: *Vermeintliches Kommunikationschaos auch bekannt als Spaghetti-Kommunikationsarchitektur (Quelle Gartner Research, Massimo Pezzini)*

Es ist nun leicht ersichtlich, dass Wartungskosten potenziell hoch sind, wenn man es mit vielen Verbindungen und Schnittstellen zu tun hat, die alle nach unterschiedlichen Standards und mit unterschiedlichen Werkzeugen programmiert wurden.

Problem der $O(n^2)$ Verbindungen

Theoretisch kann man es mit der Ordnung von $O(n^2)$ Verbindungen zu tun haben, wenn jede Anwendung mit fast jeder anderen kommuniziert. Wir werden allerdings sehen, dass dies bei Versicherungen und Banken so gut wie nicht in dieser Schärfe vorkommt (siehe dazu dann Abschnitt 2.3.5).

Softwarebus

Um das $O(n^2)$-Kommunikationschaos in den Griff zu bekommen, führen A2A-Kommunikationslösungen einen Softwarebus oder einen Sternverteiler ein. Dadurch erreicht man, dass aus $O(n^2)$ Interfaces nur noch $O(n)$ Adapter werden.

Abbildung 13: *Softwarebus – analog CORBA*

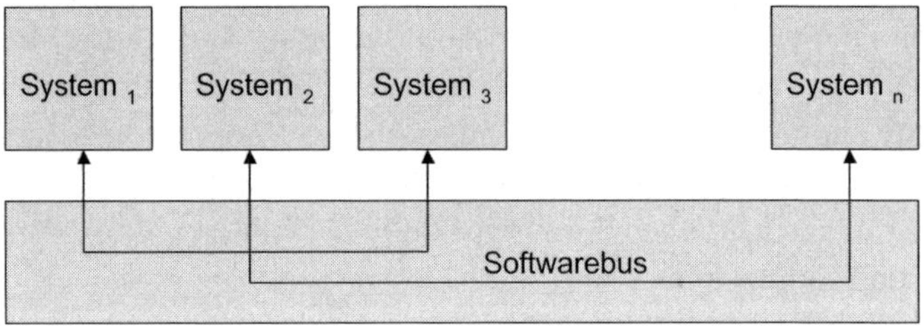

Allerdings haben wir hier durch die Einführung einer Kommunikationsinfrastruktur ebenfalls bei weitem noch nicht alle Probleme gelöst:

Verbleibende Probleme

- Die Normalisierung von Schnittstellen wird einem durch die Infrastrukturen nicht abgenommen. Oft sind Schnittstellen auch deshalb schlecht zu warten, weil sie alt, schwer zu verstehen und eben nicht normalisiert sind. Das Reengineering auf der Ebene von Code, das erforderlich ist, um die Schnittstellen zu verbessern, wird von keinem Tool übernommen.
- Der Aufwand, alle Systeme an einen Softwarebus anzudocken, darf nicht unterschätzt werden.
- Oft kommunizieren Systeme auch über Dateien. Wenn man dies auf aufruforientierte Schnittstellen von Softwarebus-Infrastrukturen umstellen möchte, ist dies mit erheblichem Aufwand verbunden.

EAI als Softwarebus

Wenn man sich entscheidet, eine EAI-Lösung als Softwarebus einzusetzen, hat man sehr viele Produktalternativen, die sich in ihrer Mächtigkeit erheblich unterscheiden. Hier seien nur einige genannt, die teilweise im Folgenden noch näher erklärt und abgeglichen werden:

DCE

- DCE (Distributed Computing Environment) [IBM2001] ist eine Umgebung, die es erlaubt, auf einheitliche Weise so genannte Remote Procedure Calls auszuführen. DCE ist aber gerade in alten Hostumgebungen nicht für alle Programmiersprachen und Betriebssysteme verfügbar, sondern eher in Unix-Umfeldern beheimatet. Außerdem unterstützt DCE vor allem synchrone Prozeduraufrufe.

- CORBA (Common Object Request Broker Architecture) ist eine modernere Umgebung, die als Bus für objektorientierte Programmierung gedacht ist. Wie DCE ist auch CORBA eher für »modernere« Umgebungen geschrieben und tut sich mit der Einbindung älterer Umgebungen schwer. Wenn man zum Beispiel alte CICS- und IMS-Programme einbinden möchte, benötigt man zusätzliche Gateways.

CORBA

- Diverse EAI-Server umgehen die oben genannten Probleme, indem sie eine Vielzahl von Adaptern zur Verfügung stellen und darüber hinaus Adaptergeneratoren für ältere 3GL-Sprachen wir COBOL und PL/I anbieten.

EA-Server

2.3.3 Geschäftsprozessintegration

Integrierte Geschäftsprozesse

Das Szenario, dem EAI seinen Namen eigentlich verdankt, ist die Geschäftsprozessintegration. Industrieunternehmen waren und sind häufig mit der Situation konfrontiert, dass diverse Systeme integriert werden müssen, um einen Geschäftsprozess zu steuern:

- In einem Verkaufssystem werden Aufträge erfasst.
- Dies führt zu einer Lagerprüfung und zum Beispiel, falls der Artikel nachproduziert werden muss, zu einem Produktionsauftrag an ein Produktionsplanungs- und Steuerungssystem.
- Dieses System muss selbst wieder Lagerprüfungen und Beschaffungen auslösen. Letztere laufen in ein Einkaufssystem.
- Der Produktionsauftrag wird unter Umständen, wenn alle Vormaterialien vorhanden sind, an ein Fertigungssteuerungssystem weitergegeben, das Maschinen oder Produktionseinrichtungen steuert.

Integrierte Prozesse und ERP-Pakete

Große Teile solcher Prozesse sind zwar zum Beispiel durch integrierte ERP-Pakete, wie SAP, Baan, Oracle oder Peoplesoft, abgedeckt. Es können aber sicher nicht alle Funktionen in einem Unternehmen durch solche Pakete ausgeführt werden. Man bekommt also Integrationsprobleme, dadurch dass aus einem Geschäftsprozess viele verschiedene Systeme angesteuert werden müssen.

Abbildung 14 zeigt eine solche Lösung schematisch. An eine steuernde Applikation (in diesem Fall dargestellt durch den Geschäftsprozess) müssen über Schnittstellen viele andere Anwendungen angebunden werden. Die Arten dieser Anbindungen können dabei sehr verschieden sein:

Integration über die Oberfläche

- Es kann sein, dass aus dem Geschäftsprozess ein Bildschirm einer anderen Anwendung geöffnet wird, der Benutzer darin ein paar Eingaben macht und dann im Geschäftsprozess fortfährt. Dies

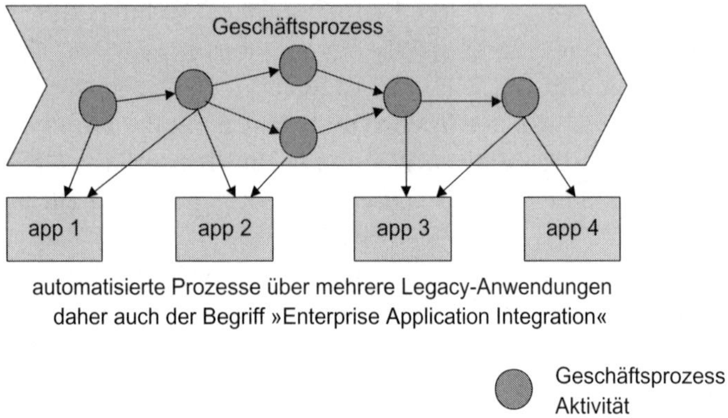

Abbildung 14: *Intention von Enterprise Application Integration*

wird als Integration über die Benutzungsoberfläche bezeichnet (siehe dazu auch Abschnitt 4.1.1).

Funktionale Integration

- Es ist auch möglich, dass der Geschäftsprozess synchron oder asynchron Funktionalitäten der anderen Systeme aufruft und dafür eine eigene Benutzungsoberfläche verwendet hat. Die verschiedenen Arten der Integration über Funktionsaufrufe sind in Abschnitt 4.1.2 näher beschrieben.

Integration über Daten

- Oder aber, der Geschäftsprozess kann auch über Datenbankzugriffe und Dateien mit den Anwendungen kommunizieren, auch wenn davon eher abzuraten ist (siehe Abschnitt 4.1.3).

In jedem der Fälle gibt es eine »steuernde Anwendung«. Dies kann zum Beispiel ein Geschäftsprozessmanagementsystem sein, wie IBM MQSeries Workflow[3].

2.3.4 Trade Rooms

Händlerarbeitsplätze

Trade Rooms sind Arbeitsplätze für Händler. Trade-Room-Arbeitsplätze gibt es zum Beispiel für Devisenhändler, Aktienhändler, Derivatgeschäfte aller Art oder Warentermingeschäfte. Trade Rooms sind ebenfalls ein lohnendes Einsatzgebiet für EAI-Technologien.

Einige Integration Broker kommen speziell aus dem Gebiet der Trade Rooms. Abbildung 15 zeigt grob, was es dort zu integrieren gibt:

3. In Zukunft WebSphere Workflow

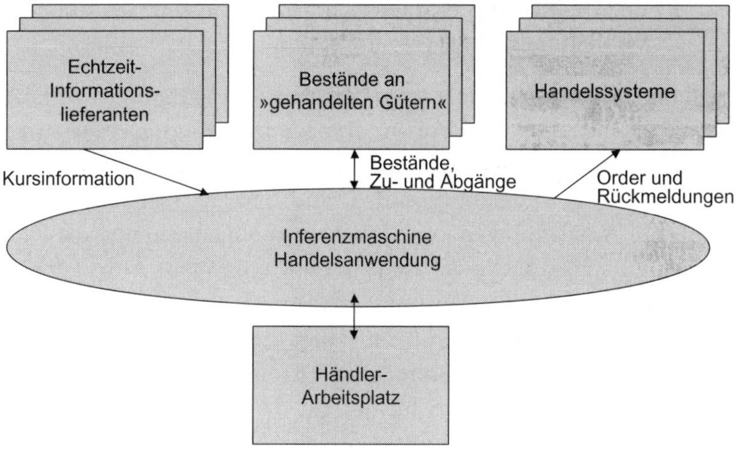

Abbildung 15: *Stark schematisierte Trade-Room-Anwendung*

Blackboard-Architektur

Ein Händler bezieht seine Informationen aus einem oder mehreren Echtzeit-Informationssystemen, die Kursinformationen von den Handelsplätzen liefern. Diese Informationen können dazu führen, dass der Händler Handelsaufträge auslöst. Diese können auf mehreren Handelsplätzen abgewickelt werden – was normalerweise dann auch in verschiedenen Handelssystemen passiert. Durch die Rückmeldungen werden die eigenen Bestände verändert.

- Es handelt sich bei Handelsarbeitsplätzen um Echtzeitanwendungen, die den Benutzer in die Lage versetzen müssen, innerhalb sehr kurzer Zeitspannen reagieren zu können.
- Aus den Strömen von Kursdaten müssen die relevanten herausgefiltert werden und in sinnvolle Ereignisse umgesetzt werden.
- Es werden simultan mehrere Ströme von Kursdaten angeliefert.
- Es können Aufträge an verschiedene Handelssysteme ergehen mit jeweils anderen Schnittstellenkonventionen.
- Und auch die asynchronen Rückmeldungen der Handelssysteme müssen verarbeitet werden und führen zu Events.
- Dieser Abschnitt kann keinen tieferen Einblick in die Geschäftslogik von Handelssystemen geben. Es soll nur klar gemacht werden, dass eine solche Anwendung hohe Anforderungen an die Integration der beteiligten Softwaresysteme stellt.

Anwendungen dieser Art sind daher eine Domäne für spezielle Integrationsserver, wie TIBCO, die mit für Trade Rooms entwickelt wurden.

2.3.5 Was ist bei Banken und Versicherungen anders als bei der »klassischen EAI-Story«?

Speziell die A2A-Geschichte wird sehr häufig von Verkäufern von EAI-Produkten genutzt, um auf Vorstandsebene Integrationsserver zu verkaufen. Die meisten Chief Information Officers haben das Problem, Geschäftsprozesse schnell anpassen zu müssen. Sie haben dabei nicht die Zeit, um Anwendungen komplett neu zu bauen. Sie müssen daher meist viele existierende Anwendungen und wenige neue Anwendungen zu immer neuen Prozessen zusammenbauen.

CIOs müssen Prozesse schnell anpassen

Vor solchen Herausforderungen stehen derzeit auch viele Banken und Versicherer und sie bekommen als Lösung so genannte Integrationsserver angeboten. Die Geschichte, mit denen die Verkäufer dieser Lösungen antreten, ist oft geradezu ein Horrorszenario. Abbildung 12 hat ein solches Szenario gezeigt, in dem jede Anwendung mit jeder kommunizieren muss. In der dabei entstehenden »Sprachverwirrung« steigen die Wartungskosten für die Integration von Schnittstellen ins Unermessliche. Dies ist der benötigte Nutzen, mit dem man die Investitionen in ein Off-the-shelf-EAI-Tool rechtfertigen kann, und zwar auch dann, wenn sie hoch sind.

Es gibt zwei Szenarien, mit denen am meisten argumentiert wird:

- Das A2A-Szenario, das in Abschnitt 2.3.2 beschrieben wurde,
- und das Geschäftsprozessintegrationsszenario aus Abschnitt 2.3.3. Letzteres wird allerdings schon weniger herangezogen.

Multichannel

Für Versicherungen und auch für Banken ist jedoch aus unserer Sicht das Multichannel-Szenario einer der wesentlichen Treiber für die Einführung von EAI-Werkzeugen. Dieses wird allerdings nur wenig »beworben«.

Das A2A- oder Softwarebus-Szenario ist aus mehreren Gründen nicht das typische Szenario:

Versicherungssysteme Banksysteme

- Versicherungen oder Banken haben meist ziemlich große Einzelsysteme, wie zum Beispiel ein komplettes Lebensversicherungssystem, die in sich integriert sind. Dass ein Lebensversicherungssystem noch mit vielen weiteren Servern kommuniziert, die nicht auch im selben Adressraum mit integriert sind, ist schon aus Performanzgründen sehr selten. Vielmehr reicht zum Beispiel das Lebensbestandssystem einer Versicherung aus, um komplette Geschäftsfälle (also Geschäftsprozessinstanzen) wie einen Neuantrag oder eine Vertragsänderung abzuwickeln. Daher trifft auch das Geschäftsprozessintegrationsszenario kaum jemals zu.

Fehlende Warenströme

- Versicherungen und Banken haben keine Zulieferer und Warenwirtschaft existiert nur in Nebenbereichen. In den Kernprozessen gibt es keine Warenwirtschaft[4], da das Produkt »pure Information« ist.

Verteilte Verarbeitung ist komplex

- Echte verteilte Verarbeitung, indem jedes System mit jedem kommuniziert, ist unerwünscht, weil teuer. Im Gegensatz zu dem allgemeinsten A2A-Szenario haben Banken und Versicherungen in einem Multichannel-Szenario eine klare Richtung in ihrer Kommunikation vom Kunden zu den Back-Office-Systemen und zurück (siehe Abbildung 16). Weiter kommt dort vereinfachend hinzu, dass fast alle unsere Server auf OS/390-Maschinen liegen und dort auch noch länger bleiben werden und die meisten Clients über Web (Applikationsserver) bedient werden.

Das Trade-Room-Szenario ist zwar auch interessant, ist aber auf einige Inseln in einer Architektur beschränkt. Damit ist für Versicherungen und auch für Banken aus unserer Sicht das Multichannel-Szenario das interessanteste Szenario. Aus diesem Blickwinkel wollen wir daher im Folgenden vor allem EAI-Werkzeuge betrachten.

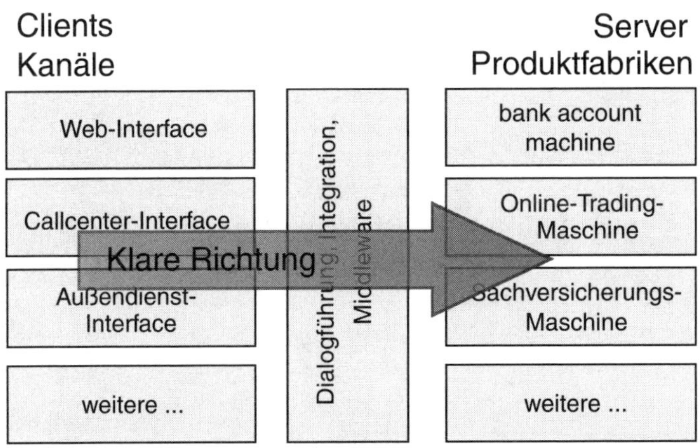

Abbildung 16: *Kommunikation hat bei Banken und Versicherungen meistens eine klare Richtung*

4. Lässt man bei Banken die Verwaltung der physischen Wertpapiere und Geldmengen einmal außer Acht. Versicherungen haben auch dies nicht.

3 Fähigkeiten von EAI-Servern

Bisher haben wir über typische Probleme gesprochen, für die es eine Lösung geben könnte, die EAI-Integrationsserver heißt. Wir haben auch gesehen, dass der Begriff ganz offensichtlich für verschiedenste Arten von Produkten benutzt wird, die oft einen sehr unterschiedlichen Funktionsumfang haben.

Evaluierung von EAI-Produkten

Wenn Sie als Architekt Produkte beurteilen wollen und für ein Projektszenario oder für Ihr Unternehmen ein Produkt auswählen wollen, wird Ihnen eine Aufzählung und Taxonomie typischer EAI-Funktionalitäten helfen. Wir werden bei dieser Auflistung top-down vorgehen:

Funktionalitäten

Zunächst werden Funktionalitäten gelistet. Den meisten Profis sind große Teile dieser Funktionalitäten sowieso bekannt und sie brauchen zum Beispiel keinen Abschnitt, in dem der Unterschied zwischen asynchroner und synchroner Kommunikation erklärt wird. Für solche Leser reicht der Abschnitt 3.1 aus, um sich einen Überblick darüber zu verschaffen, was typische EAI-Produkte bieten können.

Für Leser, die etwas tiefer einsteigen möchten, werden viele der Fähigkeiten in Abschnitt 4.3 behandelt, da es sehr wohl einen Unterschied macht, ob man synchrone oder asynchrone Kommunikation verwendet.

Nichtfunktionale Eigenschaften

Abschnitt 3.2.3 beschäftigt sich mit nichtfunktionalen Eigenschaften von EAI-Servern. Nur weil eine Nachricht asynchron befördert wird, heißt das zum Beispiel noch lange nicht, dass die Zustellung auch dann garantiert ist, wenn »unterwegs« Server ausgefallen sind oder just in dem Moment abstürzen, in dem sie die Nachricht verarbeiten. Dazu gibt es also eine ganze Menge von Aspekten der Betriebssicherheit, die man für viele andere Systemkomponenten berücksichtigen sollte – aber eben auch für EAI-Server.

3.1 Funktionalitäten typischer Integrationsserver

In diesem Abschnitt werden Funktionalitäten aufgelistet, die typischerweise in EAI-Servern angeboten werden können. Wir werden dabei jeweils mit eher elementaren Diensten beginnen und werden dann jeweils am Ende die exotischeren, neueren und weniger häufig benutzten Fähigkeiten schildern.

3.1.1 Transport von Nachrichten

Zunächst muss jede Form von EAI-Infrastruktur in der Lage sein, Nachrichten zu transportieren. Wir haben oben immer von EAI-Servern gesprochen. Schon dieser Begriff ist nicht ganz präzise. Der Begriff legt nahe, dass jede Kommunikation über einen Server laufen muss. Dies ist aber keinesfalls bei allen EAI-Infrastrukturen der Fall. Wir unterscheiden:

P2P

- **Punkt-zu-Punkt (P2P)-Infrastrukturen**, wie zum Beispiel DCE, die nur wenige zentrale Services anbieten und bei denen die eigentlichen Messages nicht über einen zentralen Server laufen, sondern die Kommunikation über immer denselben Protokollstack zwischen zwei Peers erfolgt.

Softwarebus

- **Bus-Infrastrukturen**, wie CORBA, bei denen alle Nachrichten über Adapter in interne Normalformen konvertiert werden.

Hub & Spoke

- **EAI-Server**, bei denen Nachrichten über zentrale Server laufen und dort zentral behandelt werden. Diese sind am ehesten auch mit einer **Hub & Spoke**-Architektur vergleichbar, man kann sie aber auch eher als Softwarebusse betrachten. Die in Kapitel 5 vorgestellte Lösung EDS oder Vitria BusinessWare sind solche Server.

Die Typen kommen leider nicht immer in Reinkultur vor. So haben zum Beispiel auch CORBA oder DCE zentrale Services, für die es zentrale Server gibt. Es werden nur normalerweise nicht alle Nachrichten über einen oder mehrere dedizierte Kommunikationsserver gelenkt. DCE und CORBA sind also keine Hub & Spoke-Architekturen.

Für diejenigen Leser, denen obige Begriffe geläufig sind, wollen wir die Modelle an dieser Stelle nicht weiter vertiefen. Dies geschieht in Kapitel 4.

3.1.2 Unterstützte Kommunikationsstile

Nicht jede EAI-Infrastruktur unterstützt jeden Kommunikationsstil. Das resultiert aus der Tatsache, dass der Begriff EAI und damit der Funktionsumfang von EAI-Lösungen genormt ist. Hier werden daher alle wesentlichen Stile gelistet. Ihre Vor- und Nachteile werden hier nicht erläutert. Dies bleibt dem Abschnitt 4.3 für solche Leser vorbehalten, die die Begriffe nicht schon aus früherer Lektüre anderer Bücher gut kennen.

Basisbegriffe der Kommunikation

In Abbildung 17 sind die Basisbegriffe dargestellt, die wir im Folgenden verwenden werden. Ein Sender schickt einem Empfänger eine Nachricht und erhält dafür eine Antwort. Damit ist noch nichts darüber ausgesagt, wann das jeweils passiert, ob Sender und Empfänger in ihrem Ablauf aneinander gekoppelt sind oder ob es überhaupt eine Antwort gibt. Es kann auch für eine Nachricht mehr als einen Empfänger geben.

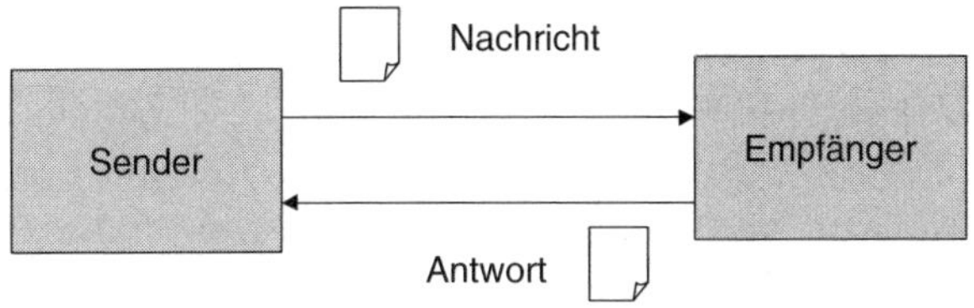

Abbildung 17: *Basisbegriffe für Kommunikationsstile*

Man kann Kommunikation zunächst danach unterscheiden, ob sie synchron oder asynchron stattfindet. Wir werden diese Begriffe nicht weiter erklären, um Profis nicht im Lesefluss aufzuhalten. Die genaueren Erläuterungen enthält Abschnitt 4.3. Nur so viel: Bei synchroner Kommunikation sind Sender und Empfänger in ihrem Ablauf aneinander gekoppelt.

Für synchrone Kommunikation sind folgende Stile bekannt:

Request/Reply

- **Request/Reply-Stil**: Ein Sender verschickt eine Nachricht an einen Empfänger und wartet auf die Antwort. Er arbeitet weiter, wenn er sie erhalten hat.
  - DCE verwendet zum Beispiel vor allem synchrone Remote Procedure Calls.

Synchrone Einwegkommunikation

- **Synchrone Einwegkommunikation**: Der Sender verschickt lediglich eine Meldung, wartet eine Quittung dafür ab und arbeitet nach Erhalt der Quittung weiter. Synchrone Einwegkommunikation ist damit eine degenerierte Request/Reply-Kommunikation.

Synchrones Polling

- **Synchrones Polling**: Hierbei fragt der Auslöser (Sender) eines Requests periodisch beim Empfänger nach, ob die Antwort bereitliegt.

Asynchrone Kommunikation unterscheidet sich von der synchronen prinzipiell dadurch, dass der Sender seine Nachricht sendet und danach etwas anderes tut. Man nennt dies auch »fire and forget«. Die meisten EAI-Umgebungen verwenden vor allem asynchrone Kommunikation und damit Message Passing als Kommunikationsmodell:

Message Passing

- **Message Passing**: Einem gezielten Empfänger wird eine Nachricht zugeschickt. Der Sender wartet nicht auf eine Quittung, sondern arbeitet sofort weiter. Eine eventuelle Antwort erfolgt ebenfalls im Stile des Message Passing.

Darüber hinaus gibt es bei der asynchronen Kommunikation auch Kommunikationsmodelle, bei denen der Empfänger nicht bekannt ist, zum Beispiel:

Broadcasting

- **Broadcasting:** Dabei wird eine Nachricht an einen großen Empfängerkreis verschickt und der Empfänger entscheidet selbst, ob er die Nachricht verwenden möchte oder nicht.

Publish/Subscribe

- **Publish/Subscribe:** In diesem Fall werden Nachrichten kategorisiert. Ein Empfänger (Subscriber) kann die von ihm gewünschten Kategorien von Nachrichten »abonnieren«. Der Sender (Publisher) schickt sie an eine zentrale Instanz (Postamt), die ermittelt, welche potenziellen Empfänger den Nachrichtentyp abonniert haben, und die Nachrichten an die Empfänger zustellt. Man kann leicht sehen, dass es mehr als eine Art gibt, diese Muster zu implementieren. Zum Beispiel kann der Sender die Nachricht über synchrone Einwegkommunikation oder Message Passing an das Postamt weitergeben und das Postamt verwendet typischerweise Message Passing, um die Nachrichten weiterzuleiten. Die wesentliche Idee von Publish/Subscribe ist auch als Observer Pattern in [Gam+1994] beschrieben.

Unterschied synchron, asynchron

Der Hauptunterschied zwischen synchroner und asynchroner Kommunikation ist also, dass der Sender im asynchronen Fall so geschrieben sein muss, dass er durch ein externes Ereignis aufgeweckt werden kann und dann in der Lage ist, dieses zu verarbeiten. Dies erfordert in jedem Fall Multithread-Programmierung, während man in allen synchronen Fällen mit einem logischen Programmiermodell mit nur einem Thread auskommt.

3.1.3 Genormte Nachrichtenformate, XML-Support

XML

Die meisten EAI-Infrastrukturen benutzen irgendeine Form von genormtem Nachrichtenformat. Schon DCE muss auf einer niedrigen Schicht des ISO/OSI-Schichtenmodells mindestens eine genormte Darstellung für die übertragenen Zahlen, Strings, Bytes etc. verwenden. Dass dies nicht selbstverständlich ist, bemerkt man immer dann, wenn man mit einem OS/390-Host kommuniziert und sich wundert, dass man Probleme hat, wenn man nicht irgendwo an passender Stelle einen ASCII/EBCDIC-Konverter verwendet hat.

Neben den genormten Basisformaten, die RPC-basierte Systeme, wie DCE und CORBA einsetzen müssen, kann man aber auch Normierung auf höherer Ebene betreiben.

Gegenwärtig machen das die meisten Umgebungen mit XML und zu XML gibt es eine enorme Menge an zusätzlichen Tools, Viewern, Konvertern und Navigatorklassen für verschiedene Programmierumgebungen.

Man muss sich allerdings darüber im Klaren sein, dass die Benutzung von XML alleine noch keine Normierung bedeutet. Auch wenn drei Versicherungen intern für die Übertragung von Versicherungsanträgen XML einsetzen, heißt das noch nicht, dass sie für einen ähnlichen Vertrag auch nur annähernd ähnliche XML-Beschreibungsdateien verwenden.

Man muss daher auch hier verschiedene Nutzungsformen unterscheiden:

Anwendung von XML

- Nutzung von XML als Format für den Inhalt von Nachrichten: Das heißt nicht, dass die Vokabulare dafür in verschiedenen Teilen des Unternehmens genormt sind.
- Nutzung von XML zur Vereinheitlichung der Kommunikation im Unternehmen mit genormten Vokabularen: Das bedeutet, dass es eine zentrale Stelle im Unternehmen geben muss, die die Vokabulare und Dokumentenformate festlegt.
- Nutzung von unternehmensübergreifenden XML-Strukturen und Vokabularen: In diesem Fall gibt eine externe Normungsinstanz das Format der Nachrichten vor. Solche Standards würden immer sehr begrüßt werden, wenn sie denn vorhanden und ausreichend mächtig wären. Standardisierungsbemühungen solcher Art hat es viele gegeben. Nur die wenigsten waren wirklich erfolgreich.

Trotzdem bleibt festzuhalten, dass die meisten EAI-Infrastrukturen in der einen oder anderen Form mit XML arbeiten.

3.1.4 Unterstützung bei der Datentransformation

Um von »irgendwelchen« Schnittstellen zum Beispiel von Altsystemen eine Transformation auf genormte XML-Nachrichten vornehmen zu können, ist es wünschenswert, auch dafür Werkzeugunterstützung zu haben.

ETL

Schon lange bevor EAI-Integrationsserver populär wurden und überhaupt als Produkte existierten, gab es Data-Warehouse-Architekturen. Diese bieten mit ihren ETL-Tools teilweise ähnliche Funktionalitäten an.

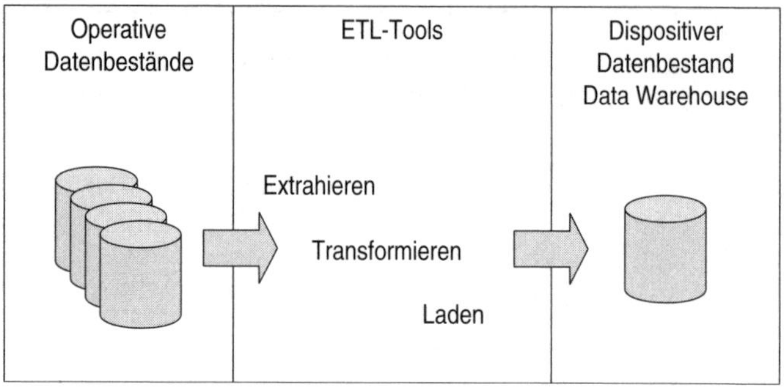

Abbildung 18: *ETL-Tools*

Füllen eines Data Warehouse

Abbildung 18 zeigt die Aufgabe, die ETL-Tools in einer Data-Warehouse-Architektur haben. In einer solchen Architektur gibt es einen dispositiven Datenbestand, der eine genormte Abbildung der Bestände in mehreren operativen Altsystemen darstellt. Dieser Datenbestand muss gefüllt werden. Man kann dies nun entweder mit individuell erstellten Programmen tun oder man verwendet so genannte ETL-Tools, die in Wirklichkeit Programmierwerkzeuge sind, die das Extrahieren von Daten aus Schnittstellen und Datenbanken, das Transformieren von Daten und das Laden in eine Data-Warehouse-Datenbank erleichtern und unterstützen. Normale ETL-Tools sind allerdings, wie aus Abbildung 18 klar wird, auf Massendatenverarbeitung ausgelegt. Es wird also typischerweise nicht ein Vertrag ausgelesen, sondern alle Verträge oder eine größere Teilmenge davon.

ETL und EAI

Die Situation bei EAI-Tools ist ähnlich. Hier wird man zwar nicht direkt auf Datenbanken zugreifen, sondern meistens auf funktionale Schnittstellen und man greift eher auf einzelne Sätze zu. Aber die Datentransformationen zum Beispiel von COBOL-Sätzen in ein genormtes XML-Format funktionieren ähnlich und können daher mit ähnlichen Tools unterstützt werden.

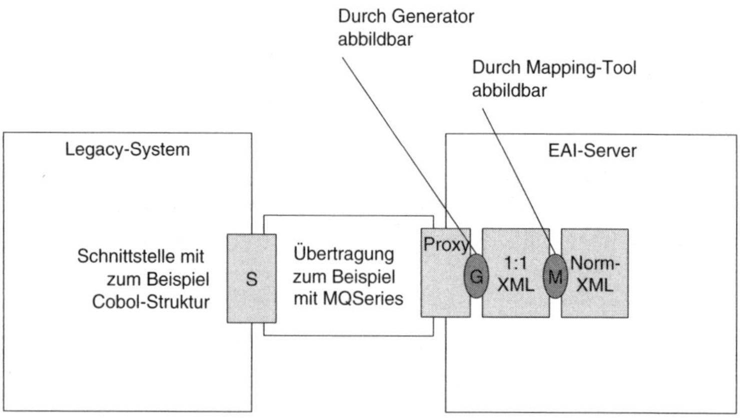

Abbildung 19: *ETL-Situation in einem EAI-Umfeld*

Zunächst kann man, wie Abbildung 19 zeigt, aus einer auf einem Altsystem vorgegebenen Schnittstelle einen Proxy generieren, der dieselben Attribute anbietet, allerdings in einer beliebigen anderen Programmiersprache, zum Beispiel Java, und der die Kommunikation über ein Medium wie zum Beispiel IBM MQSeries abschirmt. Man kann dann zu den Attributen des Proxies eine XML-Struktur generieren und dafür sorgen, dass mit der Übergabe eines solchen XML-Files die Attribute des Proxies gefüllt werden.

Wenn man noch eine Abbildung von dem »dummen 1:1-XML« auf ein wie auch immer geartetes normiertes XML möchte, kann dies noch mit einem Mapping-Tool erfolgen.

Abbildung 19 zeigt die Einbindung von ETL-Mechanismen nur exemplarisch. In der Praxis werden verschiedene Hersteller sie unterschiedlich lösen. Es gibt dort viele Varianten:

Wrapper und Gateways

- Zunächst kann man sich zwischen Wrappern und Gateways entscheiden. Der Unterschied wird in Abschnitt 5.1.4 näher beleuchtet. Kurz gesagt laufen Wrapper auf der Maschine und in der Programmierumgebung, die die Schnittstelle zur Verfügung stellt. Im obigen Beispiel also auf dem Altsystem. Abbildung 19 zeigt hingegen ein Gateway, bei dem die Transformation auf einer anderen Maschine und in einer anderen Programmierumgebung stattfindet.

Varianten von Schnittstellen

- Dann kann es noch Varianten in der Generierung und im Erzeugen der Schnittstellen geben, je nachdem, mit welchen Werkzeugen ein EAI-Integrationsserver arbeitet.
  - Das Mapping kann zum Beispiel von Hand kodiert werden, und das direkt, ohne Zwischenformate.
  - Oder aber, es kann sich um eine mehrstufige Abbildung handeln, wie in Abbildung 19 dargestellt. Diese kann ganz oder teilweise durch Mapping-Tools unterstützt sein.

Zusammenfassend bleibt festzustellen, dass viele EAI-Hersteller Werkzeuge für das Mapping anbieten, die ETL-Tools mehr oder weniger ähnlich sind. Es wird auch immer wieder den direkten Einsatz von ETL-Tools in EAI-Umgebungen geben.

Genauer ist dies auf dieser Ebene der Detaillierung noch nicht zu beschreiben, da der Markt für ETL- und Mapping-Tools selbst schon recht groß ist. Ein Beispiel finden Sie in Abschnitt 6.2.2 mit dem BizTalk Mapper.

3.1.5 Unterstützung für Geschäftslogik

Zusammengesetzte Logik

Solange es einem EAI-Anwender genügt, dass lediglich diejenigen Dienste angeboten werden, die die zu integrierenden Server zur Verfügung stellen, kommt man mit Modellen wie P2P-Kommunikation oder dem Softwarebus aus. Wenn allerdings im Frontend Dienste benötigt werden, die keiner der »alten« Server so zur Verfügung stellt, müssen diese entweder im EAI-Integrationsserver zusammengebaut werden oder in einem der vorhandenen Server nachprogrammiert werden.

Logik in EAI

Abbildung 20 zeigt als Ausschnitt aus Abbildung 10, wann die Notwendigkeit besteht, in einem EAI-Server zu »programmieren«, nämlich dann, wenn eine Antwort aus mehreren Services zusammengesetzt werden muss.

EAI-Umgebungen unterscheiden sich dabei ganz wesentlich darin, wie und wie gut sie dies unterstützen:

P2P

- P2P-Umgebungen und reine Softwarebusse bieten dafür keine Unterstützung an.
- So genannte EAI-Integrationsserver bieten dafür sehr wohl Unterstützung an, allerdings in unterschiedlicher Form:

Codierte Logik

  - Einfache Systeme, wie EDS (siehe Abschnitt 5.1) verwenden dazu schlicht Java als Programmiersprache und besitzen ein Framework, mit dem sich asynchrone Kommunikation leichter abwickeln lässt.

Definierte Logik

  - Komplexe EAI-Integrationsserver, wie zum Beispiel Vitria BusinessWare (siehe Abschnitt 5.2), besitzen dafür eigene grafische Programmierumgebungen, die an Werkzeuge zur Geschäftsprozessmodellierung erinnern.

Man benötigt beides

Die beiden letztgenannten Ansätze haben grundsätzlich Vor- und Nachteile. Die Anhänger der reinen grafischen Werkzeuge werden die Anhänger der Programmiersprache mit dem Argument angreifen, dass bei ihnen auch Endanwender Geschäftsprozesse definieren können. Die eher technisch orientierten Anhänger von Tools, bei denen »man noch programmieren muss«, werden die Anhänger der Grafiktools darauf hinweisen, was passiert, wenn man ihre Anwendung warten und debuggen muss. Beide Seiten haben wie immer ein bisschen Recht und grafische Tools, die zugleich vollen Zugang mit einem Texteditor auf eine vollständige Programmiersprache wie Java haben, wären vielleicht ideal. Solche Tools sind aber wegen ihrer Kosten selten implementiert.

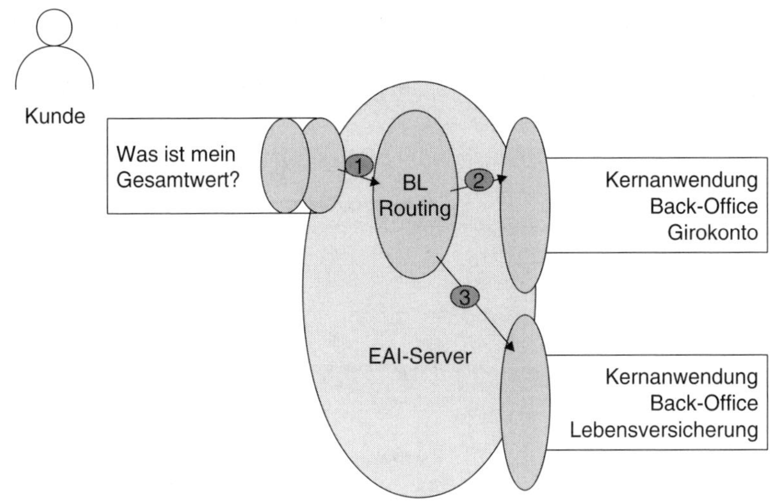

Abbildung 20:
Komplexer Auftrag mit Geschäftslogik (siehe schon Abbildung 10)

3.1.6 Unterstützung für Geschäftsprozesse

Wenn EAI-Integrationsserver Unterstützung für Geschäftsprozesse anbieten, dann ist das nichts grundsätzlich Neues, sondern vor allem die Wiederverwendung bekannter Konzepte aus Workflow und Geschäftsprozessmanagement.

Die meisten »Geschäftsprozesssteuerungen« von EAI-Servern haben jedoch einen anderen Schwerpunkt als die klassischen »Workflow-Produkte«. Sie kommen vor allem aus der Steuerung von zusammengesetzten Diensten, waren also am Anfang noch am ehesten mit dem verwandt, was wir oben unter »Geschäftslogik« in Abschnitt 3.1.5 verstanden haben, also das Erbringen komplexer Dienste.

Wenn man zum Beispiel beide Dienste in Abbildung 20 parallel ansteuert und dies asynchron tut, dann kann man dies auch mit einem Geschäftsprozesswerkzeug designen und definieren. Man kann mit den in einem EAI-Integrationsserver enthaltenen Werkzeugen auch schon Workflows von einem Umfang und einer Komplexität modellieren, für die man früher ein voll spezialisiertes Geschäftsprozessmodellierungstool wie Adonis oder ARIS eingesetzt hätte. Abbildung 21 zeigt einen einfachen Workflow zur Beantwortung von Kunden-E-Mails, der mit Vitria BusinessWare modelliert wurde.

Man kann also beobachten, dass die verschiedenen Kategorien von Prozesssteuerungen zusammenwachsen. Bisher unterschied man:

Administrative Workflows

- **Administrative Workflows**, die mit E-Mail oder ähnlichen Tools implementiert wurden. Beispiele sind Systeme auf der Basis von Lotus Notes oder Microsoft Exchange. Die Stärke dieser Systeme besteht

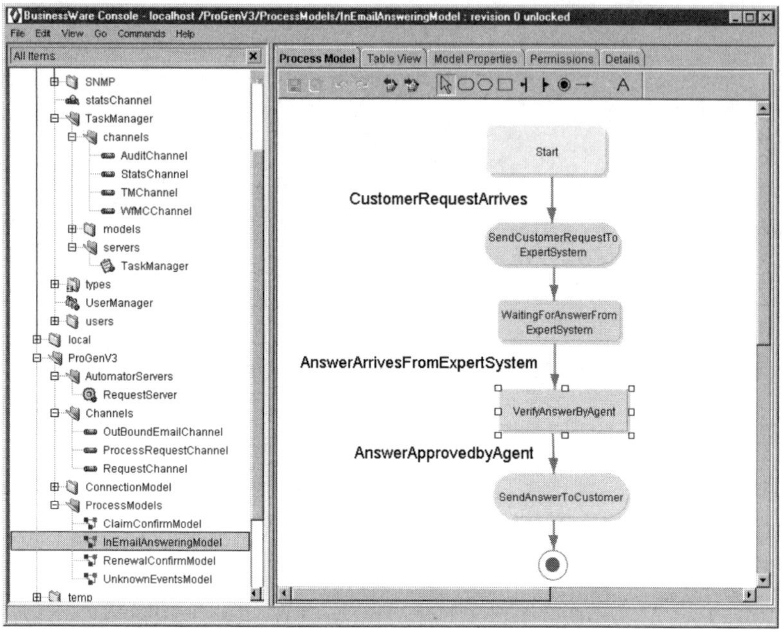

Abbildung 21: *Beispiel für einen einfachen Workflow zur Bearbeitung von E-Mails, modelliert mit Vitria BusinessWare*

darin, dass die Abläufe vorher nicht genau festgelegt sein müssen. Sie haben allerdings die Schwäche, dass die Geschäftsvorfälle auch nicht automatisch überwacht und protokolliert werden. Bei Zeitüberschreitungen und Abwesenheiten gibt es keine oder wenig Regeln, die eine zuverlässige Abarbeitung sicherstellen. Beispiele sind Prozesse für Reisekostenabrechnungen, Urlaubsscheine und Ähnliches.

Groupware-Workflows

- **Groupware-Workflows** werden meist mit Add-ons auf einer E-Mail-Plattform implementiert. Es gibt dann zum Beispiel automatische Wiedervorlagen und Vertretungsregelungen.

Produktionsworkflows

- **Produktionsworkflows** waren bisher alleine durch entsprechende dedizierte Workflow-Produkte, wie zum Beispiel IBM FlowMark (später umbenannt in IBM MQSeries Workflow und zukünftig in IBM Websphere Workflow), repräsentiert. Sie sollen die Geschäftsprozesse des Kerngeschäftes unterstützen. Die Stärke von bisherigen Produktionsworkflowsystemen sind Überwachungsmöglichkeiten, Logging, automatisierte Wiedervorlagen und automatisierte Delegation sowie Alarme bei Zeitüberschreitungen und statistische Analysen und Simulationen der Geschäftsprozesse.

Workflow und EAI wachsen zusammen

Inzwischen wachsen diese Produkte funktional zusammen mit den Produkten von EAI-Herstellern, wie zum Beispiel TIBCO oder Vitria. Diese Produkte kommen aus dem Gebiet der Prozessautomatisierung im E-Business-Bereich und nähern sich von den Funktionalitäten den klassischen Workflow-Produkten immer mehr an. Letztere bieten aber meist weniger Fähigkeiten, was die Integration von anderen Softwaresystemen anbelangt, sofern diese nicht auf der Oberflächenebene (siehe auch Abschnitt 4.1.1) stattfindet.

Diese Produkte sind immer weniger unterscheidbar und nähern sich funktional immer mehr aneinander an. Dies hat für den Architekten den Nachteil, dass er über Produkte verschiedener Hersteller, die er sowieso im Portfolio hat, auf einmal drei verschiedene Möglichkeiten haben kann, Workflows zu implementieren, die sich funktional immer weniger unterscheiden.

3.1.7 Unterstützung für Geschäftsregeln

Business Rules

Sehr viele EAI-Integrationsserver werben damit, auch eine Regelmaschine zu implementieren. Warum diese Fähigkeit so hervorgehoben wird, kann man ablesen, wenn man sich Abbildung 22 ansieht. Die dort wiedergegebene Pressemitteilung ist keine Satire, sondern wurde aus einer Originalmitteilung eines Herstellers für spezielle »Rule Engines« übersetzt.

Pressemitteilung:

Müllers RuleEngine lässt Manager direkt und schnell Geschäftsregeln verändern

Silicon Valley, Kalifornien, Oktober 1999 – Müller Software hat heute die neue Version seines Produktes RuleEngine der Öffentlichkeit vorgestellt. Diese neue Maschine ändert die Art, wie intelligente Anwendungen gebaut werden, fundamental. Bisher mussten solche Anwendungen von professionellen Programmierern entworfen, gebaut und gewartet werden. Müllers RuleEngine bringt die Kontrolle über das System in die Hände des Managements, das wirklich weiß, wie das Geschäft zu funktionieren hat. Und weil die Intelligenz der Programme aus den Programmen heraus in die RuleEngine verlegt wurde, können Manager und Spezialisten für das Geschäft schnell Änderungen einbringen und so die Prozesse an das enorm dynamische Umfeld heutiger Unternehmen anpassen.

Gerald Meier, Associate Vice President bei der McClever Consulting AG sagt über RuleEngine: RuleEngine ist das erste Produkt, das ich jemals gesehen habe, das die Regeln des Geschäfts für Normalsterbliche verständlich und änderbar macht. In Anwendungen, die schnell an neue Geschäftsprozesse angepasst werden müssen, ist RuleEngine die Killerapplikation.

Müllers RuleEngine ist DIE Lösung für die Darstellung und Implementierung von Geschäftsregeln und -logik, die es erlaubt, schnellen, zuverlässigen, personalisierten Service für Ihre Kunden zu bieten. RuleEngine stellt eine einfach zu erlernende Regelsprache zur Verfügung, um Regeln für Anwendungen zu definieren. Diese Regeln können ein besseres Erlebnis für Ihre Kunden erzeugen und ein produktiveres und profitableres Unternehmen.

Abbildung 22: *Werbeaussagen eines Herstellers für eine Regelmaschine.*

Als Informatiker mögen Sie sagen, dass das, was in dieser Mitteilung steht, nur schwer in die Realität umzusetzen und zu glauben ist, weil Sie wissen, dass auch »Geschäftsregeln« aus Code bestehen, der sorgfältig entworfen und durchdacht werden muss. Als nichttechnischer höherer Manager sehen Sie vielleicht in einer solchen Aussendung die Chance, mit solchen Lösungen wirklich Geld zu verdienen. Die Wahrheit liegt wie so oft irgendwo in der Mitte. Eine tiefer gehende Diskussion würde dieses Kapitel sprengen. Wer sich für das Thema, wann und wie man Geschäftsregeln anwenden kann, interessiert, sei auf [vHal2001] und [Kell1999] verwiesen.

Im Folgenden geben wir nur einen Überblick, wo Regeln in EAI-Produkten potenziell eingesetzt werden:

Prozessregeln

- **Regeln in Geschäftsprozessdefinitionen:** In Geschäftsprozessen muss sehr oft ein Zweig eines Geschäftsprozesses abhängig von Bedingungen ausgewählt werden. Dafür gibt es in Geschäftsprozessdefinitionswerkzeugen meist Editoren, mit denen sich solche Regeln definieren lassen. Zum Beispiel kann sich ein Versicherer entscheiden, ab einem gewissen Eintrittsalter bei einer Lebensversicherung immer eine Gesundheitsprüfung vorzunehmen. Diese ist ein separater Teilprozess, der für sich sehr komplex sein kann.

Regeln für Content Based Routing

- **Routing:** Wohin eine Nachricht weitergeleitet wird, kann auch vom Inhalt der Nachricht abhängen. Dies wird Content Based Routing (CBR) genannt. An welchen Bearbeiter eine E-Mail oder eine Nachricht geleitet werden, hängt also von deren Inhalt ab. Für solches Content Based Routing (inhaltsgesteuertes Routing) bieten manche EAI-Werkzeuge spezielle Regeleditoren, Skriptsprachen oder Programmiersprachen an.

Regeln für ETL

- **Datentransformation und Mapping:** Wie schon in Abschnitt 3.1.4 beschrieben, bieten viele EAI-Werkzeuge Editoren an, mit denen sich Datenstrukturen aufeinander abbilden lassen. Solche Abbildungen können natürlich auch Geschäftslogik enthalten, die meistens auch Bedingungen beinhalten. Auch solche Fähigkeiten werden als »regelbasierter Ansatz« bezeichnet.

Wir haben also gesehen, dass EAI-Werkzeugsätze aus vielen Einzelwerkzeugen, wie Geschäftsprozessmodellierungswerkzeuge, inhaltsgesteuerte Router und Datentransformationswerkzeuge, bestehen, die Bedingungen und Programmlogik enthalten, die teilweise mit grafischen Werkzeugen editiert werden können. Dies wird sehr oft als »regelbasierter Ansatz« bezeichnet. Auf jeden Fall sollte man genau nachfragen, wenn man in einem Verkaufsprospekt nachlesen kann, dass das beschriebene EAI-Tool eine Regelmaschine enthält.

3.1.8 Zusammenfassung – Eine EAI-Referenzarchitektur

EAI-Schichtenmodell

Um im Folgenden die technischen Eigenschaften von EAI-Integrationsservern besser diskutieren zu können, macht es Sinn, die oben dargestellten funktionalen Fähigkeiten in einer Referenzarchitektur zusammenzufassen. Eine solche Referenzarchitektur ist in Abbildung 23 dargestellt. Wir werden sie später benutzen, um daran praktische Implementierungen zu spiegeln.

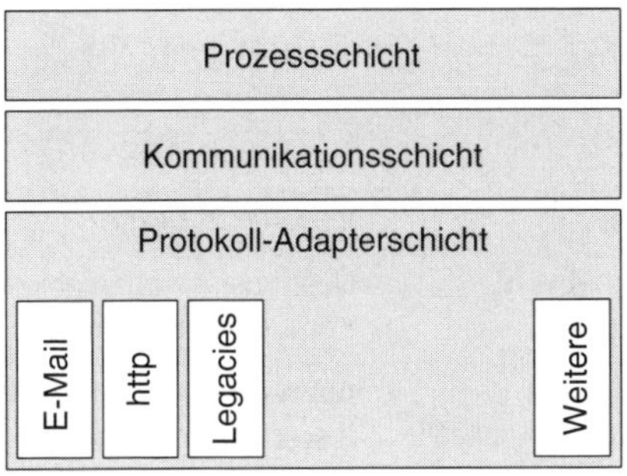

Abbildung 23:
EAI-Referenzarchitektur

Für die folgende Diskussion gehen wir von Message Passing, also asynchroner Kommunikation zwischen einem Sender und einem Empfänger, aus[1].

Die einzelnen Blöcke haben die folgenden Verantwortlichkeiten:

Kommunikationsschicht

- Die **Kommunikationsschicht** transportiert Nachrichten (Messages) zwischen Sendern und Empfängern. Nachrichten können ausgelöst werden:
  – entweder extern durch einen Adapter
  – oder auch durch die Prozessschicht.

  Die Kommunikationsschicht ist ebenfalls verantwortlich für das Routing, also das Finden des richtigen Empfängers einer Nachricht, für die Sicherheit von Aufrufen und für die Konvertierung von Nachrichten zwischen verschiedenen Formaten.

Protokoll-Adapterschicht

- Die **Protokoll-Adapterschicht** ist dafür verantwortlich, dass externe Auslöser, wie E-Mail, http-put-Requests, Funktionsaufrufe, Datenbankupdates und andere Arten von externen Ereignissen, in Nachrichten umgewandelt werden. Ferner repräsentiert ein Protokolladapter auch ein fremdes System, dem Nachrichten zugestellt werden sollen.

1. Man kann die Diskussion auch auf Publish/Subscribe verallgemeinern. In einer Fallstudie wird das noch getan.

Die Protokoll-Adapterschicht erledigt also vor allem auch die Umwandlung von externen Nachrichtenformaten in das interne Nachrichtenformat des Integrationsservers.

Prozessschicht

- Die **Prozessschicht** erlaubt es, komplexe Kommandos und Abläufe aus einfachen Kommandos und Aufrufen zusammenzubauen. Wenn ein Prozess in einen Zustand gelangt, kann er Nachrichten verschicken. Er legt sich dann so lange »schlafen«, bis er durch Nachrichten wieder aufgeweckt wird.
  Ein Prozess kann also Nachrichten versenden und empfangen.

Mit dieser Architektur sind alle bisher aufgelisteten Funktionalitäten abgedeckt:

Abschnitt	Thema	abgedeckt durch
3.1.1	Transport von Nachrichten	Durch die Adapterschicht und die Kommunikationsschicht.
3.1.2	Unterstützte Kommunikationsstile	Asynchron – durch asynchrone Nachrichten lassen sich alle anderen Stile abbilden und emulieren.
3.1.3	Genormte Nachrichtenformate, XML-Support	Der Integrationsserver wird durchgehend ein oder wenige interne Nachrichtenformate verwenden. XML sollte dabei sein, ist aber nicht notwendigerweise Teil des Referenzmodells.
3.1.4	Unterstützung bei der Datentransformation	Erfolgt durch die Kommunikationsschicht oder auch schon in den Adaptern.
3.1.5	Unterstützung für Geschäftslogik	Erfolgt durch die Geschäftsprozess-schicht.
3.1.6	Unterstützung für Geschäftsprozesse	Erfolgt durch die Geschäftsprozessschicht. Geschäftsprozesse können als Sender und Empfänger von Nachrichten auftreten. Ein solches System kann als Produktions-workflowsystem ausgebaut werden.
3.1.7	Unterstützung für Geschäftsregeln	Regelbasierte Ansätze können angewandt werden in der Geschäftsprozessschicht, bei der Nachrichtentransformation und beim Routing in der Kommunikationsschicht.

3.2 Technische Fähigkeiten von EAI-Servern

Die meisten der im Abschnitt 3.1 aufgeführten Fähigkeiten waren rein funktionaler Natur. Dieser Abschnitt beschäftigt sich mit den so genannten nichtfunktionalen Fähigkeiten, also technischen Eigenschaften.

Betreibbarkeit

Neben den in Abschnitt 3.2.1 beschriebenen, technischen Fähigkeiten werden wir hier noch weiter auf Funktionalitäten eingehen, die vor allem für das tägliche Betreiben einer EAI-Infrastruktur wichtig sind. Siehe dazu Abschnitt 3.2.2.

Nichtfunktionale Eigenschaften

Außerdem werden wir auf so genannte nichtfunktionale Eigenschaften eingehen. So ist zum Beispiel Performance eine sehr wichtige nichtfunktionale Eigenschaft, die mit einigen anderen in Abschnitt 3.2.3 beschrieben wird.

3.2.1 Technische Funktionalitäten

Garantierte Auslieferung von Nachrichten

Die meisten Kommunikationsstile (siehe Abschnitt 3.1.2) sagen noch nichts darüber aus, welche Qualität der Service der Nachrichtenübermittlung hat. So ist zum Beispiel bei asynchroner Kommunikation noch nicht automatisch sichergestellt, dass die Nachricht jemals zugestellt wird, nur weil ein Sender sie abgeschickt hat.

Quality of Service

Man kann zum Beispiel bei asynchroner Kommunikation folgende Stufen an Servicequalität unterscheiden:

Best Effort

- **Best Effort:** Der Nachrichtendienst versucht die Nachricht auch dann zuzustellen, wenn der Empfänger temporär nicht verfügbar ist. Bei einem Absturz des Nachrichtendienstes können Nachrichten verloren gehen. Ebenso wenn der Empfänger länger außer Dienst ist als eine vorbestimmte Time-out-Periode.

Garantierte Auslieferung

- **Garantierte Auslieferung:** Alle Nachrichten werden sofort protokolliert und persistiert. Über die Auslieferung jeder Nachricht werden Nachweise geführt. Die Nachricht geht auch dann nicht verloren, wenn der Dienst zur Übermittlung der Nachrichten selbst abstürzt. Wenn der Empfänger länger nicht antwortet, wird die Zustellung immer wieder versucht.

In der Praxis kann man sich noch weitere Stufen vorstellen. Je nach Länge der Time-out-Perioden, Häufigkeit der Zustellversuche und Protokollierungsarten. In guten EAI-Integrationsservern wird die Servicequalität also über Parameter einstellbar sein und bis zur lückenlosen Protokollierung jedes Aufrufes reichen.

Scheduling und Priorisierung von Nachrichten

Echtzeit und Priorisierung

In Echtzeitsituationen ist es wichtig, dass Nachrichten auch priorisiert werden können. Bei asynchroner Kommunikation können auf diese Weise höher priorisierte Nachrichten andere überholen, die eine niedrigere Priorität haben.

In vielen EAI-Integrationsservern sind daher die Prioritäten von Nachrichten parametrisierbar und damit einstellbar.

Konnektivität

Konnektivität ist ein wesentliches Kriterium für EAI-Integrationsserver. Unter guter Konnektivität verstehen wir, dass viele Programmier- und Betriebssystemumgebungen mit einem EAI-Server »sprechen« können.

Die pure Zahl der so genannten Konnektoren (siehe dazu auch Referenzarchitektur, Abbildung 23) ist allerdings nicht ausschlaggebend dafür, ob sich ein Integrationsserver gut in Ihre Betriebssystemlandschaft einpasst. Wichtig sind vielmehr zwei Fragen:

Konnektoren

- Bietet der EAI-Integrationsserver die Konnektoren, die Sie für die Systeme in Ihrem Umfeld benötigen?
- Bietet der EAI-Integrationsserver auch diejenigen Konnektoren, die Sie benötigen, um Ihre Geschäftspartner in B2B-Prozessen anzubinden?

Darüber hinaus sollte man sich noch ansehen, wie einfach es ist, Konnektoren selbst als so genannte Plug-ins zu schreiben, für den Fall, dass man exotische Systeme anbinden muss.

Sicherheitskonzepte

Sicherheit

Man findet in der Praxis verschiedenste Sicherheitskonzepte für Integrationsserver. Einige mögliche sind:

- **Aufbau auf bestehende Sicherheitskonzepte:** Wenn ein EAI-Integrationsserver zum Beispiel auf eine CORBA-Implementierung aufbaut, kann er auch ohne großen Zusatzaufwand den Sicherheitsdienst von CORBA nutzen.
- **Eigene Sicherheitskonzepte des Servers:** Ein EAI-Integrationsserver kann aber zum Beispiel auch ein eigenes, rollenbasiertes oder sonstiges Berechtigungssystem nutzen.
- **Authentifizierung und verschlüsselte Kommunikation der Adapter mit externen Partnern:** Die Adapter können unverschlüsselt oder

auch verschlüsselt zum Beispiel über https kommunizieren. Ebenso können Adapter zur Authentifizierung Zertifikate benutzen.

- **Adapter an andere Sicherheitssysteme:** Werden Nachrichten an externe Systeme gesendet, wie zum Beispiel Legacies, muss der EAI-Integrationsserver selbst in der Lage sein, sich bei anderen Systemen zum Beispiel über RACF (Resource Access Control Facility) oder Zertifikate zu identifizieren.

Routing

Explizites Routing

Routing funktioniert im einfachsten Fall **explizit**. Das heißt, in der Nachricht ist die Adresse eines Empfängers (zum Beispiel eine IP-Adresse und ein Port) explizit kodiert.

Dies hat natürlich Nachteile für die Wartbarkeit und Konfigurierbarkeit von Systemen. Daher werden in den meisten Fällen für Sender und Empfänger symbolische Namen verwendet. Symbolische Namen kann ein EAI-Integrationsserver entweder wieder selbst implementieren oder er kann auf vorhandene **Name Services**, wie zum Beispiel den von CORBA, zurückgreifen.

Content Based Routing

Eine weitere Stufe ist **Content Based Routing:** Ein E-Mail-Adapter wird E-Mails in Nachrichten umwandeln. Abhängig vom Inhalt der E-Mails sollte es möglich sein, die richtigen Geschäftsprozessinstanzen als Empfänger einer Mail zu identifizieren.

Repository für Nachrichtentypen

Ordnung in den Nachrichten

Ein EAI-Integrationsserver kann schnell mit mehreren hundert oder sogar tausenden von verschiedenen Nachrichtentypen umgehen müssen. In solchen Fällen ist es wichtig, dass man den Überblick über die Nachrichtentypen und Formate behalten kann.

Ein kompletter EAI-Integrationsserver erfordert daher ein Repository, in dem die Nachrichtentypen verwaltet und betrachtet werden können – am besten auch noch versioniert.

Namensdienste

Name Service

Ein EAI-Integrationsserver benötigt Dienste, die es erlauben, symbolische Namen statt technischer Bezeichner von Objekten und Nachrichtenzielen zu verwenden.

Die folgende Abbildung 24 zeigt das Prinzip, das hinter den meisten Namensdiensten steht.

Abbildung 24: *Funktionsweise von Namensdiensten*

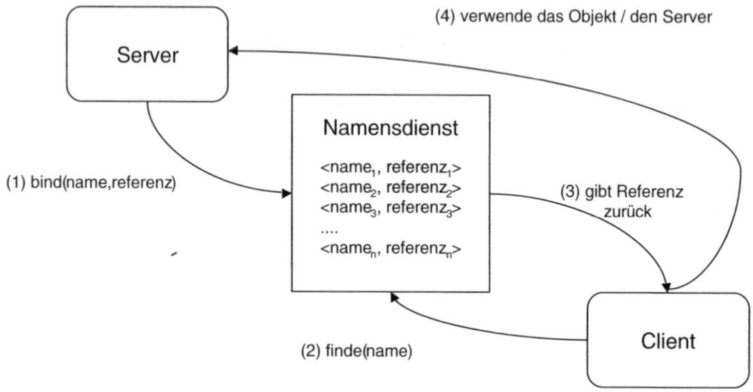

bind

Wird ein symbolischer Name definiert, so ist dies dem Namensdienst mit einem Kommando (im Beispiel bind) kenntlich zu machen. Der Namensdienst merkt sich zu dem symbolischen Namen die physische Adresse. Dies geschieht, wenn der Server oder Service oder Name definiert wird.

Wenn ein Client einen symbolischen Namen benutzen möchte, wendet er sich an den Namensdienst und lässt sich dazu die technische Referenz geben und ruft dann mit dieser die entsprechenden Dienste auf.

Namenslisten müssen natürlich nicht immer flach sein – in den meisten Fällen, beispielsweise bei komplexeren Systemen, wird es sich dabei um baumartige Strukturen handeln. Ein gutes Beispiel sind die E-Mail-Adressen des Internets. Eine E-Mail-Adresse, wie hugo@mycompany.com, kann man auch als Blatt eines Verzeichnisbaumes sehen.

LDAP und X.500

Für solche Strukturen gibt es spezielle Verzeichnisdienste wie LDAP oder X.500, die verwendet werden können, um einen Namensdienst zu implementieren. Auch der CORBA Name Service selbst ist schon baumartig organisiert. Verschiedene EAI-Server können sich hinsichtlich der Namensdienste unterscheiden. Man sollte daher prüfen, ob der Namensdienst ein Standard, ein Quasistandard oder proprietär ist.

3.2.2 Fähigkeiten für die Betriebsunterstützung

Betreibbarkeit

Wenn Entwickler Softwaresysteme aussuchen, vergessen sie in ihren Kriterienkatalogen gerne Aspekte der Betreibbarkeit. Die Betreibbarkeit von Systemen hat allerdings wesentlichen Einfluss auf die Gesamtkosten einer Lösung, die so genannten Total Costs of Ownership (TCO).

Außerdem kann es sich um Eigenschaften handeln, die schlicht vorhanden sein müssen, wenn man Anforderungen, wie zum Beispiel durchschnittlich 23 Stunden Betriebszeit einer Website pro Tag, erfüllen möchte.

24 x 7

Im Folgenden werden daher einige Fähigkeiten genannt und erläutert, die man bei EAI-Integrationsservern immer wieder findet und zu ihrer Beurteilung heranziehen kann.

Load Balancing und Fail-over

Load Balancing

Genau wie auch zum Beispiel für Webserver kann es auch für EAI-Integrationsserver die Anforderung geben, dass sie fähig zum Load Balancing und gegenseitiger Vertretung bei Ausfall (Fail-over) sind. Diese Fähigkeiten steigern meist den Preis für Hard- und Software erheblich. Man wird sie daher nur benötigen, wenn man entsprechende Anforderungen an Durchsatz und Verfügbarkeit (zum Beispiel 7x24) hat.

Fail-over

Eine weitere Eigenschaft, die für Hochverfügbarkeit erforderlich sein kann, ist die Fähigkeit eines Servers zum Fail-over. Dabei gibt es zwei Varianten:

Standby

- **Standby:** Ein zweites System steht unter demselben logischen Namen bereit. Es wird bei Ausfall des Originalsystems hochgefahren. Allerdings wird nicht überprüft, ob im ausgefallenen System laufende Aufträge abgebrochen wurden. Das Ersatzsystem wird neu gestartet. Abbildung 25 zeigt eine solche Konfiguration.

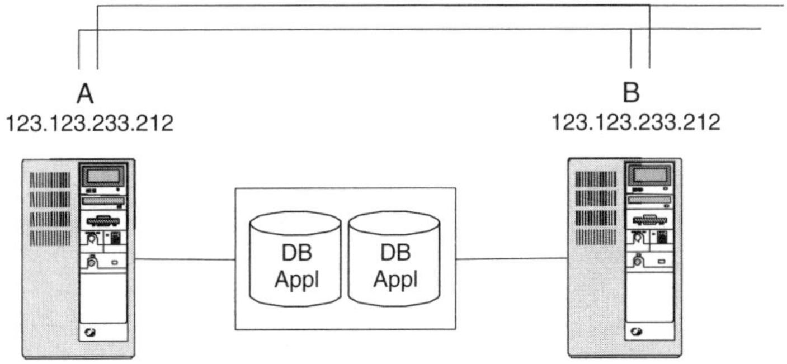

Abbildung 25: *Konfiguration für eine normale Standby-Lösung, wird auch als »Fail-over through Server Clustering« [Mano+2001] bezeichnet.*

Hot Standby

- **Hot Standby und Load Balancing:** In diesem Fall ist meist auch Load Balancing beteiligt. Die Last wird dabei von mindestens zwei starken Systemen bewältigt. Wenn ein System ausfällt, sind die restlichen in der Lage, die Last alleine abzuwickeln. Ein vorgeschalteter Load Balancer stellt fest, dass ein System ausgefallen ist, und kann entsprechend umleiten.

Abbildung 26: *Hot Standby mehrerer Server – mit Load Balancer ([Mano+2001])*

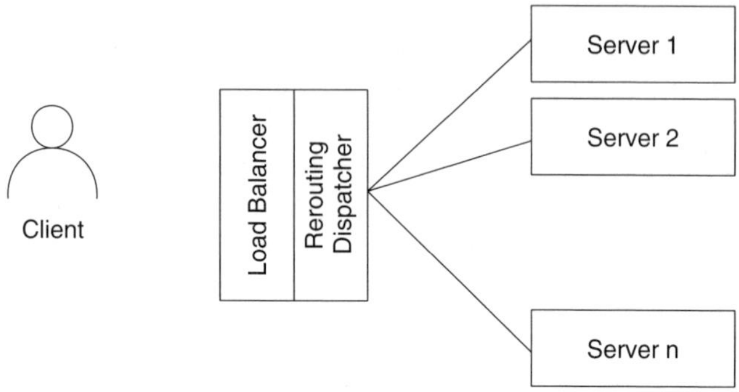

Lösungen für mehrere Server, Load Balancing und Hochverfügbarkeit gibt es selbst wieder in vielen Ausführungen. Bei der Implementierung solcher Lösungen sind spezielle Router erforderlich, die den Verkehr auf IP-Adressen umlenken, die nur dem Router (in Abbildung 26 der Rerouting Dispatcher) bekannt sind. Beispiele für solche Technologien sind:

Network Address Translation

- **NAT – Network Address Translation:** Dabei wird der komplette Verkehr des Hochverfügbarkeitsclusters über einen Router geleitet. Dadurch wird dann allerdings der Router zum Single Point of Failure.

DNS Based Load Balancing

- **DNS Based Load Balancing:** Die Funktion des Rerouting Dispatchers wird vom Domain Name Server mit übernommen. Dies hat diverse Nachteile, angefangen von durchbrochenen Caching-Schemen über Single Points of Failure bis zu der Tatsache, dass DNS-Server beliebte Ziele von Hackern sind.

Multi Node Load Balancing

- **MNLB – Multi Node Load Balancing:** Eine aufwändigere Technik, die spezielle Hard-und Software erfordert, allerdings keinen Single Point of Failure hat.

Von den oben beschriebenen Fähigkeiten ist normales Standby am preiswertesten zu implementieren. Wenn nicht jeder Auftrag sofort auf eine gemeinsame Datenbasis gesichert wird, zahlt man dafür auch keine Performance-Strafe.

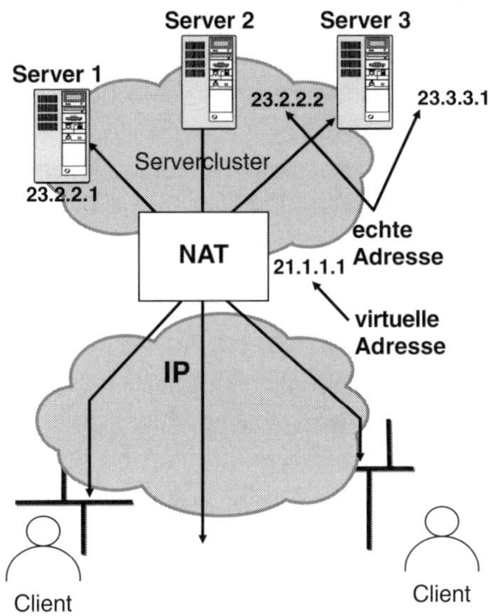

Abbildung 27:
NAT – Network Address Translation

Will man in keinem Fall Aufträge oder Benutzersessions verlieren, sollte man alle Aufträge und Kontexte sofort auf ein gemeinsames, hochverfügbares Datenbanksystem persistieren. Hierfür zahlt man die Performance-Strafe und außerdem den Aufwand für eine Datenbank, die selbst wieder hochverfügbar und daher redundant ausgelegt sein muss.

Performance

Am teuersten (und am besten verfügbar) ist die Kombination aus Load Balancing und Hot Standby mit Sicherung von Sessions. Dafür gibt es jedoch auch weit mehr als eine Technologie. Man sollte sich also seinen EAI-Integrationsserver daraufhin ansehen, welche er verwendet, und dies mit den Anforderungen abgleichen. Es ist anzuraten, die Anforderungen für eine solche Lösung wirklich sorgfältig durchzuprüfen. Hersteller verkaufen sehr gerne die High-End-Lösungen. Man kann oft Geld sparen, wenn man seine Anforderungen gerade im Bereich der Hochverfügbarkeit kritisch hinterfragt.

Hot Standby

Monitoring

Unter Monitoring versteht man die Fernüberwachung von Systemen. Die meisten Großanwender verfügen über Werkzeuge, die in der Lage sind, heterogene Netzwerke zu überwachen. Wichtige Fragen hier sind zum Beispiel:

Betriebsüberwachung

- Kann ich entfernt feststellen, ob ein System verfügbar ist und korrekt arbeitet?

- ❑ Kann ich ein System neu starten, ohne physisch den Serverraum aufsuchen zu müssen?
- ❑ Kann ich über Fernwartung feststellen, warum ein gewisser Auftrag an das System gescheitert ist?
- ❑ Gibt es Mechanismen, mit denen mein Betriebspersonal automatisch verständigt wird, wenn Fehler auftreten?

Dienste für die Fernwartung

Dabei ist es also nicht nur wichtig, dass ein System proprietäre Fernwartung zur Verfügung stellt, sondern Systeme sollten auch in der Lage sein, sich in verbreitete Infrastrukturen zur Betriebsüberwachung heterogener Netzwerke einzufügen. Als Beispiele für solche übergreifenden Lösungen zur Netzverwaltung seien hier nur Tivoli, NetView, CA Unicenter oder OpenView genannt. Am besten sollte eine Lösung auf Standards zur Verwaltung von Netzen wie SNMP basieren.

Recovery-Fähigkeit

Restart/Recovery

Der Begriff »Recovery« stammt aus dem Bereich der Datenbanken. Darunter wird verstanden, dass man ein abgestürztes System wieder in einen in sich konsistenten Zustand versetzen kann [Date1994]. Bei Datenbanken heißt das vor allem, dass so genannte ACID-Transaktionen (zu ACID-Eigenschaften siehe Seite 96 f.) nach einem Systemabsturz entweder ganz oder gar nicht durchgeführt sind.

Auf einen EAI-Server übertragen, kann das Verschiedenes bedeuten:

Schutz vor Replay

- ❑ Es muss sichergestellt sein, dass Kommunikationsaufträge nicht mehrmals ausgeführt werden. Bei einem Abbuchungsauftrag einer Bank wäre sonst der Kunde wenig amüsiert.
- ❑ Es muss sichergestellt werden, dass Ergebnisse nur einmal ausgeliefert werden.

Schutz vor Verlust

- ❑ Und es muss sichergestellt sein, dass Aufträge, die einmal an das System übergeben sind, nicht verloren gehen.

Nachdem einige EAI-Integrationsserver auch als Server für verteilte Transaktionen fungieren können, ist bei solchen Servern auch noch die ACID-Eigenschaft zum Beispiel bei so genannten Two-Phase-Commit-Transaktionen sicherzustellen.

Auch wenn der Begriff in dieser Form in der Datenbankwelt nicht präzise so vorkommt, wird Recovery-Fähigkeit manchmal auch als Restart/Recovery bezeichnet.

Transparente Verteilbarkeit

Transparent verteilte EAI-Server

Ein System wird transparent verteilbar genannt, wenn man seine Laufzeitkomponenten auf mehrere Rechner verteilen kann, ohne dass sich dies auf das Programmiermodell oder die Verwaltung des Systems niederschlägt. Man kann dabei noch unterscheiden zwischen:

- Systemen, die von den Systemadministratoren konfiguriert werden und bei denen der Systemadministrator festlegt, welche Komponente auf welchem Netzwerkknoten ausgeführt wird. Solche Systeme sind schon selten.
- Und Systemen, die sich je nach Last automatisch anpassen. Solche Systeme sind noch seltener. So selten allerdings auch nicht, weil zum Beispiel das Internet seine Routenplanung automatisch mit dem Verkehr anpasst.

Wenn man also in einer räumlich stark verteilten Organisation arbeitet, sollte man sich überlegen, ob man Verteilbarkeit und transparente Verteilbarkeit als Kriterien mit in seine Evaluierung von EAI-Integrationsservern aufnimmt.

Tracing und Debugging

Fehlersuche

Programmierumgebungen, und damit auch EAI-Integrationsserver, sollten Möglichkeiten anbieten, um Fehler effizient suchen und finden zu können. Daher sollte man überprüfen, ob eine Umgebung ausreichende Möglichkeiten für Tracing und Debugging bietet.

Debugging

Unter **Debugging** versteht man die kontrollierte Ausführung von Code. Man kann dabei gleichzeitig noch Inhalte von Variablen ansehen, Speicherbereiche inspizieren, den Code bis zu vordefinierten Punkten weiterlaufen lassen und und und. Programmierumgebungen für Java oder andere moderne Programmiersprachen bieten meist sehr gute Debugger an. Hingegen gibt es für die meisten Skriptsprachen keine oder nur schlechtere Debugger. Daher sollte man sich auch seinen EAI-Integrationsserver daraufhin ansehen, welche Debugmöglichkeiten er bietet. Es kann nämlich zu Problemen führen, wenn man bei der Auswahl des EIA-Integrationsservers nur auf die Mächtigkeit einer zum Beispiel grafisch programmierbaren Umgebung achtet und man hinterher beim Testen der eigenen, mit dem EAI-Integrationsserver programmierten Abläufe nicht »hineinsehen« kann, weil kein entsprechender Debugger vorhanden ist.

Tracing

Unter **Tracing** versteht man, dass regelmäßig das Passieren bestimmter Stellen im Code in Log-Dateien geschrieben wird. Traces sind nicht unumstritten, da sie permanent Performance kosten und man statt Traces teilweise auch Debugger verwenden kann. Tracing hat meist nur dann noch Vorteile, wenn damit schlecht reproduzierbare Fehler, die nur selten auftreten, einzugrenzen sind, um sie dann durch Debuggen nachvollziehbar zu machen. Wegen der Performance-Strafe ist gutes Tracing daher:

- möglichst komplett abschaltbar,
- in Stufen einschränkbar,
- möglichst auf definierte Bereiche und Ereignisse einschränkbar.

Testaufwand

Systeme, die weder Traces noch einen guten Debugger bieten, bereiten in der Testphase erhöhte Aufwände beim Isolieren, Nachvollziehen und Beseitigen der unvermeidlichen Fehler.

3.2.3 Nichtfunktionale Eigenschaften

Warum nichtfunktionale Eigenschaften wichtig sind

Die nichtfunktionalen Eigenschaften sind teilweise von den Fähigkeiten zur Betriebsunterstützung schwer abzugrenzen. Die Wichtigkeit nichtfunktionaler Eigenschaften von Softwaresystemen kann man sich am besten durch ein einfaches Gedankenexperiment vor Augen führen: Eine Website für Bankgeschäfte braucht 2-3 Minuten, um nach einem Mausklick ein neues Bild aufzubauen. Auch wenn diese Anwendung funktional vollständig und funktional die beste Website für Bankgeschäfte ist, wird sie trotzdem nicht verwendet werden, weil eine wichtige nichtfunktionale Eigenschaft nicht stimmt, nämlich die Performance.

Performance und mehr

Neben Performance gibt es noch viele weitere nichtfunktionale Eigenschaften von Software, die in diversen Büchern über Softwarearchitektur beschrieben werden (zum Beispiel [Bass+1998]). Sie können Design und Kosten der Software wesentlich beeinflussen. Ob und wie sie benötigt werden, hängt immer von den Anforderungen an ein System ab. Im Folgenden werden wir einige aufzählen, die für einen Anwender von EAI-Integrationsservern wichtig sein können.

Performance

Der Begriff Performance bezieht sich auf die Fähigkeit eines Systems, innerhalb einer angemessenen Zeitspanne eine Antwort zu einer Anfrage (Request) zu liefern.

Performance ist auch und gerade für EAI-Integrationsserver eine kritische Größe. Man sollte daher in seinem Pflichtenheft für einen EAI-Integrationsserver das Thema Performance an prominenter Stelle auflisten und wenn möglich auch quantifizieren. Performance wird typischerweise auf mehrere Arten gemessen:

- entweder nur als Ziel für die Antwortzeit für eine Art von Anfragen
- oder als Durchsatz, gemessen in bearbeitbaren Anfragen pro Zeiteinheit.

Performancekurven

Dabei ist allerdings zu beachten, dass es zwischen der Antwortzeit und der aktuellen Belastung, gemessen in ankommenden Anfragen pro Zeiteinheit, einen funktionalen Zusammenhang gibt. In den meisten Fällen steigen die Antwortzeiten exponentiell mit der Last. Dies ist mittels statistischer Modelle gut erklärbar (siehe zum Beispiel [Loos+1997]).

Skalierbarkeit

Performancesteigerung durch Skalierung

Der Begriff der Skalierbarkeit bezieht sich darauf, ob es möglich ist, durch das Hinzufügen zusätzlicher Hardware-Ressourcen (weitere Prozessoren) den Durchsatz des Systems zu erhöhen.

Man sollte zum Beispiel glauben, dass man den Durchsatz eines EAI-Integrationssystems dadurch erhöhen kann, dass man einfach einen zweiten EAI-Server kauft und anschließt. Dies muss allerdings nicht immer der Fall sein, nämlich genau dann nicht, wenn es im Gesamtsystem einen Flaschenhals gibt, der den Gesamtdurchsatz des Systems nach oben begrenzt. Einfach ausgedrückt ist eine Kette immer nur so stark wie ihr schwächstes Glied und durch exponentielle Effekte bei der Antwortzeit einzelner Komponenten kann ein Gesamtsystem immer noch verstopft sein, auch wenn drei EAI-Server gleichzeitig mit jeweils nur 40% Prozessorlast arbeiten, aber der Plattencontroller der Datenbank, auf dem die Requests aller Server zentral persistiert werden, überläuft.

Man sollte daher Skalierbarkeit explizit in seinen Kriterienkatalog aufnehmen und ein Gesamtperformanceziel quantifiziert angeben und vom Hersteller durch Lasttests nachweisen lassen.

Zuverlässigkeit

Unter Zuverlässigkeit eines Systems versteht man den Faktor:

Verfügbarkeit

$$a = \frac{DurchschnittlicheZeitZwischenFehlern}{DurchschnittlicheZeitZwischenFehlern + DurchschnittlicheAusfallzeit}$$

Auch diese Eigenschaft ist damit quantifizierbar, kann beobachtet und gemessen werden und kann damit für einen EAI-Integrationsserver in die Kriterienliste und in die Betriebsüberwachung aufgenommen werden.

Produktivität und Qualität der mitgelieferten Tools

Moderne, datengetriebene Softwaresysteme bestehen meist aus 3 Kategorien von Systemteilen:

EAI-Programmierwerkzeuge

Definitionswerkzeuge: Mit den Definitionswerkzeugen erfolgt die Programmierung der Systeme. Dies können bei einem EAI-Integrationsserver zum Beispiel sein: Editoren für Geschäftsprozessdefinitionen, Editoren für Nachrichtenformate, Editoren für Transformationsregeln, Sicherheitsprofile und weiteres.

Laufzeitkomponenten: Die von den Definitionswerkzeugen erzeugten Metadaten werden in ein Laufzeitsystem übernommen und zur Laufzeit interpretiert (oder sie wurden zur Build-Time kompiliert).

Überwachungswerkzeuge: Überwachungswerkzeuge erlauben es, den laufenden Betrieb der Systeme zu beobachten und zu steuern.

Den Definitionswerkzeugen eines EAI-Integrationswerkzeuges kommt damit eine wesentliche Bedeutung für die Produktivität der Entwicklung mit dem EAI-Integrationsserver zu. Dabei muss man hier Folgendes abwägen:

Grafische Editoren

- Für einfache und schnelle Aufgaben und geringe Mengenvolumina sind rein grafische Werkzeuge sicher verführerisch produktiv. Sie verkaufen sich auch gut, weil man damit schnell »Beispiele zaubern« kann und dadurch Kunden beeindrucken kann.

Textwerkzeuge

- Profis werden allerdings Wert darauf legen, dass die dahinter liegende Metainformation auch mit Textwerkzeugen einfach und schnell zu bearbeiten ist. Man stelle sich vor, man muss mit einem grafischen Werkzeug die Namenskonventionen in ein paar hundert Geschäftsprozessen ändern. Man wird sich dann schnell ein Skripting-Tool für solche Aufgaben wünschen.

Debugging

- Dazu kommt noch der Aspekt des Debuggers und Tracens zur Laufzeit (siehe auch Seite 53). Oft wird dies vergessen, wenn man von einem grafischen Werkzeug begeistert ist.

Man sollte sich also von Werbeaussagen wie »Was – Sie kodieren noch?« nicht irritieren lassen und eine gute Balance zwischen grafischer Benutzeroberfläche und Manipulierbarkeit mit Textwerkzeugen suchen.

Marktposition des Herstellers

Fusionen der EAI-Hersteller

Der EAI-Markt ist von starkem Wachstum geprägt und von vielen Unternehmensübernahmen. Solche Marktentwicklungen gibt es in allen relativ neuen Technologiemärkten, in denen Hersteller darauf achten müssen, Marktanteile zu bekommen und stärker zu wachsen als die Mitbewerber. Oft geht das nur durch Übernahmen.

Wenn 1999 zum Beispiel mehr als 200 EAI-Anbieter auf dem Markt waren, dann werden davon einige Jahre später, wenn EAI eine etablierte Technologie sein wird, nur ungefähr 10 wirklich Bedeutende übrig bleiben.

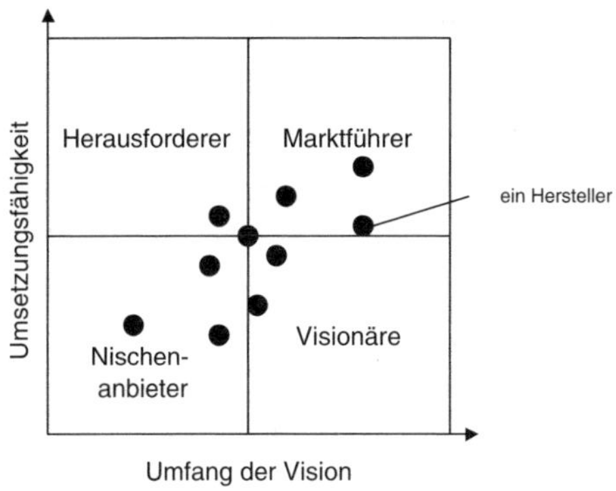

Abbildung 28: *Beispiel eines magischen Quadranten, wie er typischerweise von der Gartner-Group für einen Markt erstellt wird.*

Man sollte also auf zwei wesentliche Dinge achten:

- Funktionalität: Diese wird in Abbildung 28 auch als »Umfang der Vision« bezeichnet. *Vision*
- Etablierung des Herstellers im Markt: Diese wird in Abbildung 28 auch als »Umsetzungsfähigkeit« bezeichnet. Man sucht dabei nach Herstellern, die lange am Markt sind, eine gute generelle Reputation haben und eine ausreichende Finanzdecke, um auch Rückschläge einstecken zu können. Man erhofft sich, dass ein solcher Hersteller seine Produkte nicht so schnell vom Markt nehmen wird, weitere Releases liefern kann und nicht so schnell von anderen übernommen werden wird. Und zugleich sollte der Hersteller nicht nur eine Vision haben, sondern auch wirklich gezeigt haben, dass er im betrachteten Marktsegment Dinge bewegen kann. *Umsetzungsfähigkeit*

Tools verschwinden

Auch bei etablierten Herstellern wird es jedoch immer wieder vorkommen, dass sie ein Produkt, das sie vorher spektakulär ankündigen, nach 2 Jahren wieder vom Markt nehmen, wenn es nicht profitabel genug ist oder wenn sie Probleme hatten, ausreichende Marktanteile zu bekommen.

Aus den beiden obigen Kriterien ergeben sich Schaubilder, wie das in Abbildung 28 dargestellte. Für die meisten Technologiegebiete kann man solche magische Quadranten zusammen mit entsprechenden Marktstudien von Informationsanbietern, wie zum Beispiel Gartner Research oder GIGA Information Group, kaufen.

Investition und Total Costs of Ownership (TCO)

Kosten

Dass auch die Lizenzkosten ein wichtiges Kaufkriterium für Software sind, soll hier nur der Vollständigkeit halber erwähnt werden. Man benötigt allerdings meist für seinen Katalog der Evaluierungskriterien eine Annahme über Last und Rechnerinfrastruktur, da es die unterschiedlichsten Lizenzmodelle gibt, wie

- Flat Rates für ganze Unternehmen,
- Lizenzen pro MIPS oder pro Prozessor,
- Lizenzen für X ausgeführte Vorgänge der Art Y.

Lizenzmodelle

Zu den Total Costs of Ownership gehören neben den einmaligen Lizenzkosten natürlich auch laufende Wartungsgebühren und Annahmen darüber, wie oft durch Major Releases wieder volle Lizenzkosten fällig werden.

Ferner müssen Kosten für den laufenden Betrieb berücksichtigt werden. Billige Software, die sich schlecht in den Betriebsablauf und in Werkzeuglandschaften zum Systemmonitoring einfügen lässt, kann im Endeffekt wieder teuer werden.

Produktivitätsaspekte, wie zum Beispiel die Frage der Entwicklerproduktivität (siehe schon Seite 56), können ebenfalls in TCO-Betrachtungen mit einbezogen werden.

4 Architektonische Entscheidungsfelder

Nachdem Sie jetzt aus Kapitel 3 einen Überblick haben, was ein typischer EAI-Server an Fähigkeiten und Diensten anbieten kann, wollen wir uns hier nun genauer damit befassen, wann man welche Art von Fähigkeit und Dienst einsetzen kann und sollte. Weiter wird dieses Kapitel eine genauere Einordnung von EAI-Integrationsservern in die Welt der Middleware vornehmen.

Wann Sie das Kapitel lesen sollten

Wenn Sie ein DV-Profi mit umfassender Vorbildung sind, können Sie dieses Kapitel überspringen, weil Sie wissen, was MoM im Vergleich zu föderierten Datenbanken und GUI-Integration bedeutet, und weil Sie wissen, welche Nachteile synchrone Datenkommunikation gegenüber asynchroner haben kann. Wenn Ihnen viele dieser Begriffe neu vorkommen, sollten Sie das Kapitel lesen. Sie können es als Profi auch punktuell zum Nachschlagen benutzen.

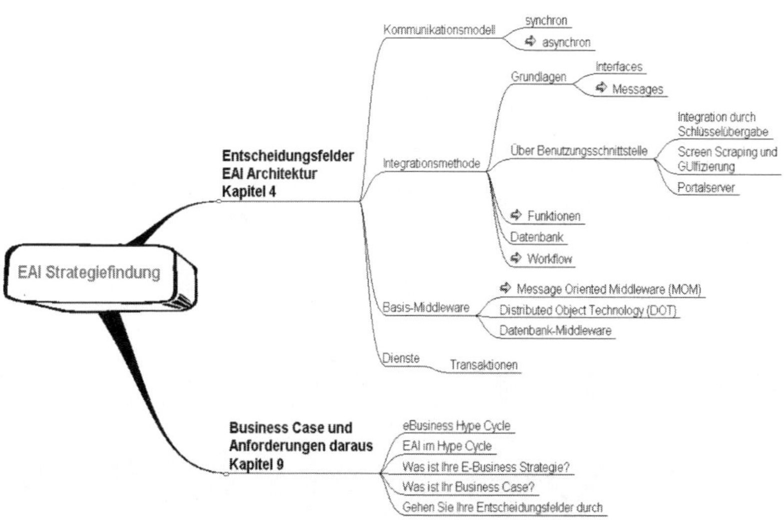

Abbildung 29: *Mindmap zu architektonischen Entscheidungsfeldern für EAI-Architekturen*

Das Mindmap in Abbildung 29 gibt einen Überblick über das nun folgende Kapitel, das als Nachschlageteil wesentliche Basisbegriffe erläutert, denen Sie im Zusammenhang mit EAI-Lösungen immer wieder begegnen werden.

Weg zur EAI-Architektur

Eine Gruppe von Autoren [Ruh+2001] hat zum Beispiel das Erstellen einer EAI-Architektur wie folgt systematisiert:

- Auswahl eines Kommunikationsmodells: Synchron, asynchron oder beides,
- Auswahl von Integrationsmethoden,
- Auswahl einer Basis-Middleware,
- Überlegung, welche Dienste, wie Verzeichnisdienste, Transaktionen, Persistenz etc., benötigt werden.

EAI Business Case

Wir werden hier (wie diese Autoren auch) noch über Arten von Geschäften sprechen, für die sich EAI-Lösungen besonders lohnen können. Dies geschieht allerdings erst in der Zusammenfassung in Kapitel 9. Einen weiteren Akzent werden wir auf Komplettlösungen legen (Abschnitt 4.6), die wir an dem Referenzmodell spiegeln. Dabei ist DCE im Zusammenhang mit EAI nur von historischem und systematischem Interesse. CORBA ist wegen der Betrachtung der Dienste interessant und als Basis für EAI-Integrationsserver, mit denen wir uns in Abschnitt 5.2 noch einmal beschäftigen werden.

Wir gehen also bei unserer Betrachtung eher davon aus, dass Sie ein Komplettpaket kaufen und beurteilen werden. Das ist heute wahrscheinlicher als die Entwicklung einer weiteren Eigenbaulösung.

4.1 Integrationsmethoden

So wie es verschiedene Client/Server-Schnitte gibt, so existieren auch verschiedene Ansatzpunkte für Integration. Wenn wir von einer Schichtenarchitektur für betriebliche Informationssysteme ausgehen, wie sie zum Beispiel Denert beschreibt [Den1991], dann gibt es folgende Ansatzpunkte für die Integration von Systemen (siehe Abbildung 30):

Abbildung 30: *Integrationsmethoden*

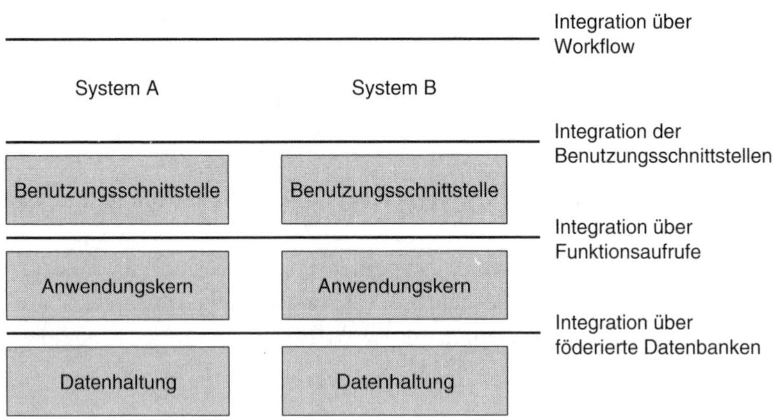

Bei der **Integration über die Benutzungsschnittstelle** (Abschnitt 4.1.1) werden auf bestehende Dialoge neue Dialoge aufgesetzt. Dafür gibt es eine Menge technischer Varianten. Eine davon ist auch die **Integration über Workflow** (Seite 64).

Integration über die Benutzungsschnittstelle

Bei der **Integration über Funktionsaufrufe** werden Anwendungen integriert, indem Funktionen (Dienste) von Anwendungen über mehrere Anwendungen hinweg aufgerufen werden. Auch hier gibt es verschiedene Ausprägungen, von denen einige in Abschnitt 4.1.2 beschrieben werden.

Integration über Funktionsaufrufe

Bei der **Integration über föderierte Datenbanken** wird dem integrierenden System vorgespiegelt, es habe es mit nur einer logischen Datenbank zu tun. Abschnitt 4.1.3 geht näher auf diese Methoden- und Toolfamilie ein.

Integration über Datenbanken

Eine weitere, häufig angewandte Methode, die an Bedeutung gewinnt, ist die **Integration von Komponenten.** Sie wird mit einigen Varianten in Abschnitt 4.1.4 beschrieben.

4.1.1 Integration über die Benutzungsschnittstelle

Die Grundidee bei der Integration über die Benutzungsschnittstelle besteht immer darin, auf die Benutzungsschnittstellen existierender Anwendungen eine neue Benutzungsschnittstelle aufzusetzen. Diese neue Benutzungsschnittstelle wird entweder mit dem Ziel implementiert, besser benutzbar zu sein, oder mit dem Ziel, durch die Integration mehrerer Anwendungen eine bessere Funktionalität oder eine konsistente Führung durch Geschäftsprozesse bieten zu können.

Neue Benutzungsschnittstelle

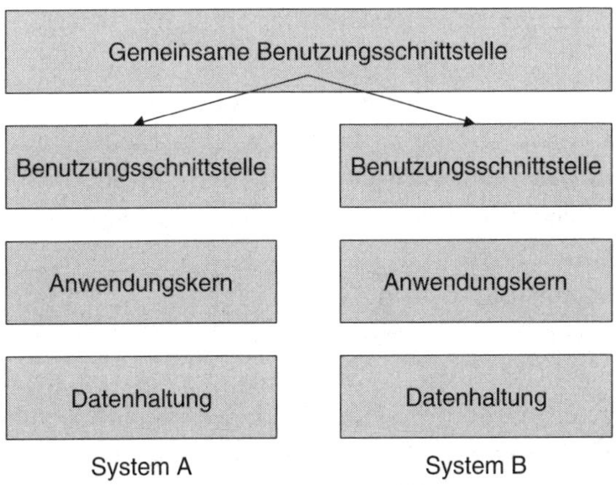

Abbildung 31: *Integration über die Benutzungsschnittstelle. Auf zwei existierende Benutzungsschnittstellen wird eine neue aufgesetzt, die ihre Funktionalitäten bietet, indem sie die Funktionalitäten der darunter liegenden Benutzungsoberflächen verwendet und anders aufbereitet.*

Hierzu gibt es zahlreiche Varianten. Dabei haben die webbasierten Technologien in letzter Zeit andere Technologien, die eher auf Fat-Clients ausgerichtet waren, immer mehr verdrängt. Wir werden uns daher vor allem mit webbasierten Technologien beschäftigen.

Portalserver und Web-Integration

Web-Integration

Die vordergründig einfachste aller Arten, Anwendungen über die Benutzungsoberfläche zu integrieren, ist die Web-Integration mit Frames (Abbildung 32).

Abbildung 32: *Web-Integration über Frames*

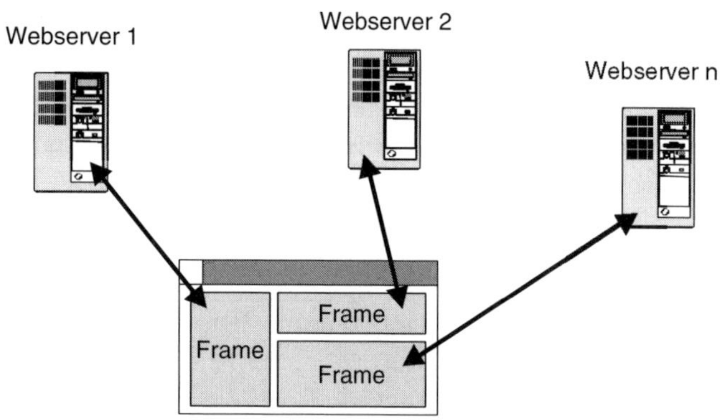

Frames

In dem Moment, in dem die Anwendungen allerdings inhaltlich synchronisiert werden müssen, kann aus der einfachen Web-Integration über Frames ein ziemlicher Albtraum aus JavaScript-Code werden. Dazu kommt noch verschärfend hinzu, dass JavaScript auf unterschiedlichen Browsern unterschiedlich implementiert ist. Integration über Frames wird damit sehr schnell sehr komplex, auch wenn sie am Anfang vorlockend einfach aussieht. Auf Details wollen wir nicht weiter eingehen. Integration über Frames wird fast jeder einmal selbst gemacht haben, der Software entwickelt hat. JavaScript-Programmierung für die Synchronisierung verschiedener Frames ist ein Thema, das hier zu weit führen würde.

Der Mechanismus wird durch verschiedene Arten von Produkten weiter aufgewertet:

Portalserver

Portalserver: Erlauben das Zusammenstellen von personalisierten Inhalten, bieten darüber hinaus jedoch weitere Infrastrukturservices, wie zum Beispiel Sicherheitsinfrastrukturen, Mechanismen zur Anbindung zum Beispiel von ERP-Systemen und mehr.

Personalisierungsserver

Personalisierungsserver: Erlauben ebenfalls das Zusammenstellen von personalisierten Inhalten. Sie überschneiden sich dabei funktional sehr oft mit Portalservern. Es kann sich dabei um dynamische Webserver handeln, die mit proprietären Funktionalitäten ausgerüstet sind, um die Navigation von Benutzern zu verfolgen und darauf basiert spezielle Inhalte anzubieten.

Content-Management-Systeme

Content-Management-Systeme: Sie sind darauf spezialisiert, große Mengen von Webseiten zu verwalten und haben nicht unbedingt direkt etwas mit Integration über die Oberfläche zu tun. Sie werden nur sehr oft integriert. Zum Beispiel von Personalisierungs- und Portalservern.

Wie wir schon in Abbildung 11 (Seite 21) gesehen haben, sind die oben genannten Technologien nicht direkt EAI-Technologien. Sie werden aber häufig in E-Business-Architekturen verwendet und sind Techniken der Oberflächenintegration.

Screen Scraping und GUIfizierung von 3270-Anwendungen

GUIfizierung

Unter Screen Scraping wird generell das Aufbereiten eines Terminal-Datenstromes für andere Zwecke als die Anzeige auf einem Hostterminal (meist 3270) verstanden. Man kann dann die Informationen für viele Arten von GUIs aufbereiten.

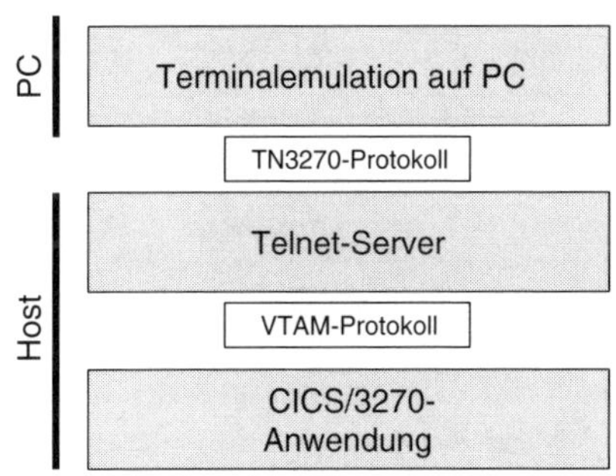

Abbildung 33: *Terminalemulation: Ansatzpunkte für »Anzapfen von 3270-Datenströmen«*

GUIfizierung mit Web-Technologie

Vor einigen Jahren hat man noch Adapter gebaut, die 3270-Datenströme so aufbereitet haben, dass sie einfach und schnell in Smalltalk oder C++-Anwendungen zu benutzen waren. Heute werden solche Datenströme eher für Java- und Web-Anwendungen aufbereitet. Abbildung 33 zeigt die entsprechenden Ansatzpunkte, bevor sich Web-Technologie durchgesetzt hat. Terminalemulationen auf PCs haben meist das so genannte TN3270-Protokoll verwendet. Dieses konnte man auch für die GUIfizierung benutzen, indem man darauf seine Oberflächen aufgesetzt hat.

3270 Web-Adapter

Heute werden vor allem Webadapter für die GUIfizierung angeboten. Abbildung 34 zeigt einen typischen Protokollstack, der zur Darstellung von Hostinhalten im Web verwendet wird. Die Grundidee dabei ist, nicht mehr eine Terminalemulation zu verteilen, sondern die Terminalemulation auf einem zentralen Server laufen zu lassen. Auf diese kann dann ein Browser mittels http zugreifen. Hinter dem Webserver läuft derselbe Protokollstack wie in Abbildung 33. Zu diesem Szenario gibt es mindestens zwei Verteilungsmöglichkeiten: Man kann den ganzen Protokollstack einschließlich Webserver auf dem Host betreiben oder man kann den Webserver und Web/VSE-Server auf einem Middle-Tier-Server betreiben. Die in Abbildung 34 gezeigte Konfiguration ist nur eines von vielen Produkten für Web-Zugriff auf den Host. Eine Suche mit einer Suchmaschine ergibt eine zweistellige Anzahl von unterschiedlichen Produkten. Einen guten Überblick über Web-Zugriffe auf 3270-Anwendungen im Generellen und vor allem auf deren Absicherung gibt [Wake2000].

Abbildung 34: *Protokollstack für die Darstellung von 3270-Inhalten im Browser [Arne1999]*

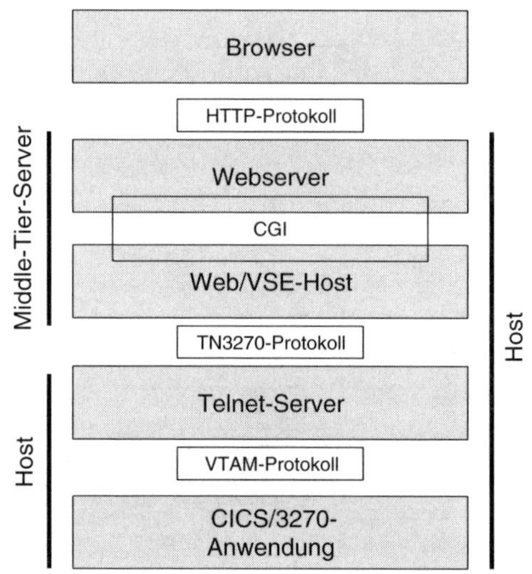

Integration über Workflow-Manager

Integration durch Workflow

Für Oberflächenintegration mehrerer existierender Anwendungen sind auch die meisten Workflow-Management-Tools gut geeignet. Sie waren und sind für das Integrationsszenario »Geschäftsprozessintegration« aus Abschnitt 2.3.3 ausgelegt und können daher dafür verwendet werden, Oberflächen verschiedener Anwendungen zu benutzen. Abbildung 35 zeigt eine solche Situation schematisch.

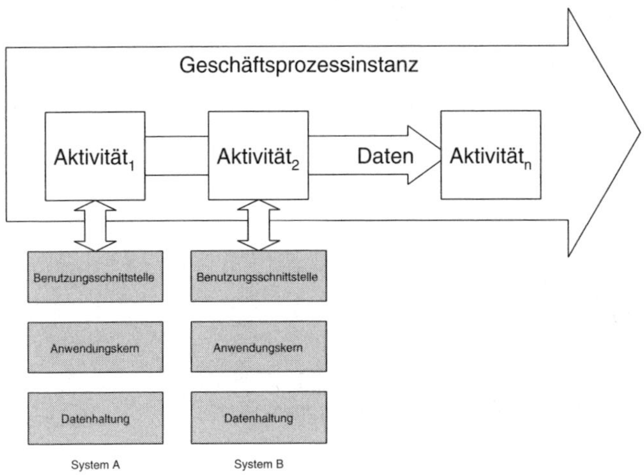

Abbildung 35: *Integration mittels Workflow-Manager*

Geschäftsprozessinstanzen

Der Workflow-Manager verwaltet Instanzen von Geschäftsprozessen. Der Workflow-Manager ist nicht abgebildet. Geschäftsprozessinstanzen bestehen aus einer Folge von Aktivitäten. In diesem Abschnitt interessieren wir uns nicht für Aktivitäten, die nur Funktionalitäten auslösen (zum Beispiel den Druck eines Dokumentes), sondern für solche Aktivitäten, bei denen ein Benutzer Aktionen in der Benutzungsschnittstelle eines existierenden Systems durchführen muss.

Aktivität ruft Dialog auf

Dafür ruft die Aktivität die Benutzungsschnittstelle eines existierenden Systems auf und übergibt dabei Parameter, so dass der richtige Dialog gestartet wird. Häufig werden auch noch Schlüssel in die Anwendung übergeben. Dies ist oft nicht trivial, da die Schlüssel in Felder der Anwendung eingegeben werden müssen.

Datencontainer

Nach Durchführung der Aktivität am Bildschirm durch einen Benutzer müssen unter Umständen auch wieder Daten als Ergebnis aus den Bildschirmen ausgelesen werden. Für die Integration mittels Workflow benötigen die Aktivitäten also die Screen-Scraping-Techniken, die auch sonst für die Anwendungsintegration über die Benutzungsschnittstelle erforderlich sind. Eine interessante Parallele besteht auch noch zu Testrobotern, die absolut ähnliche Technologien verwenden, um Dialoge vollautomatisch ablaufen zu lassen.

Schlüsselübergabe

Damit die Schlüsselübergabe und das Auslesen von Bildschirminformation vernünftig funktionieren kann, benötigen Geschäftsprozesse einen Datencontainer, in dem die notwendige Schlüsselinformation von Dialog zu Dialog mitgenommen werden kann. In einem solchen Datencontainer eines Geschäftsprozesses können auch andere Attribute definiert werden. Dies kann bis zu kompletten gespiegelten Geschäftsobjekten gehen.

4.1.2 Integration über Funktionsaufrufe

Die Integration über Funktionsaufrufe ist ein sehr weites Feld. Dabei wird aus einem Anwendungskern die Funktionalität eines anderen Anwendungskerns aufgerufen. Diese Situation ist in Abbildung 36 dargestellt.

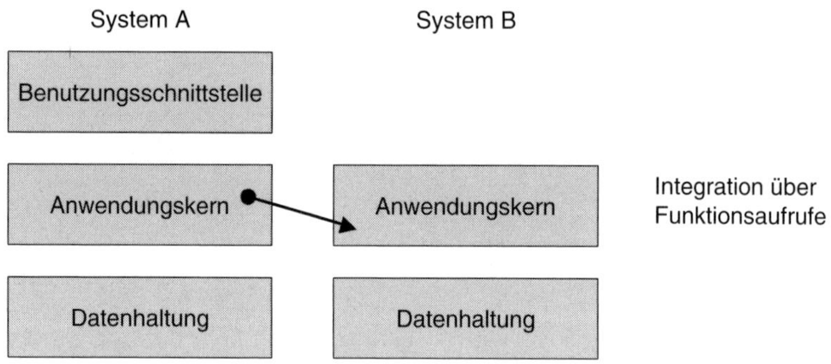

Abbildung 36: *Integration über Funktionsaufrufe*

Es gibt sehr viele Faktoren und Designfragen, die beeinflussen, wie das genau geschieht:

Begriff der Anwendung

- Erstens ist der Begriff einer Anwendung nicht immer genau definiert und auch nicht immer passend. Man kann sich fragen, ob ein gemeinsam genutztes Paket von Funktionalität schon eine Anwendung ist oder eine Komponente oder wie man es sonst bezeichnen möchte.

Saubere Schnittstellen

- Weiter spielt es eine Rolle, ob die Anwendungen eine sauber definierte Schnittstelle haben und wie diese definiert ist. Man kann zum Beispiel irgendein Modul oder irgendein Unterprogramm einer anderen Anwendung mit einem Unterprogrammaufruf nutzen oder man kann gut definierte Services einer dafür definierten Komponente verwenden.

Verteilung der Anwendung

- Eine weitere Frage ist die der Verteilung. Es macht einen Unterschied, ob die aufgerufene Funktionalität im selben Adressraum, nur auf derselben Maschine in einem anderen Prozess oder auf einer anderen Maschine läuft. Je nach Fall ist keine besondere Infrastruktur erforderlich oder man benötigt Infrastrukturen wie DCE oder CORBA. Man kann auch einen EAI-Integrationsserver verwenden.

Da es sehr viele Möglichkeiten des Aufrufens von Funktionalität gibt und damit auch sehr viele Möglichkeiten der funktionalen Integration, werden diese in separaten Abschnitten beschrieben. Die diversen Kategorien, wie zum Beispiel die grundsätzliche Unterscheidung zwischen

Messages und Funktionsaufrufen, werden in den Abschnitten 4.2.1 und 4.2.2 näher erläutert.

4.1.3 Integration über Datenbanken

Die zentrale Idee bei der Integration über Datenbanken ist, dass mehrere Anwendungen über eine gemeinsame Datenbasis kommunizieren. Dabei können wieder mehrere Szenarien unterschieden werden.

Benutzung mehrerer Datenbanken

1. Eine Anwendung benutzt mehrere Datenbanken, die aber durch Middleware so zusammengefasst werden, dass das Programmiermodell für den Programmierer so aussieht, als würde er eine einzige Datenbank benutzen. Dies wird in Abbildung 37 gezeigt.

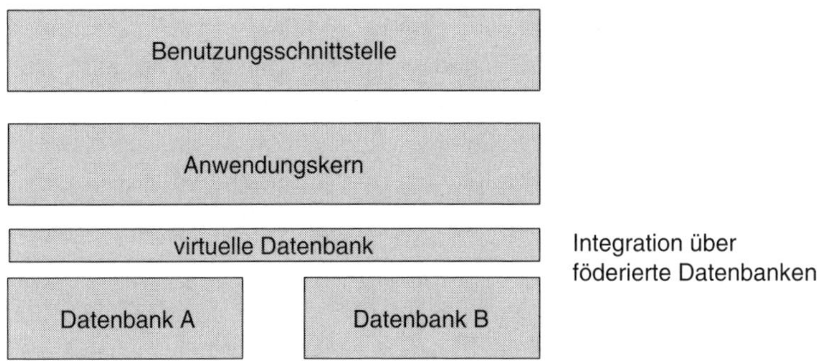

Abbildung 37: *Integration über die Föderierung von Datenbanken*

Gemeinsame Nutzung von Datenbanken

2. Mehrere Anwendungen benutzen eine gemeinsame Datenbank und kommunizieren über diese. Dies ist schematisch in Abbildung 38 dargestellt.

Das Szenario (2) ist nicht immer ganz unproblematisch. Wenn eine Anwendung einfach in die Datenbank einer anderen Anwendung schreibt, ohne dies über den Anwendungskern der anderen Anwendung zu tun, ist dies normalerweise nicht nur architektonisch unelegant, sondern auch gefährlich, weil Integritäten der Datenbank verletzt werden könnten, die normalerweise in einem Anwendungskern abgeprüft werden.

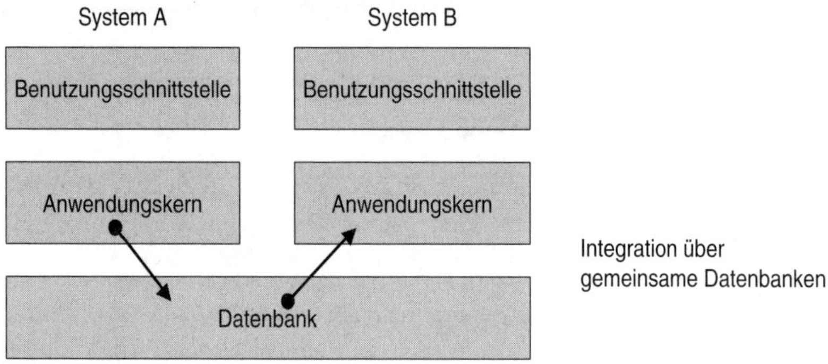

Abbildung 38: *Integration über gemeinsame Datenbank*

4.1.4 Integration über Komponenten

Componentware

Eine weitere Integrationsform ist die Integration über Komponenten. Diese ist begrifflich nicht sehr einfach zu fassen. Man bekommt schon Probleme mit der Definition dessen, was eine Komponente ist. Wir werden für diesen Abschnitt als Komponente ein Stück Software mit einer definierten Schnittstelle bezeichnen. Diese Definition ist zwar unscharf, aber hinreichend allgemein, um damit alle Fälle diskutieren zu können. Man kann unter dem Aspekt der Integration mehrere Szenarien unterscheiden:

Plug-ins

- Die Integration von Komponenten an dafür vorgesehenen Stellen. Dabei wird meist eine Menge von Schnittstellen vorgegeben, die die Komponente erfüllen muss. Praktische Beispiele dafür sind Druckertreiber und sonstige Plug-ins, die alle eine gemeinsame Schnittstelle nach oben haben, aber durchaus unterschiedliche Schnittstellen nach unten. Auch die Adapter in einer Architektur für EAI-Integrationsserver sind typische Plug-ins.

GlueWare

- Die Integration von vorgefertigten Komponenten mittels Klebstoff. Dieser »Klebstoff« kann zum Beispiel auch ein EAI-Integrationsserver sein.

Container

- Die Integration von Komponenten in so genannten Containern. Dieses Modell wird an so verschiedenen Stellen wie GUIs oder auch in Form von J2EE-Containern für Enterprise Java Beans (EJBs) verwendet.

Literatur

Über Komponententechnologie gibt es eigene Werke, die den Umfang dieses Buches weit übersteigen. Die Diskussion hier wird daher an der Oberfläche bleiben. Bei Interesse für das Thema sei auf die entsprechenden Werke, wie zum Beispiel [Grif1998, Same1997, Szyp1997, Voel+2002] verwiesen.

Integration von Komponenten an dafür vorgesehenen Stellen – Plug-ins

Druckertreiber als Plug-ins

Plug-ins, also Komponenten zum »Einstecken«, werden in verschiedenen Szenarien verwendet. Sie werden zum Beispiel als Druckertreiber eingesetzt oder auch, um Inhalte in einem Browser darzustellen. Abbildung 39 zeigt das Funktionsprinzip: Ein Stück Software, zum Beispiel ein Betriebssystem, hat eine Schnittstelle für Plug-ins definiert. Damit legt es genau fest, welche Services es sich von dem Plug-in erwartet.

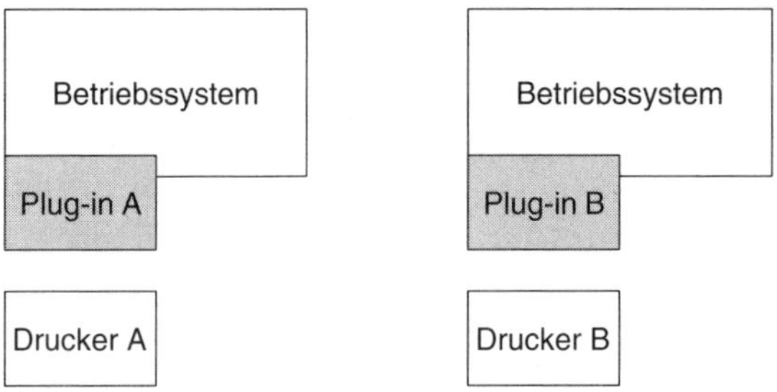

Abbildung 39: *Integration von Komponenten – Plug-in*

Kontrakte von Plug-ins

Der Lieferant eines Plug-ins muss ein Stück Software liefern, das genau diese Schnittstellen erfüllt und damit Dienstleistungen erbringt. Die Software, die das Plug-in verwendet, weiß, dass sie zum Beispiel einen Drucker benutzt. Es ist der benutzenden Software aber in dem Moment egal, welche physische Hardware und welches Druckermodell dahinter stehen.

Konfiguration von Plug-ins

Plug-ins können sehr häufig auch im laufenden Betrieb dazukonfiguriert werden. Ob das System dafür gebootet werden muss oder nicht, ist eine Detailfrage. Wesentlich ist, dass durch Hinzufügen eines Plug-ins das System an eine andere Umgebung angepasst wird oder andere Fähigkeiten erwirbt (zum Beispiel ein Video abspielen bei einem typischen Browser-Plug-in).

Integration von vorgefertigten Komponenten mittels Klebstoff

Die Integration von vorgefertigten Komponenten mittels Klebstoff (GlueWare, Skriptsprachen) unterscheidet sich schon nicht mehr völlig grundsätzlich von der im nächsten Abschnitt noch zu behandelnden Integration über Anwendungscontainer.

Scripting

Die Grundidee dieser Integration ist, dass man eine Menge von Softwarekomponenten über Skriptsprachen (relativ) schnell integriert. Abbildung 40 zeigt diese Situation. Dabei werden mittels einer Skriptsprache die drei Komponenten Kunde, Artikel, Auftrag zu sinnvollen Kommandos zusammengeschaltet.

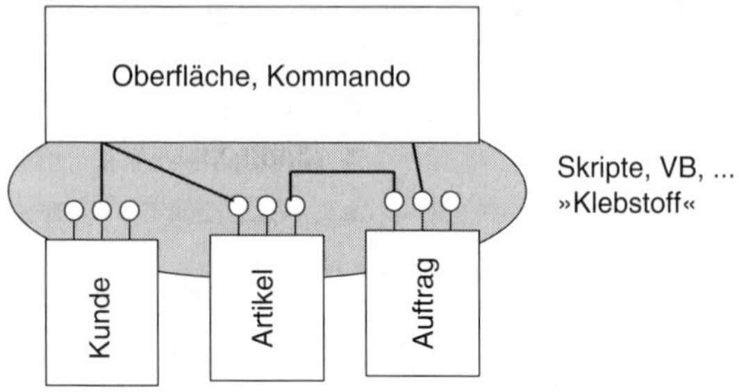

Abbildung 40: *Integration von Komponenten mit Skriptsprachen und Klebstoff*

Verhalten der Komponenten

In der Theorie, wie zum Beispiel in Abbildung 40, sieht das einfach aus. In der Praxis ist es das aber bei weitem nicht. Bei der Integration mit GlueWare machen wir noch keine Annahmen über ein genormtes Verhalten von Komponenten. Sie können sich zum Beispiel in Bezug auf das Transaktionsverhalten »irgendwie«, also auch nicht uniform verhalten. Als Komponentenbegriff hierfür reicht die Minimaldefinition aus.

Im Extremfall müssen Entwickler also noch viel Zeit damit verbringen, sich Gedanken über technische Dinge zu machen.

Integration von Komponenten in so genannten Containern

Container

Damit Entwickler nur noch wenig über technische Dinge nachdenken müssen, wurde unter anderem die Komponentenintegration mit Containern entwickelt. Der Container stellt dabei genormte technische Funktionalität zur Verfügung.

Die Komponenten, die ein Entwickler schreibt, enthalten dann im Idealfall nur noch fachlichen Code. Diese Idee ist in Abbildung 41 dargestellt. Um die Basisdienste kümmert sich der Container.

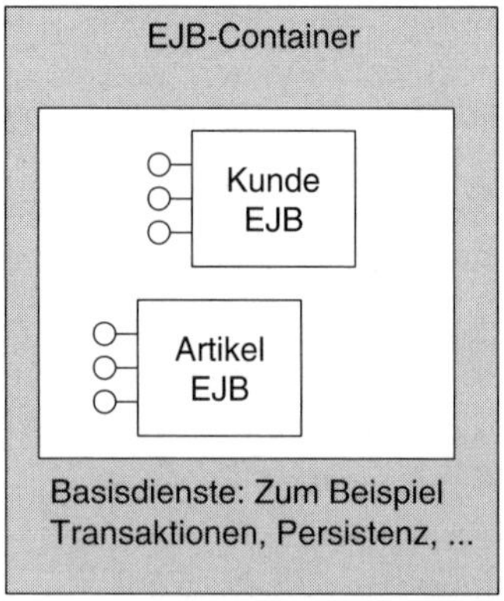

Abbildung 41: *Integration von Komponenten über Anwendungscontainer*

Ein Entwickler merkt von den Basisdiensten nur dann etwas, wenn er in bestimmten Fällen deren APIs benutzen muss. Im Falle von Persistenz bemerkt ein Entwickler so gut wie nichts von dem Dienst (solange er die Ausprägung[1] benutzt, die der Container vorsieht).

4.1.5 Integrationsstile – Zusammenfassung

Zusammenfassung

Die Frage, ob man beim Einsatz von EAI-Integrationsservern nur Integration über Oberflächen verwendet oder nur Integration über Funktionsaufrufe und Komponenten ist recht müßig und eher theoretisch. Die oben angegebene Taxonomie dient als Checkliste. In der Praxis wird man in einem Unternehmen alle Varianten im Einsatz haben. Allerdings wird man sie in verschieden starken Ausprägungen verwenden und man sollte darauf achten, dass die EAI-Werkzeuge, die man beschafft, zu den Integrationsstilen passen, mit denen man vorwiegend arbeiten möchte oder arbeiten muss.

4.2 Messages versus Interfaces

Nachrichtenbasiert kommunizieren ja oder nein?

Dieser Abschnitt ist tendenziell etwas theoretisch. Er befasst sich mit der bewussten Entscheidung, ob man eher nachrichtenbasiert kommunizieren möchte (also Messages verwenden möchte) oder lieber mit Call-Schnittstellen arbeiten möchte (Interface-basiert).

Infrastrukturen wie DCE und CORBA erlauben grundsätzlich beides. Basisinfrastrukturen wie IBM MQSeries sind nachrichtenbasiert.

Die meisten verbreiteten EAI-Werkzeuge basieren auf Nachrichten und nicht auf reinen »Schnittstellen«. Nachdem Sie diesen Abschnitt gelesen haben, werden Sie verstehen, warum das so ist.

4.2.1 Kommunikation über kompilierte Schnittstellen (Interfaces)

Typsicherheit

Solange man sich innerhalb eines Systems bewegt und innerhalb ein und desselben Adressraumes, werden nur wenige Programmierer auf die Idee kommen, dass sich Objekte Nachrichten schicken, die nicht durch den Compiler auf Typsicherheit geprüft werden.

1. In diesem Fall Container Managed Persistence (CMP)

Tabelle 1: Request/Reply mit kompilierten Schnittstellen

Aufgerufener Code (Server)

`int tuEtwas (int damit, int undDamit) {`
`// tu hier was`
`};`

Aufrufender Code (Client)

`#include „tuwas.h"`
`int a=2,b=3;`
`int result;`
`result = tuEtwas (a,b);`

Der Vorteil dieser Intraprogrammkommunikation über Funktionsaufrufe mit kompilierten Interfaces liegt in der statischen Typprüfung. Der Nachteil, wenn man das im größeren Maßstab betreibt, liegt ebenfalls in der Typprüfung.

Management von Abhängigkeiten

Man stelle sich folgendes Szenario vor: Ein Hersteller von ERP-Software liefert eine neue Version aus und alle Systeme, die mit dieser kommunizieren, müssen neu kompiliert werden. Nun gibt es aber auch Stellen, an denen das ERP-System an den Kunden angepasst werden muss und Funktionen der umliegenden Unternehmenssoftware nutzt. Man stelle sich nun vor, auch diese Kommunikation erfolgt wieder über kompilierte Schnittstellen. Hier beißt sich die Katze in den Schwanz, weil man dann beides zusammen kompilieren muss. Man hat zyklische Abhängigkeiten und kann kein Stück Software alleine ausliefern.

Der Vorteil der Programmierung mit normalen, kompilierten Aufrufen liegt darin, dass man sich sicher sein kann, dass alle Parameter vom Compiler geprüft wurden. In der Praxis stellt sich das bei der Wartung großer Systeme oft als hinderlich heraus.

Versionierte Schnittstellen

COM

Microsoft COM bietet deshalb versionierte Interfaces an. Version 1.1 einer DLL kann mindestens so viel wie Version 1.0, aber eventuell noch mehr. Ein Client, der für Version 1.0 geschrieben wurde, sollte auch bei Nachinstallation von Version 1.1 noch weiter funktionieren.

In der Praxis von großen betrieblichen Informationssystemen hat man es aber so gut wie nie mit einer reinen COM+-Infrastruktur zu tun, sondern mit:

- PCs unter einem Microsoft 32-Bit-Betriebssystem (Windows X),
- Unix-Servern,
- OS/390-Maschinen.

Darauf laufen Softwareprodukte unterschiedlichster Hersteller, die häufig bereits geschrieben wurden, lange bevor COM+ auf den Markt kam, und die zum Teil von Herstellern stammen, die keine COM+-Wrapper anbieten wollen.

Verteilte Infrastrukturen mit kompilierten Schnittstellen

Eine Kommunikation, wie die in Tabelle 1 dargestellte, kann auch dann erfolgen, wenn man sich nicht in einem Adressraum bewegt, sondern verteilt auf mehr als einer Maschine arbeitet. Umgebungen, wie zum Beispiel DCE (Distributed Computing Environment), erlauben so genannte Remote Procedure Calls (RPCs), bei denen man bei der Programmierung wenig davon merkt, dass der Funktionsaufruf in Wirklichkeit eine Funktion auf einer anderen Maschine aufruft.

Remote Procedure Calls

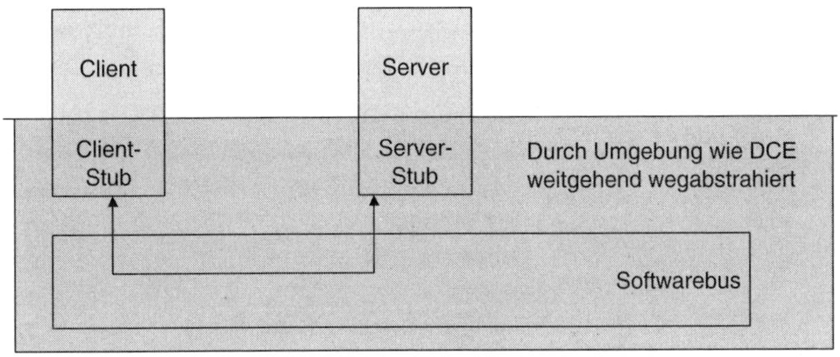

Abbildung 42: *Verteilung wird durch Infrastruktur wie DCE wegabstrahiert*

In Abbildung 42 ist ein solches Szenario dargestellt. Für den Client sieht es so aus, als rufe er eine lokale Funktion auf. In Wirklichkeit kommuniziert er mit einem so genannten Client-Stub, der die Kommunikation mit dem Server abwickelt. Dasselbe gilt für die Prozedur auf dem Server. Für den Programmierer des Servers entsteht der Eindruck, als ob er »normal lokal« programmiert.

Client- und Server-Stub

Die Infrastruktur stellt die Kommunikationsmittel zur Verfügung. Die wesentlichen Unterschiede für den Programmierer sind:

- Die Benutzung von speziellen Interface-Compilern im Build-Prozess: Die Clients und Server müssen der Infrastruktur bekannt gemacht werden.
- Die Performance: Man kann die Verteilung nicht einfach ausblenden. Zwischen der Performance lokaler Aufrufe und der von entfernten Aufrufen zum Beispiel über ein WAN liegen mehrere Zehnerpotenzen.

- Das Debuggen: Wenn eine Funktion auf einer entfernten Maschine nicht ordnungsgemäß funktioniert, gibt es nur wenige Umgebungen, die auch voll verteiltes Debugging erlauben.

Hier treffen Sie wieder auf zwei mögliche Varianten:

- Entweder Sie arbeiten mit nicht versionierten Interfaces, die nicht aufwärtskompatibel sind. Dann löst jede Serveränderung eine Änderungswelle bei den Clients aus.

COM+

- Oder Sie arbeiten mit Infrastrukturen, die die Versionierung von Interfaces erlauben, wie zum Beispiel COM+.

4.2.2 Kommunikation über Nachrichten (Messages)

Bevor wir den für den Programmierer immer mehr verschwimmenden Unterschied zwischen der Kommunikation mit Nachrichten (Messages) gegenüber der Kommunikation über kompilierte Schnittstellen erläutern, wird hier zunächst das Grundmodell der Kommunikation mit Nachrichten kurz erläutert.

Abbildung 43: *Kommunikation mit Nachrichten*

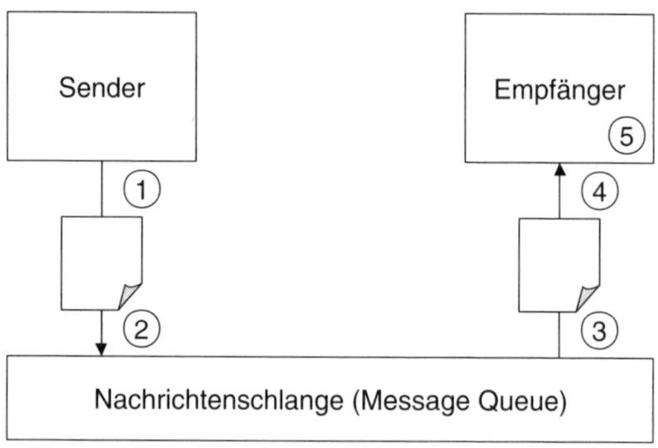

Der folgende Ablauf ist auch in Abbildung 43 dargestellt:

1. Zunächst erstellt der Sender eine Nachricht. Diese enthält beschreibende Daten (Nachrichtenkopf) und Nutzdaten.
2. Die Nachricht wird dann an ein Transportmedium übergeben, das für die Auslieferung beim Empfänger sorgt. Dies kann zum Beispiel ein Message-Queuing-System wie IBM MQSeries sein.
3. Die Nachrichtenschlange (Message Queue) liefert die Nachricht beim Empfänger aus.
4. Der Empfänger packt die Nachricht aus
5. und entscheidet, was er mit der Nachricht tun soll.

Bei dieser Art der Kommunikation müssen Sender und Empfänger von der statischen Kompilierung her nur die Schnittstelle kennen, die benötigt wird, um Nachrichten zu senden und zu empfangen, also Code wie den folgenden:

Der Sender benutzt Code, wie diesen ...

```
sendeDas (adresse Empfänger,
          nachricht dieNachricht) {
// lege die Nachricht auf die Message Queue
};
```

Entkopplung mit XML

Dabei kann die Nachricht zum Beispiel Datentypen enthalten, wie Strings, ASCII-Texte oder ein ganzes XML-Dokument. Das ist eine Frage des Geschmacks und der technischen Implementierung der Umgebung. Sehr oft wird es ein XML-Dokument sein.

Durch eine solche Schnittstelle, die bezüglich des Datentyps nur wenige formale Erfordernisse hat, sehen der Sender und der Empfänger formal technisch etwas »entkoppelt« aus.

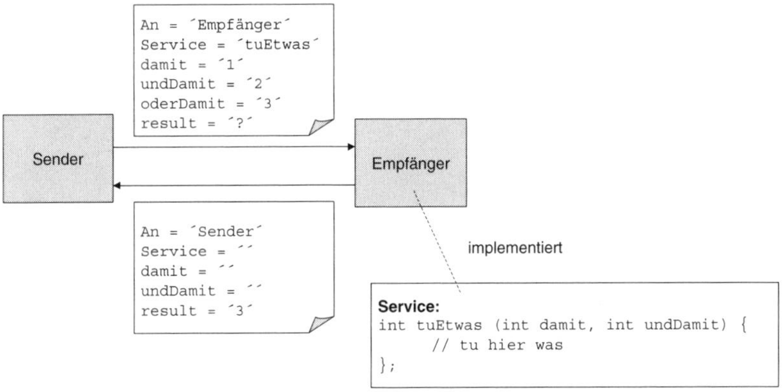

Abbildung 44: *Implementierung des entfernten Services tuEtwas mit Nachrichten*

In Abbildung 44 hat zum Beispiel die Nachricht, die der Sender an den Empfänger schickt, einen Parameter zu viel, den Parameter `oderDamit`. Wenn der Empfänger damit umzugehen weiß, kann er den Dienst auch erbringen, obwohl eine formale Typverletzung vorliegt.

Noch etwas sieht man an Abbildung 44. Man kann nachrichtenbasierte Systeme auch verwenden, um Systeme mit einer kompilierten Schnittstelle zu implementieren. Die Mechanik, wie die hier dargestellte, würde sich dann zum Beispiel komplett in einer Transportumgebung abspielen, so wie sie in Abbildung 42 dargestellt ist.

4.2.3 Zusammenfassung – Was bieten EAI-Integrationsserver

Angebot der EAI-Server

Moderne EAI-Integrationsserver bieten meist beide Arten der Kommunikation an, nämlich nachrichtenbasierte Kommunikation und Kommunikation, die auf kompilierten Schnittstellen beruht. Wenn man sich ansieht, wie viele dieser Werkzeuge implementiert sind, wird das auch klar. Der eigentliche Kern des Integrationsservers beruht oft auf einer verteilten OO-Infrastruktur (zum Beispiel CORBA). Die Kommunikation mit »andersartigen Systemen« übernehmen die Adapter. Dort, wo es zum Beispiel CORBA-Interfaces gibt, können auch diese verwendet werden. CORBA-IDL lässt sich dann bei diesen Werkzeugen in XML umwandeln und umgekehrt.

4.3 Kommunikationsmodelle

Dieser Abschnitt dient dazu, die Wahlmöglichkeiten zwischen synchroner und asynchroner Kommunikation und deren Vor- und Nachteile tiefer gehend zu erklären. Dieses Thema wurde in Abschnitt 3.1.2 nur angerissen.

Synchron oder asynchron

Man kann Kommunikation zunächst danach unterscheiden, ob sie synchron oder asynchron stattfindet.

Definition:
Bei *synchroner Kommunikation* sind Sender und Empfänger in ihrem Ablauf aneinander gekoppelt.
Bei *asynchroner Kommunikation* sind sie das nicht.

Als Erstes wollen wir das Grundmuster synchroner Kommunikation mit Request/Reply-Stil vorstellen.

4.3.1 Synchrone Kommunikation – Request/Reply-Stil

Request/Reply

Wenn wir uns wieder die Abbildung 17 (Seite 33) vor Augen halten, dann läuft synchrone Kommunikation zwischen einem Sender und einem Empfänger folgendermaßen ab:

Abbildung 45: *Synchrone Kommunikation – Request/Reply-Stil*

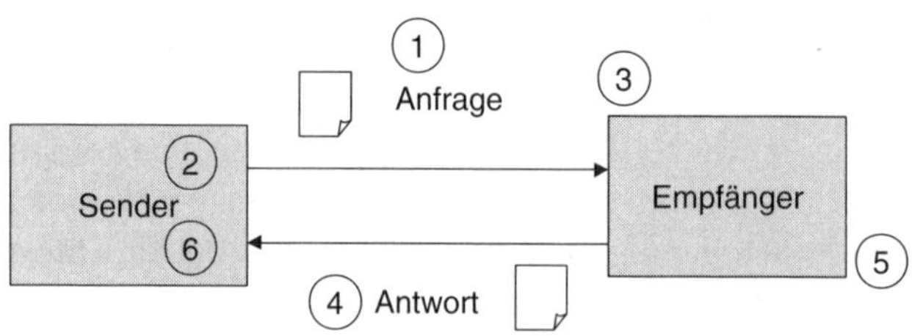

Im zeitlichen Ablauf passiert dabei Folgendes:

1. Der Sender sendet eine Anfrage an den Empfänger.
2. Der Sender blockiert jetzt und wartet auf die Antwort.
3. Der Empfänger empfängt die Nachricht und verarbeitet sie.
4. Der Empfänger schickt eine Antwort
5. und kann weiterarbeiten.
6. Der Sender empfängt die Antwort und kann auch weiterarbeiten.

Blockierung des Senders

Wesentlich dabei ist, dass der Sender so lange blockiert ist, bis er die Antwort erhalten hat. Das Muster macht also nur dann Sinn, wenn zu erwarten ist, dass eine Antwort zügig erfolgen wird. Also wenn insbesondere zu erwarten ist, dass der Empfänger »lebendig« ist. Das heißt, er ist nicht abgestürzt oder aus anderen Gründen nicht dienstbereit.

Dieses Muster liegt entfernten Prozeduraufrufen (Remote Procedure Calls, RPCs) zugrunde. RPC-Infrastrukturen, wie zum Beispiel DCE, basieren auf diesem Muster.

4.3.2 Asynchrone Kommunikation

Asynchron

Asynchrone Kommunikation in ihrer reinen Form wird als Message Passing (Weitergabe von Nachrichten) bezeichnet. Die folgende Abbildung zeigt den Vorgang:

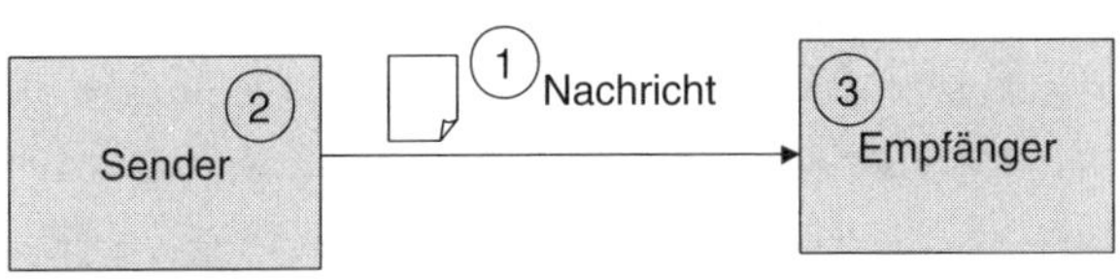

Abbildung 46: *Asynchrone Kommunikation – Message Passing*

Im zeitlichen Ablauf passiert Folgendes:

1. Der Sender sendet seine Nachricht an den Empfänger.
2. Der Sender kann sofort weiterarbeiten und wird nicht blockiert.
3. Der Empfänger empfängt die Nachricht und verarbeitet sie.

Varianten

Von beiden Grundverfahren gibt es noch Varianten, die wir in den Abschnitten 4.3.4 und 4.3.5 vorstellen werden. Zunächst werden allerdings die Vor- und Nachteile von synchroner und asynchroner Kommunikation hier diskutiert.

4.3.3 Synchron versus Asynchron – Der Begriff der Verbindung

Die meisten EAI-Systeme verwenden zur Kommunikation mit der Umwelt Formen asynchroner Kommunikation. Dieser Abschnitt soll dazu dienen, verständlich zu machen, warum dies sinnvoll ist[2]. Die Entscheidung. ob man synchrone oder besser asynchrone Kommunikation verwenden sollte, ist nicht trivial. Sie ist es schon deshalb nicht, weil der Unterschied zwischen synchron und asynchron sehr leicht überspielt werden kann.

Verbindung als Entscheidungsfeld

Der wesentliche Nachteil synchroner Kommunikation ist vordergründig der, dass der Sender so lange nichts tun kann, bis er die Antwort seines Kommunikationspartners erhalten hat. Dies lässt sich jedoch durch geeignete Programmierung mit Threads (leichtgewichtigen Prozessen) umgehen. Man lagert den synchronen Aufruf in einen Thread aus und dieser wird blockiert, während der Hauptprozess weiterarbeiten kann. Die meisten grafischen Oberflächen machen davon sehr stark Gebrauch, wenn Wartezeiten von mehr als 2-3 Sekunden entstehen können, weil sonst der Benutzer das Gefühl haben kann, dass das System abgestürzt ist.

Blockierung

Umgekehrt kann man aber auch bei asynchroner Kommunikation eine Blockierung bekommen, nämlich dann, wenn man den Sender so programmiert, dass er auf eine Antwort des Empfängers wartet, bevor er sinnvoll weiterarbeiten kann.

Blockierung im asynchronen Fall

Die Begriffe synchron und asynchron scheinen also nicht das wesentliche Entscheidungsfeld des Designs zu sein, wenn man Kommunikationsbeziehungen gestaltet. Es muss also noch weitere wichtige Kriterien geben.

Begriff der Verbindung

Ein entscheidendes Kriterium ist der Begriff der Verbindung. Verbindungsorientierte Kommunikationsmuster erfordern, dass der Sender zum Empfänger der Nachricht eine Verbindung aufbaut. Dazu muss er den Empfänger entweder kennen oder mindestens suchen. Dann wird der Sender sich an eine Instanz des Empfängers anbinden (bind) und so lange mit dem Empfänger einen gemeinsamen Zustand teilen, bis der Kommunikationsvorgang abgeschlossen ist.

Sender und Empfänger haben Verbindung

Verbindungslose Kommunikationstechnologien verlangen nicht, dass der Sender den Empfänger ausfindig macht oder sich an ihn bindet. Der Sender sendet eine Nachricht und weiß im Allgemeinen nicht

2. Der Abschnitt nimmt dazu die Argumentation eines sehr interessanten Whitepapers [Hous2001] von Peter Houston auf.

einmal, ob überhaupt jemand diese Nachricht empfangen oder verarbeitet hat. Verbindungslose Kommunikation ist damit inhärent asynchron.

Nachrichtenschlange

Wenn das Übertragungsmedium (meist eine Nachrichtenschlange) entsprechend mächtig ist, kann es noch garantieren, dass Nachrichten auch wirklich ausgeliefert werden, auch wenn der Empfänger gerade nicht arbeiten sollte.

Weil RPCs verlangen, dass der Sender sowohl den Empfänger als auch ein Interface des Empfängers kennt (und umgekehrt), sind die meisten RPC-Technologien verbindungsorientiert. Es gibt also 4 Kombinationen mit den Merkmalen synchron/asynchron und verbindungsorientiert/nicht verbindungsorientiert, deren Vor- und Nachteile im Folgenden dargestellt werden:

Technik	Stärken	Schwächen
Synchron, blockierend und verbindungsorientiert	• Schnelles Wissen darüber, ob der Auftrag Erfolg hatte oder nicht. • Sehr einfache Fehlerbehandlung auf Seiten des Senders. • Vorteile von RPCs, zum Beispiel typisierte Schnittstellen (siehe dazu auch Abschnitt 4.2).	• Es muss eine Verbindung hergestellt werden. • Der Empfänger muss »wach« sein, also laufen, während der Sender sendet. • Der Sender muss auf die Antwort warten und arbeitet derweilen nicht weiter.
Asynchron, nicht blockierend und verbindungslos	• Nachrichten müssen nicht an einen bestimmten Empfänger gerichtet werden. • Netzverbindung muss zum Zeitpunkt des Sendens nicht bestehen. • Der Sender kann auch senden, wenn der Empfänger nicht läuft. • Die allgemeinen Vorteile von Message Queues, wie Verfügbarkeit vieler Plattformen und Zusatztools, definierbare Quality of Service und weitere, sind verfügbar.	• Es ist nicht voraussagbar, wann eine Nachricht abgearbeitet wird. • Der Sender kann sich nicht darauf verlassen, dass die Nachricht abgearbeitet wurde. • Der Sender muss sich darauf verlassen, dass der Sender die Nachricht irgendwann abarbeitet. Prüfen kann er es nicht.
Asynchron, nicht blockierend und verbindungsorientiert (wie das obige Beispiel von RPC in einem extra Thread)	• Der Hauptprozess des Senders kann weiterarbeiten und sieht für Benutzer so aus, als ob er die Vorteile von Asynchronität nutzen könnte. • Vorteile von RPCs wie stark typisierte Schnittstelle sind verfügbar.	• Es muss eine Verbindung hergestellt werden. • Der Empfänger muss »wach« sein, also laufen, während der Sender sendet. • Wenn der Sender abstürzt, bevor die Antwort des Empfängers eintrifft, kann die Antwort verloren gehen, außer man führt noch Sicherungsmaßnahmen und Protokolle ein.

Technik	Stärken	Schwächen
Synchron, blockierend, basiert auf asynchroner verbindungsloser Technologie (zum Beispiel ein Message-Queue-System mit Warten auf eine Antwort und dabei Blockierung). Für das Hauptprogramm des Senders sieht die Kommunikation synchron und blockierend aus.	• Die allgemeinen Vorteile von Message Queues, wie Verfügbarkeit vieler Plattformen und Zusatztools, definierbare Quality of Service und weitere, sind verfügbar.	• Der Sender wird blockiert. • Fehlerbehandlung kann sehr komplex werden. • Der Empfänger muss erreichbar sein und laufen. • Man muss solche Kommunikationssoftware entwickeln und benötigt dafür seine eigenen Konventionen.

Tabelle 2: *Stärken und Schwächen verschiedener Kommunikationstechniken*

Die obige Tabelle lässt sich also wie folgt zusammenfassen:

- Verbindungsorientierte Kommunikationstechnologien sind immer dann zu empfehlen, wenn erwartet werden kann, dass der Kommunikationspartner mit hoher Wahrscheinlichkeit verfügbar sein wird. Weiter sind sie zu empfehlen, wenn der Sender eines Auftrags eine Quittung über die Erledigung benötigt, um weiterarbeiten zu können.

Verbindungslos bei schlechter Verfügbarkeit

- Verbindungslose Kommunikationstechnologien werden dann gerne eingesetzt, wenn die Wahrscheinlichkeit hoch ist, dass der Kommunikationspartner nicht verfügbar ist, und wenn keine sofortige Bestätigung über die Erledigung eines Auftrages benötigt wird.
- Es muss noch angemerkt werden, dass der mögliche Ausfall eines der beiden Kommunikationspartner sowohl bei Kommunikationstechnologien mit als auch bei solchen ohne Verbindung den Einbau einer entsprechenden Fehlerbehandlung erfordert, die in der Basissoftware enthalten sein sollte und nicht in den fachlichen Programmen, die diese anwenden.

Neben den oben dargestellten Grundmustern gibt es sowohl für synchrone als auch für asynchrone Kommunikation noch Varianten, die im Folgenden dargestellt werden.

4.3.4 Varianten synchroner Kommunikation

Synchrone Einwegkommunikation

Synchrone Einwegkommunikation kann als entfernter Prozeduraufruf ohne Rückgabeparameter gesehen werden, bei dem vom Empfänger lediglich der Eingang bestätigt wird.

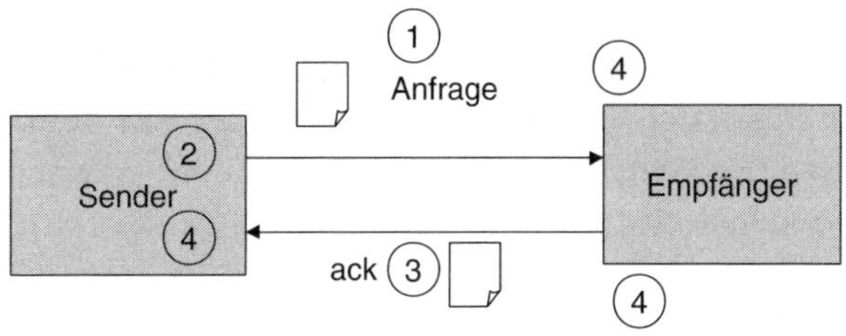

Abbildung 47: *Synchrone Einwegkommunikation*

Die Interaktion der Partner läuft dabei wie folgt ab:

1. Der Sender sendet eine Anfrage an den Empfänger.
2. Der Sender wird danach blockiert.
3. Noch bevor der Empfänger die Anfrage bearbeitet, sendet er eine Empfangsbestätigung (Acknowledgement = ack) zurück.
4. Der Sender kann jetzt sofort weiterarbeiten und auch der Empfänger, der die Anfrage erledigt.

Diese Kommunikationsform eignet sich dann, wenn der Sender wissen muss, dass seine Anfrage erledigt und bearbeitet wird, aber das Ergebnis nicht kennen muss. Da es sich dabei normalerweise um eine Interaktion mit Verbindung handelt, gelten die Eigenschaften verbindungsorientierter Kommunikation.

Synchrones Polling

Beim synchronen Polling wird der Sender periodisch immer wieder nachfragen, ob seine Antwort erzeugt wurde. Typischerweise erfolgt die Rückgabe der Resultate dabei zum Beispiel über einen gemeinsamen Speicherbereich oder eine Datei. Man kann aber auch spezielle Aufrufe konstruieren.

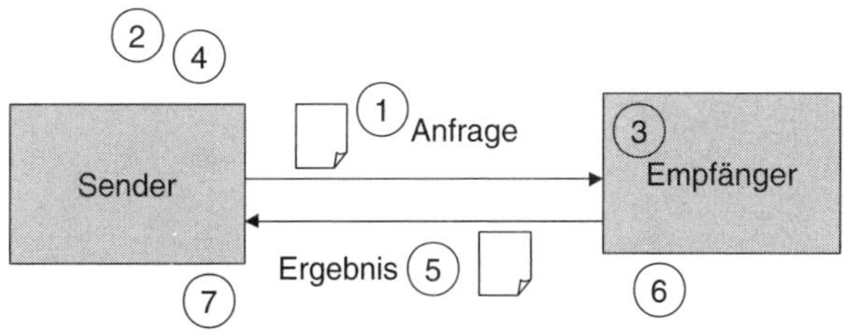

Abbildung 48: *Synchrones Polling*

Synchrones Polling wird also wie folgt abgewickelt:

1. Der Sender schickt eine Anfrage an den Empfänger.
2. Der Sender wird nicht blockiert, sondern tut zunächst etwas anderes.

3. Der Empfänger beginnt, die Anfrage zu bearbeiten.
4. Nach einer gewissen Zeit fragt der Sender nach, ob die Ergebnisse der Anfrage fertig sind. Solange das nicht der Fall ist, arbeitet der Sender wieder weiter und wendet sich erst nach einer bestimmten Zeitperiode wieder an den Empfänger.
5. Diesmal hatte die Nachfrage Erfolg und das Ergebnis wird geliefert.
6. Der Empfänger arbeitet weiter.
7. Der Sender arbeitet mit dem Ergebnis weiter.

Synchrones Polling hat den Vorteil, dass der Sender etwas anderes tun kann, während er auf das Resultat des Empfängers wartet. Derselbe Effekt lässt sich auch mit der Simulation eines asynchronen Aufrufes durch einen leichtgewichtigen Prozess erreichen.

4.3.5 Varianten asynchroner Kommunikation

Auch die asynchrone Kommunikation kennt noch erwähnenswerte Varianten, die für EAI-Server sehr häufig verwendet werden.

Broadcasting

Bei Broadcasting handelt es sich um eine Kommunikationsform, die vor allem für »Low-Level-Protokolle« genutzt wird.

Abbildung 49:
Broadcasting

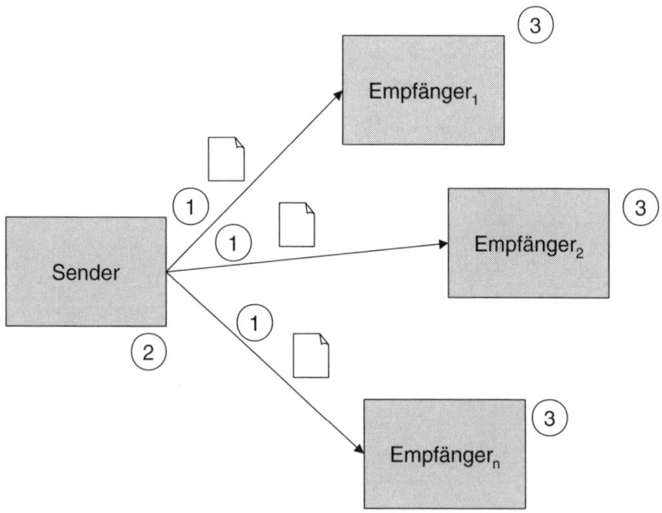

Broadcasting läuft nach dem folgenden Interaktionsschema ab:

1. Der Sender schickt eine Nachricht ab. Er verwendet dazu quasi einen Lautsprecher (daher der Name Broadcasting). Technisch wird ein gemeinsam abgehörtes Übertragungsmedium benutzt.
2. Der Sender kann danach sofort weiterarbeiten.
3. Jeder Empfänger, der das Nachrichtenmedium abhört, kann auf die Nachricht reagieren, oder nicht.

Aloha-Protokoll

Broadcasting wird vor allem für die Synchronisation in Low-Level-Netzwerkprotokollen benutzt. So gibt es zum Beispiel für die Zuordnung eines gemeinsam genutzten Übertragungsmediums ein Protokoll, das Broadcasting verwendet und das auf den passenden Namen Aloha (»Hallo«) hört.

Publish/Subscribe

Der Grundgedanke, der der Publish-Subscribe-Kommunikation im Gegensatz zum Broadcasting zugrunde liegt, ist der, dass die Nachricht nicht jedem potenziellen Empfänger zugestellt wird, sondern nur solchen, die vorher deklariert haben, dass sie sich für eine bestimmte Art von Nachrichten interessieren.

Die Interaktion kann anhand der folgenden Abbildung erläutert werden:

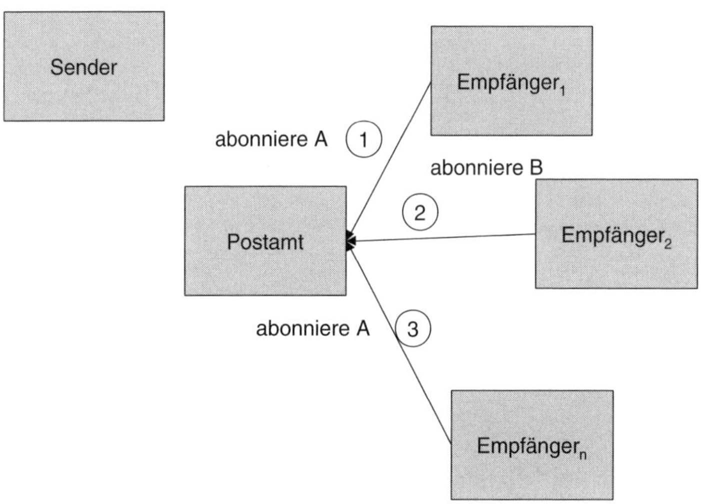

Abbildung 50: *Publish/Subscribe, Phase I, Abonnieren von Nachrichtentypen*

Zunächst müssen sich alle potenziellen Empfänger, die sich für eine bestimmte Art von Nachrichten interessieren, bei einem Postamt registrieren lassen. Dies geschieht im Bild oben wie folgt:

1. Empfänger_1 registriert sich für den Nachrichtentyp (A).
2. Empfänger_2 registriert sich für den Nachrichtentyp (B).
3. Empfänger_n registriert sich wieder für den Nachrichtentyp (A).

Wenn mindestens ein Empfänger für mindestens einen Nachrichtentyp registriert ist, kann schon Kommunikation stattfinden. Wie das geschieht, zeigt die folgende Abbildung.

Abbildung 51: *Publish/Subscribe, Phase II, Zustellen von Nachrichten*

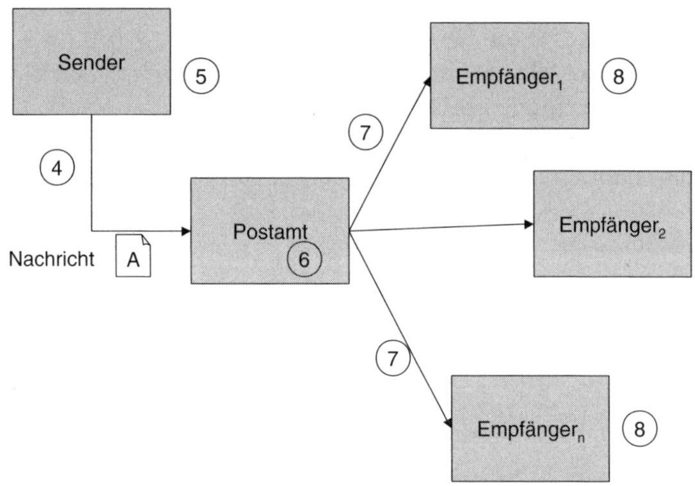

4. Der Sender schickt eine Nachricht vom Typ (A) an das Postamt.
5. Der Sender kann sofort weiterarbeiten, weil es sich um ein asynchrones Kommunikationsschema handelt.
6. Das Postamt ermittelt alle Empfänger, denen Nachrichten vom Typ (A) zugestellt werden müssen. Es sind dies in unserem Beispiel Empfänger_1 und Empfänger_n.
7. Das Postamt sendet die Nachricht an die richtigen Empfänger.
8. Die Empfänger verarbeiten die Nachricht vom Typ (A).

In der Fallstudie in Abschnitt 5.2 wird mit Vitria ein kompletter EAI-Server vorgestellt werden, der auf diesem Nachrichtenparadigma basiert. Zunächst wird in diesem Buch allerdings das Thema Middleware generell behandelt.

4.4 Basis-Middleware

Der Begriff Middleware ist generell schwach definiert. Es gibt sehr viele Definitionsversuche, aber nicht die eine, allgemein anerkannte Definition. Wir wollen daher hier folgende Definition für diesen Abschnitt benutzen:

Definition Middleware

Definition Middleware:

Middleware ist Software, die ansonsten getrennte Anwendungen miteinander verbindet. Es gibt zum Beispiel Middleware-Produkte, die einen Webserver mit einer Datenbank verbinden. Dies erlaubt es einem Benutzer, Daten aus der Datenbank abzufragen und dabei die Formulare des Webservers in seinem Browser zu benutzen. Es erlaubt dem Webserver, dynamische Webseiten mit Inhalten der Datenbank anzuzeigen.

Der Begriff Middleware wird benutzt, um Produkte zu beschreiben, die als Klebstoff zwischen zwei Anwendungen dienen. Middleware unterscheidet sich damit von Import- und Exportfunktionen, die in einer einzigen Anwendung eingebaut sein können. Middleware wird manchmal auch »Installation« genannt, weil sie mindestens zwei Anwendungen verbindet und dafür sorgt, dass Daten zwischen ihnen ausgetauscht werden können.

Häufig verwendete Kategorien von Middleware sind zum Beispiel:

- Transaktionsmonitore,
- verteilte Rechenumgebungen (Distributed Computing Environment),
- Systeme für entfernte Prozeduraufrufe (Remote-Procedure-Call (RPC)-Systeme),
- Object Request Broker (ORBs), verteilte Objekttechnologie,
- Software für den Zugang zu Datenbanken (Datenbank-Middleware),
- Software für die Weitergabe von Nachrichten (Message Passing).

Quelle: http://webopedia.lycos.com/TERM/M/middleware.html, übersetzt ins Deutsche vom Autor

Die meisten Arten von Middleware orientieren sich an den Integrationsmethoden und Integrationsstilen, die schon in Abschnitt 4.1 beschrieben wurden. Darüber hinaus stellen Middleware-Produkte meist noch gemeinsam genutzte technische Infrastrukturen zur Verfügung. Der Umfang dieser Dienste unterscheidet sich nach Anspruch und Entwicklungsstufe des Middleware-Produktes.

- Bei DCE besteht der Umfang der Dienste zum Beispiel neben den Remote Procedure Calls noch aus Sicherheitsdiensten, Verzeichnisdiensten, Zeitdiensten, Diensten für leichtgewichtige Prozesse (Thread Services) und einem verteilten Dateisystem. *DCE*
- Bei CORBA sind die Dienste wesentlich umfangreicher. Es gibt dort zum Beispiel auch einen Dienst für Objektpersistenz oder einen Dienst für Trading (also das Auffinden von Diensten anhand von Merkmalen). *CORBA*

Wir werden hier die unten grau schattierten Kategorien von Middleware noch näher diskutieren. Sie alle sind wichtig im Zusammenhang mit Integrationsservern:

Tabelle 3: Integrationsmethoden und Middleware

Integrationsmethode	→	Middleware-Art
Integration über Workflow	→	Workflow-Manager, EAI-Integrationsserver mit Geschäftsprozessunterstützung
Integration der Benutzungsschnittstellen	→	Dazu gibt es keine spezielle Art von Middleware. Es werden die unterschiedlichsten Werkzeuge verwendet
Integration über Funktionsaufrufe	→	Message oriented Middleware (siehe Abschnitt 4.4.1), Distributed Object Technology (siehe Abschnitt 4.4.2)
Integration über föderierte Datenbanken	→	Datenbank-Middleware (siehe Abschnitt 4.4.3)

4.4.1 Message oriented Middleware (MoM)

MoM

Message oriented Middleware (MoM) benutzt als Modell die Weitergabe von Nachrichten (Message Passing, siehe Abschnitt 4.2.2 und 4.3.2). Dienste von MoM-Produkten haben demnach meist etwas mit der Weitergabe von Nachrichten zu tun. Typische Dienste von MoM-Produkten erlauben das Anlegen, Weitergeben, Ausliefern und Speichern von Nachrichten.

MoM spielt für Enterprise Application Integration eine große Rolle. Die meisten EAI-Lösungen und EAI-Tools basieren in der einen oder anderen Art auf MoM-Produkten oder gedanklichen MoM-Modellen, denn:

Asynchrone Kommunikation

- Asynchrone Kommunikation mit Nachrichten ist eine sehr allgemeine Kommunikationsform, mit der sich alle anderen Formen abbilden und »nachbauen« lassen.
- Asynchrone Kommunikation mit Nachrichten ist sehr gut für lose gekoppelte Systeme geeignet. Auch XML-Dokumente lassen sich gut als Inhalt von Nachrichten transportieren.
- Produkte für asynchrone Kommunikation beinhalten sehr oft schon Vorkehrungen für Transaktionen und Persistenzmechanismen gegen den Verlust von Nachrichten.

MQSeries

Einer der bekanntesten Vertreter von MoM ist IBMs MQSeries, das gesicherte Kommunikation mit Nachrichten über Nachrichtenschlangen (Message Queues) erlaubt. Durch die Tatsache, dass ein großer Anteil von EAI-Kunden IBM-Großrechner einsetzen, und weiter durch die Tatsache, dass IBM MQSeries eine gute Konnektivität mit vielen anderen Umgebungen wie Unix-Systemen oder Windows-Systemen besitzt, ist IBM MQSeries als Basis vieler EAI-Umgebungen sehr verbreitet.

4.4.2 Distributed Object Technology (DOT)

Verteilte Objekttechnologie basiert auf der Idee, dass man Objekte (einer Programmierumgebung) über mehrere physische Rechner und Systeme transparent verteilen können möchte. Als wesentlicher Standard[3] hat sich CORBA etabliert.

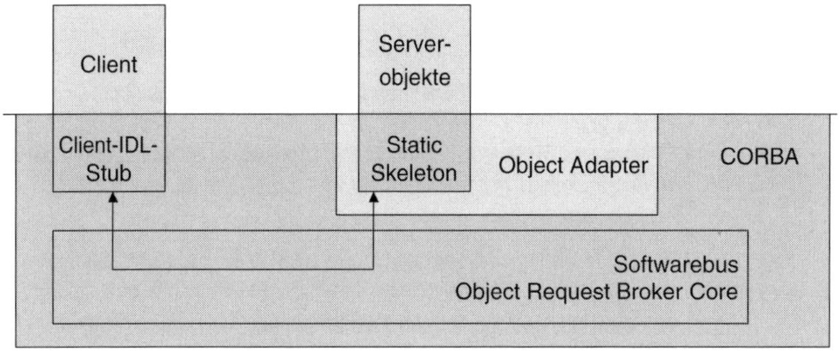

Abbildung 52:
CORBA Softwarebus – statischer Fall. CORBA verfügt seit Version 2.0 auch über so genannte »dynamic invocation«, mit der man zur Laufzeit berechnen kann, welche Methode eines entfernten Objektes man aufrufen möchte. In der Praxis sind allerdings statische Aufrufe weiter verbreitet. Dynamic Invocation ist in dieser Abbildung nicht enthalten.

Das Grundprinzip funktioniert ähnlich wie ein Remote Procedure Call (zu RPC siehe Abbildung 42, Seite 73). Allerdings ist die Begriffswelt eine etwas andere. In Abbildung 52 sind die CORBA-Begriffe verwendet. Die Adapter für das Clientobjekt heißen Client-IDL-Stub (IDL für Interface Definition Language oder Schnittstellenbeschreibungssprache) statt Client-Stub. Der Server-Stub heißt hier Static Skeleton. Außerdem sind noch ein paar Dinge mehr zu beachten, da beim Aufruf eines Objektes dieses unter Umständen erst »instantiiert« werden muss.

Diese Darstellung ist natürlich sehr »simplistisch«. RPC-Umgebungen unterscheiden sich von CORBA-ORBs vor allem in der Anzahl und Mächtigkeit der angebotenen Dienste.

Wie viele Dienste eine CORBA-Infrastruktur im Vergleich zu einer RPC-Umgebung bietet, verdeutlicht die nachfolgende Tabelle 4.

3. HP Distributed Smalltalk kann man zum Beispiel auch als Produkt für verteilte Objekttechnologie betrachten. Es handelt sich dabei jedoch um ein eher exotisches Produkt. Den wesentlichen Anteil an verteilten Objekttechnologien auf dem Markt halten CORBA-Technologien.

RPC/DCE-Dienst	CORBA-Dienst	Problem, das der Dienst löst
Remote Procedure Call	CORBA Method Invocation	Wie rufe ich einen Dienst (eine Prozedur) so auf, dass ich als Programmierer so gut wie nicht merke, dass ich es mit einer verteilten Umgebung zu tun habe?
Security Service	Object Security Service	Wie stelle ich sicher, dass nur berechtigte Benutzer auf Dienste zugreifen?
Directory Service		Welche Benutzer, Maschinen und andere Ressourcen gibt es in meinem Netz?
Time Service	Object Time Service	Wie garantiere ich eine einheitliche Systemzeit in einem verteilten System?
Thread Service		Wie ermögliche ich ein Multithread-Programmiermodell (leichtgewichtige Prozesse)? Hintergrund: RPCs waren zunächst für C entwickelt worden. Dort gab es im Sprachumfang noch keinen Thread Support. Der musste später »zugeliefert« werden.
Distributed File System		Wie greife ich auf ein verteiltes Dateisystem so zu, dass ich nicht merke, dass die Dateien in Wirklichkeit auf mehrere Maschinen verteilt sind? Wie kann ich damit sogar noch die Performance des Gesamtsystems und die Verfügbarkeit meiner Dateien steigern?
	Interface Repository	Woher weiß ich, welche Services in meinem verteilten System zur Verfügung stehen?
	Object Naming Service	Wie finde ich ein Objekt in einem verteilten System jemals wieder?
	Object Trader Service	Welchen Dienst welches Objektes soll ich verwenden, um eine Dienstleistung zu erhalten?
	Object Life Cycle Service	Wie können Objekte erzeugt, kopiert, zwischen Rechnern verschoben und gelöscht werden?
	Event Service	Wie können sich Objekte untereinander Ereignisse zustellen?
	Object Transaction Service	Wie können Objekte an verteilten Transaktionen mit ACID-Eigenschaften teilnehmen?
	Concurrency Control Service	Wie kann ich meine Sperren (Locks) auf Ressourcen managen?
	Persistent Object Services	Wie speichert man Objekte persistent ab?
	Query Service	Wie finde ich Objekte mit bestimmten Eigenschaften?
	Collection Service	Wie verwalte ich Mengen von Objekten?
	Relationship Service	Wie verwalte ich die Beziehungen zwischen Objekten?
	Externalization Service	Wie kann ich ein Objekt auf ein flaches Dateiformat schreiben und wieder einlesen?
	Object Licensing Service	Wie kann man Objekte so benutzen, dass sichergestellt ist, dass der Autor Lizenzgebühren dafür bekommt?
Es gibt noch weitere Dienste. Dieses Buch ist jedoch kein CORBA-Buch. Eine umfangreiche Liste enthält zum Beispiel [Orfa+1996] (Basis CORBA 2.0). Die neuen Fähigkeiten von CORBA 3.0 werden zum Beispiel in [OMG2001] beschrieben. Als Quelle zu DCE siehe [IBM2001].		

Tabelle 4: *DCE- versus CORBA-Dienste*

Wenn man diese Fülle von Diensten sieht, fragt man sich, warum nicht alle Anwender nur und ausschließlich CORBA als EAI-Integrationsserver verwenden. Es gibt aber mehrere Punkte, die man dabei beachten muss:

CORBA und asynchrone Kommunikation

- CORBA hat bis zur Version 2.0, also bis Mitte 2001, keine asynchrone Kommunikation unterstützt [OMG2001, Ruh+2001]. Damit waren und sind zum Teil noch Hostanwendungen schlecht zugänglich.
- Die Tatsache, dass ein CORBA-Service spezifiziert ist, heißt noch nicht, dass ihn auch alle Hersteller von CORBA-ORBs implementieren. Die Abdeckung ist höchst unterschiedlich. Siehe dazu zum Beispiel [Pude2001]. Es gab sogar Services, die komplett redesignt wurden, wie zum Beispiel der Persistence Service der Version 1.0, der in Version 2.0 komplett neu gestaltet wurde.

Die gute Nachricht ist aber, dass es Hersteller von EAI-Integrationsservern gibt, die ihren Server unter Benutzung von CORBA aufbauen und darauf ihr eigenes Integrationsmodell mit asynchronen Messaging-Konzepten setzen. Solche Hersteller können dann auch die umfangreichen Dienste mit benutzen oder anbieten und haben es leichter, zum Beispiel transparente Verteilung zu implementieren.

4.4.3 Datenbank-Middleware

EAI und Datenbank-Middleware

Datenbank-Middleware werden wir hier nur am Rande streifen. Sie spielt keine wirklich wesentliche Rolle im Zusammenhang mit EAI-Integrationsservern, da es wenig Sinn macht, direkt auf die Datenbestände von Systemen zuzugreifen, die man anbinden möchte. Besser ist es in fast allen Fällen, über den Anwendungskern zuzugreifen.

Datenbank-Middleware gibt es in sehr unterschiedlichen »Gewichtsklassen« mit unterschiedlichen Zielsetzungen. Wir werden hier mit den »leichten Lösungen« beginnen und uns zu den »schwereren« vorarbeiten.

Remote-SQL, ODBC und JDBC

Remote-SQL und seine Varianten wurden zuerst bei der Programmierung von Fat-Clients verwendet. Diese Produkte lösen das Problem, wie man auf eine Datenbank zugreifen kann, wenn das eigene Programm nicht physisch auf dem Datenbankserver läuft.

Abbildung 53: *Datenbankintegration mit Remote-SQL*

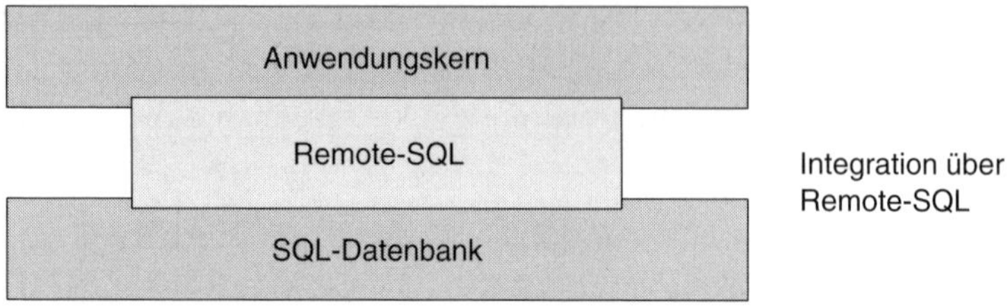

Remote-SQL wird typischerweise als Kommunikationsprotokoll zwischen einem Rechner verwendet, der einen Anwendungskern beherbergt, und einem Datenbankserver. Im Fat-Client-Szenario läuft auf dem Remote-SQL-Client auch noch die Benutzungsschnittstelle. Remote-SQL wird in modernen Architekturen meist von Applikationsservern verwendet. Daher wurde in Abbildung 53 die Benutzungsschnittstelle weggelassen.

Remote-SQL Grundmuster

Es gibt viele Produkte. Das Grundprinzip ist jedoch immer dasselbe: Der Anwendungskern des Clients schickt SQL-Kommandos auf die relationale Datenbank und erhält einen Ergebnisdatenstrom in einer zu seiner Programmiersprache passenden Datenstruktur zurückgeliefert.

Remote-SQL-Lösungen sind Middleware-Lösungen nach der Definition auf Seite 85. Man kann Remote-SQL natürlich auch einsetzen, um auf mehr als eine Datenbank zuzugreifen, was aber wegen der anzustrebenden 1:1-Beziehungen zwischen Anwendungskernobjekten und ihrer Datensicht im großtechnischen Maßstab nicht anzuraten ist.

Wenn man mehrere Datenbanken betrachtet, auf die von mehreren Clients aus mit Remote-SQL-Protokollen zugegriffen wird, so ergibt sich das folgende Bild.

Abbildung 54: *Mehrere Clients greifen auf mehrere Datenbanken über Remote-SQL zu*

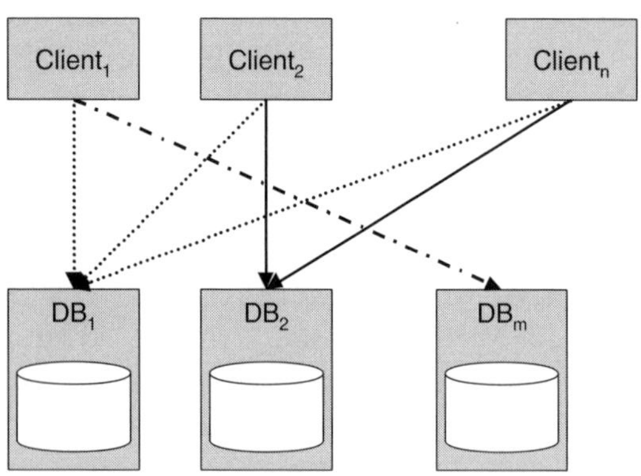

Jede Art von Verbindungslinie (durchgezogen, gepunktet, gestrichelt) in Abbildung 54 stellt dabei im schlechtesten Fall ein anderes Datenbankprotokoll dar. Für einen einzelnen Client ergibt sich also die Situation, die in Abbildung 55 zu sehen ist.

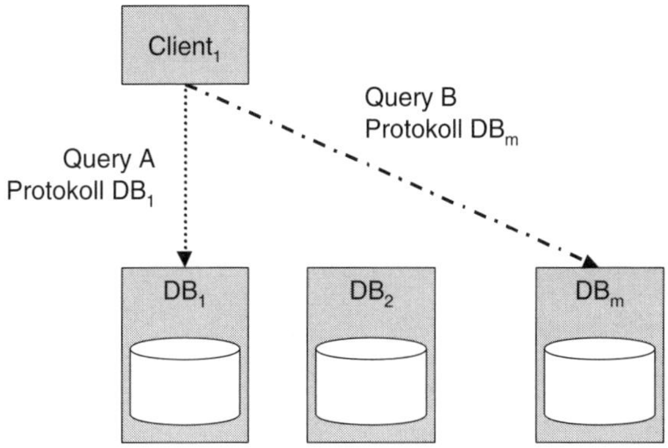

Abbildung 55:
Situation für einen Client bei Zugriff mit Remote-SQL-artigen Protokollen

Er muss im schlechtesten Fall mehr als ein Datenbankprotokoll kennen. Ferner muss der Client mehr als eine Datenbankverbindung (Session) geöffnet haben und wird es meist nicht schaffen, eine gemeinsame Transaktion über mehr als eine Datenbank zu fahren.

Föderierte und verteilte Datenbanken

Diese Situation ist natürlich wenig befriedigend im Sinne einer Integration von Datenbeständen. Man möchte als Client nur mit einem Protokoll arbeiten, möchte auf mehr als eine Datenbank so zugreifen, als ob man es nur mit einer einzigen zu tun hätte, und möchte auch in der Lage sein, verteilte Transaktionen über mehr als eine Datenbank in einer Transaktion durchzuführen. Diese Wünsche lassen sich in der folgenden Sicht darstellen.

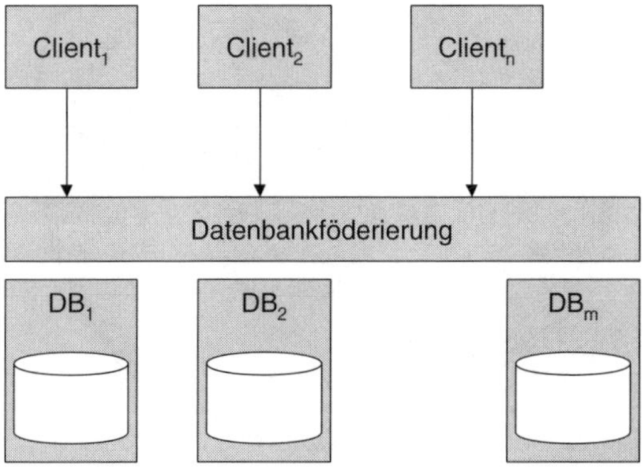

Abbildung 56:
Grundidee einer föderierten Datenbank

Alle Zugriffe von Clients erfolgen auf die so genannte föderierte Datenbank, die es übernimmt, die darunter liegenden Einzeldatenbanken als eine einzige logische Datenbank für den Benutzer darzustellen. Alle Clients können dasselbe Zugriffsprotokoll benutzen. Für einen einzelnen Client sieht der Zugriff auf die physischen Bestände von mehr als einer Datenbank dann so aus, wie in Abbildung 57 dargestellt.

Abbildung 57:
Sicht eines Clients auf die föderierte Datenbank

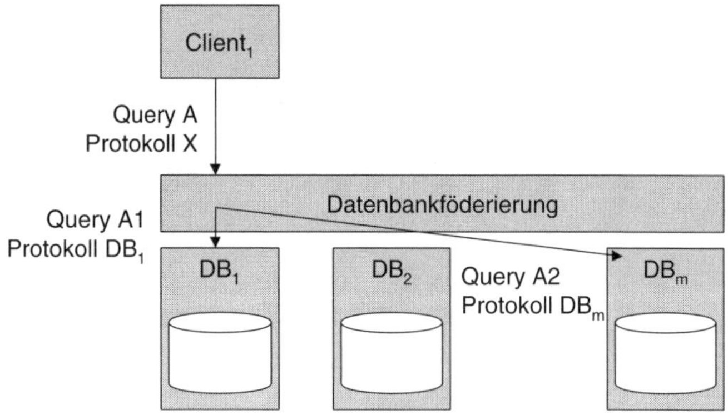

Ein Client schickt ein Query an die föderierte Datenbank. Diese erstellt einen Query-Plan und weiß, dass sie, um das Query durchzuführen, Unterqueries an zwei ihrer Einzeldatenbanken absetzen muss. Das Ganze geschieht mit Two Phase Commit, so dass eine einzige Transaktionsklammer entsteht.

Es bleibt nun noch der Unterschied zwischen föderierten und verteilten Datenbanken zu erklären. Eine typische verteilte Datenbank wird in den Architekturmanuals zum Beispiel wie folgt dargestellt.

Abbildung 58:
Idee einer verteilten Datenbank

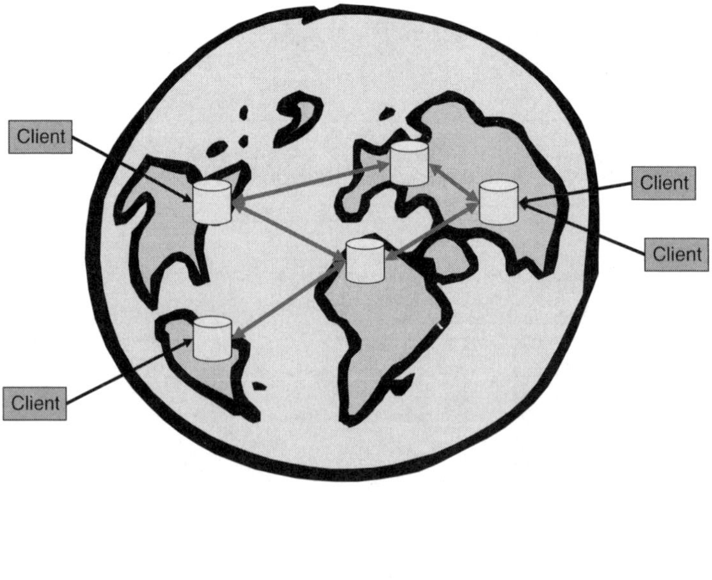

Das Problem, das eine verteilte Datenbank löst, ist weniger das Integrieren von verschiedenartigen Datenbeständen aus verschiedenartigen Datenbanken an einem Ort, sondern die verteilte Abspeicherung von homogenen Datenbeständen verteilt auf viele Orte für Clients an vielen Orten. Eine logische Datenbank wird also auf mehrere Server aufgesplittet, die räumlich verteilt sein können. Es ist allerdings im Grundmodell dabei nicht vorgesehen, auch verschiedenste Arten von Datenbanken zu föderieren. Die hellgrauen Verbindungslinien in Abbildung 58 zwischen den einzelnen Datenbankservern sind daher für einen Client nicht sichtbar und könnten auch »umkonfiguriert« werden, ohne dass der Client davon etwas merkt – abgesehen davon, dass eine Neuverteilung Änderungen der Performance zur Folge haben wird.

Wenn verteilte Datenbank die Lösung ist, was ist das Problem?

DRDA als Beispiel für eine verteilte Datenbankarchitektur

DRDA (Distributed Relational Database Architecture) ist eine Architektur für eine verteilte Datenbank. Es können solche Datenbanken als Server in die Architektur integriert werden, die die so genannten DRDA-Protokolle unterstützen.

DRDA

Für Clients gibt es ebenfalls ein genormtes Remote-SQL-artiges Protokoll. Man programmiert also Datenbankzugriffe so, als ob man nur mit einer Datenbank arbeiten würde. Die Verwaltung der Kataloginformationen, die Verteilung der Queries und auch die Behandlung verteilter Transaktionen übernimmt DRDA.

Einen Überblick über DRDA bietet zum Beispiel [IBM1995]. Die Architektur und Protokolle, die DRDA zugrunde liegen, sind ein Standard [Open1999], der von mehr als einem Datenbankhersteller implementiert wurde.

IBM DataJoiner als Beispiel für eine föderierte Datenbankarchitektur

Noch weiter als die DRDA-Architektur, die in der Lage ist, verschiedene relationale Datenbanken zu einer gemeinsamen verteilten Datenbank zu föderieren, geht der IBM DataJoiner. Der DataJoiner realisiert einen so genannten Multi-Database-Server. Beim DataJoiner steht also der Aspekt der Datenföderierung, d.h. die Integration heterogener Datenbestände, im Vordergrund. Relationale Datenbestände könnte man dagegen als homogen betrachten.

Data Joiner

Für den Fall, dass im Rahmen einer Architektur auf Daten in unterschiedlichen Datenbanken und heterogenen Datenbank-Managementsystemen zugegriffen wird, ist ein Produkt wie der DataJoiner als Datenzugriffskomponente hilfreich. Denn den Clients dieses Multi-Database-Servers wird ein Single-Database-Image bereitgestellt, das volle Datenbankfunktionalität beinhaltet. Die Daten werden aus diversen, heterogenen, verteilten Systemen selektiert und zusammengeführt, um anschließend im lokalen System gespeichert und weiterverarbeitet werden zu können. Über eine SQL-Schnittstelle wird auf diese Daten transparent zugegriffen, egal ob sie aus unterschiedlichen relationalen oder auch nicht relationalen Beständen stammen.

Abbildung 59: *IBM DataJoiner (Quelle der Abbildung [VAA1999a])*

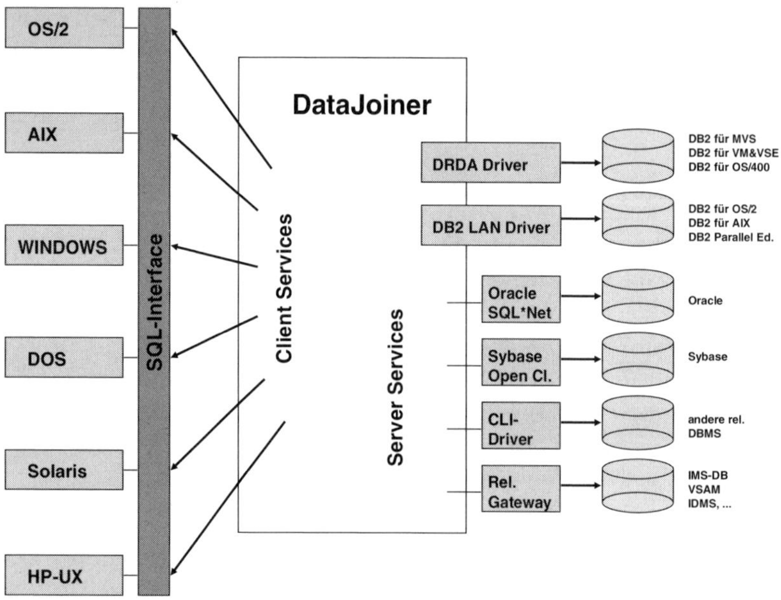

Query Optimierung

Eine besondere Eigenschaft des DataJoiners liegt in einer so genannten »Global Optimization Technology«, die für ihn implementiert wurde. Der DataJoiner führt die globale Optimierung der SQL-Anfragen durch, indem er die Stärken oder auch Schwächen der angesprochenen Datenhaltungssysteme in Betracht zieht. Diese Techniken zur Optimierung ermöglichen effiziente, verteilte Join-Operationen, die für den Benutzer zu zufrieden stellender Query-Performance führen. Dies gilt sowohl für »dynamisches« als auch für »statisches« SQL.

Globaler Katalog

Es ist möglich, im DataJoiner mehrere integrierte Datenbanken zu definieren, deren Tabellen und Views sich auf verschiedene Quelldaten beziehen. Einzelne Quelltabellen können wiederum in verschiedenen integrierten Datenbanken enthalten sein. Ein globaler Katalog, in dem der Benutzer bei der Definition von Views oder SQL-Statements logische Bezeichner vergibt, sorgt für die Transparenz und Unabhängigkeit, die der Benutzer für die produktive Informationsgewinnung braucht. Genauer beschrieben ist der DataJoiner zum Beispiel in [IBM1994, DBFo1995].

4.5 Transaktionsdienste und EAI

In den vorigen Abschnitten haben wir Mittel kennen gelernt, mit denen Anwendungen miteinander kommunizieren können. Um Anwendungen integrieren zu können, kann man aber auch die Idee haben, dass sich mehrere Anwendungen für den Benutzer und den Programmierer, der sie integriert, so verhalten, als ob es sich um ein einziges Anwendungssystem handle.

Geschäftsprozesse müssen auch dann konsistent abgewickelt werden, wenn einzelne Teile des Systems zeitweise nicht verfügbar sind. Es sollte aber nicht Sache des Programmierers sein, dies im fachlichen Code sicherzustellen. Der fachliche Code würde dann zu großen Teilen aus Fehlerbehandlung für Systemausfälle bestehen und man könnte in solchem Code kaum noch den fachlichen Inhalt erkennen. Ein solcher Zustand ist unbedingt zu vermeiden.

Problem

Wir werden uns daher hier mit

- Transaktionen,
- verteilten Transaktionen
- und Transaktionsmonitoren auseinander setzen.

Und wir werden untersuchen, welche Rolle diese für die Anwendungsintegration betrieblicher Informationssysteme spielen.

4.5.1 Was sind Transaktionen[4]

Begriff

Der Begriff der Transaktion ist sowohl in der Sprache der Datenverarbeitung als auch in der normalen Sprache belegt. Wenn man den Begriff der Transaktion in Lexika nachschlägt, die nicht auf die Sprache der Datenverarbeitung spezialisiert sind, dann findet man dort folgende Definitionen:

4. Dieser Abschnitt basiert teilweise auf Texten aus [VAA1999a] und [VAA1999b], die leicht modifiziert wurden. Da ich Mitglied des Autorenteams war, habe ich mir das erlaubt. Der besondere Dank gilt jedoch in diesem Zusammenhang Herrn Dipl.-Inform. Volker Bohn†, der der wesentliche Autor der Kapitel über Transaktionen in der VAA war.

Definition

Definitionen Transaktion:

[Brockhaus]:

Transaktion: Die Übertragung, besonders im geschäftlichen Sinn.

[Merriam Webster Dictionary]:

Main Entry: trans·ac·tion

1 a : something transacted; especially : an exchange or transfer of goods, services, or funds <electronic transactions> b plural : the often published record of the meeting of a society or association

2 a : an act, process, or instance of trans acting b : a communicative action or activity involving two parties or things that reciprocally affect or influence each other

Es geht also darum, eine Übertragung durchzuführen und Güter oder Werte von einer natürlichen oder juristischen Person auf eine andere zu übertragen.

Spiegelung der realen Welt

Eine Transaktion im Sinne der Datenverarbeitung ist das Nachvollziehen dieses Begriffes der »realen Welt« (sie wird hier im Folgenden auch als Fachwelt bezeichnet) in der Modellwelt der Datenverarbeitung, da ja betriebliche Informationssysteme normalerweise Modelle der realen, fachlichen Welt sind.

Eine Transaktion in der Sprache der Datenverarbeitung verkörpert damit das Nachvollziehen eines in einer betrieblichen oder administrativen Anwendung auftretenden realen Vorgangs [Gray1981]. Dies geschieht in einem durch eine fachliche Anwendung und dem integrierten und verwendeten Datenbanksystem (DBS) abgebildeten Ausschnitt der realen Welt (»Miniwelt«). Das Ziel des Transaktionsbegriffes ist es, eine möglichst gute Übereinstimmung der Abbildung dieser Miniwelt mit der realen Anwendung zu gewährleisten. Die folgenden vier Eigenschaften charakterisieren diesen Transaktionsbegriff in einem technischen Sinne und wurden in [Härd+1983, Gray+1993] als das »ACID-Prinzip« eingeführt.

Die ACID-Eigenschaften

ACID

Um die Begriffe einzuführen, wird hier ein einfaches Beispiel aus der fachlichen Welt der Buchhaltung verwendet: eine Buchung eines Einkaufes von Handelswaren. Die Buchung lautet:

	Konto	Soll	Haben
Per	Handelwaren	1000,00 EUR	
	Vorsteuer	160,00 EUR	
An	Verbindlichkeiten		1160,00 EUR

Beim Einkauf von Handelswaren entsteht hier im Beispiel eine Buchung, die auf 3 verschiedenen Konten ihren Niederschlag findet:

Beispiel Buchhaltung

- Auf dem Aktivkonto »Handelswaren« wird ein Bestand von 1000,00 EUR verbucht.
- Auf dem Aktivkonto (Forderung) »Vorsteuer« wird eine Forderung von 160,00 EUR gegen das Finanzamt verbucht.
- Auf dem Passivkonto »Verbindlichkeiten« (gegenüber Lieferanten) wird eine Verbindlichkeit von 1160,00 EUR gegenüber einem Lieferanten verbucht.

Das Beispiel ist auch insofern noch interessant, als die »reale Transaktion«, nämlich die Lieferung von Handelsware an unser Unternehmen, abgebildet wird auf die fachliche Modellwelt der Buchhaltung. Diese Modellwelt der Buchhaltung wird selbst wieder durch ein EDV-System für Buchhaltung in die Welt der EDV abgebildet. Das EDV-System wird diesen Vorgang in Datenbanktabellen speichern.

Das obige Beispiel wird in den meisten Systemen für Buchhaltung dazu führen, dass mindestens 3 Datenbanksätze neu entstehen, nämlich einer für jede Buchungszeile. An dem Beispiel können wir jetzt die so genannten ACID-Eigenschaften einführen. Das ACID-Prinzip beschreibt Transaktionen, die auf Datenbanken durchgeführt werden, durch ihre Eigenschaften:

Atomicity

Atomarität (Ununterbrechbarkeit, engl. Atomicity): Eine Transaktion wird entweder vollständig oder überhaupt nicht abgewickelt (Prinzip des »Alles oder Nichts«).

Bezogen auf das Beispiel heißt das, dass entweder alle 3 Buchungszeilen in der Datenbank eingetragen werden oder überhaupt keine. Würden nämlich nur eine oder zwei eingetragen werden, wäre das Grundprinzip der Buchhaltung, dass die Summe aller Aktiva gleich der Summe aller Passiva sein muss, verletzt. Die Datenbank wäre fachlich inkonsistent.

Consistency

Konsistenz (engl. Consistency): Wird eine Transaktion erfolgreich beendet und schreibt damit ihre Änderungen in der Datenbank fest, so ist die Datenbank danach wiederum in einem konsistenten Zustand, falls sie es zu Beginn der Transaktion war. Transaktionen, die ihr EOT (»End of Transaction«) erfolgreich ausführen, wickeln damit per definitionem nur korrekte Operationen auf der Datenbank ab.

Bezogen auf das Beispiel heißt das, dass eine Transaktion wieder nur dann Sinn macht, wenn alle 3 Buchungszeilen in der Datenbank eingetragen wurden. Niemand hindert einen Programmierer daran, fachlich falsche Zustände zu erzeugen. Die Datenbank kann das nicht erkennen. Aber zumindest technisch ist die Datenbank nach der

Durchführung einer Transaktion wieder in einem technisch korrekten Zustand.

Isolation

Isolierte Zurücksetzbarkeit (engl. Isolation): Die von einer laufenden Transaktion T in der Datenbank vorgenommenen Änderungen gelten so lange als vorläufig, wie diese Transaktion ihr EOT noch nicht erfolgreich abgeschlossen hat, und können bis zu diesem Zeitpunkt jederzeit wieder rückgängig gemacht werden (zum Beispiel aufgrund von Programmfehlern, Fehlern in den Daten, Deadlocks mit anderen Transaktionen, Systemausfall usw.). Daher dürfen solche vorläufigen Änderungen anderen Transaktionen T' auch erst nach dem EOT von T sichtbar gemacht werden, um T' nicht vom Ausgang von T abhängig zu machen und somit ein isoliertes Rücksetzen von T zu ermöglichen.

Bezogen auf das Beispiel heißt das, dass es möglich sein muss, Änderungen zurückzunehmen, solange eine Transaktion noch nicht vom Programm der Datenbank gegenüber als abgeschlossen gekennzeichnet wurde. Durch ein Kommando wie Rollback kann eine Datenbank wieder in den Zustand versetzt werden, in dem sie vor der Transaktion war.

Durability

Dauerhaftigkeit (engl. Durability): Erreicht eine Transaktion ihr EOT und wird dieses erfolgreich beendet und dem Anwender bestätigt, so müssen die von der Transaktion festgeschriebenen Änderungen der Datenbank alle eventuell folgenden Fehler überdauern, so zum Beispiel Fehler im DBS, im Betriebssystem (BS), einen Stromausfall und auch den Verlust eines permanenten Speichers, auf dem die Datenbank gehalten wurde (»head crash« auf einer Magnetplatte usw.).

Sperrverfahren

Serialisierbarkeit

Zum Einhalten dieser Eigenschaften werden in den meisten heutigen Datenbanksystemen Sperrverfahren eingesetzt. Serialisierbarkeit und Sperrverfahren im Detail zu erläutern würde den Rahmen dieses Buches sprengen und sollte Einführungen in Datenbanksysteme (wie [Dada1999]) und Spezialwerken zu Transaktionen und Serialisierbarkeit [Gray+1993] vorbehalten bleiben.

Sperrverfahren garantieren, dass eine beliebige parallele Ausführung mehrerer Transaktionen die Konsistenz der Daten in der Datenbank erhält, indem diese Transaktionen so miteinander synchronisiert werden, dass das Endergebnis nach ihrem Ausführen dem Ergebnis entspricht, was durch eine beliebige, aber strikt nacheinander erfolgende Ausführung dieser Transaktionen entstanden wäre (»Serialisierbarkeitskriterium«). Diese pessimistische Vorgehensweise ist für »kurze Transaktionen« sinnvoll, also für Transaktionen, die üblicherweise eine Dauer von einigen Millisekunden oder wenigen Sekunden haben und während deren Ausführung keine Interaktion mit dem Benutzer am Bildschirm stattfindet (die der Benutzer zum Leidwesen aller anderen über eine zum Beispiel dreistündige Kaffeepause offen halten könnte – andere Benutzer müssten auf die Freigabe der von ihm gesperrten Daten so lange warten). Derartige Bildschirmein-/-ausgaben wurden in der Vergangenheit einfach per Konvention verboten, d.h., die fachliche Funktionalität wurde so in »technische« ACID-Transaktionen zerlegt, dass diese Konvention eingehalten wurde.

Diese Konvention einzuhalten, fällt bei der Ablösung von Maskenterminals durch moderne grafische Benutzeroberflächen zunehmend schwerer und ist kaum mehr durchzuhalten. Trotzdem müssen Blockierungen durch Sperren vermieden und fachliche Transaktionen, die ggf. Stunden oder Tage dauern, unterstützt werden. Es sind hierfür zwei Maßnahmen sinnvoll, die auch kombiniert eingesetzt werden können:

Optimistische Synchronisationsverfahren

Optimistisches Locking

Diese arbeiten so, dass man jeder ablaufenden Transaktion lokale Kopien ihrer Daten verfügbar macht und erst am Transaktionsende, bevor die lokalen Kopien auf den persistenten Datenbestand zurückgeschrieben werden, überprüft, ob Inkonsistenzen aufgrund von Parallelarbeit mehrerer Transaktionen auf den Daten entstehen können. Wenn ja, so wird üblicherweise die Transaktion zurückgesetzt und der Benutzer davon informiert (»noch mal probieren«).

Verallgemeinerte Transaktionskonzepte

Fachliche Transaktionskonzepte

Bei diesen lassen sich komplexere fachliche Transaktionen aus kurzen ACID-Transaktionen zusammensetzen. Man kann sich beispielsweise vorstellen, dass eine Kette von ACID-Transaktionen als Sequenz abläuft, und man fordert, dass alle Teile dieser Kette ausgeführt werden müssen oder die Kette keine Spuren im System hinterlässt (»Atomicity«). Scheitert eine ACID-Transaktion, so sorgt das DBMS üblicherweise dafür, dass diese Transaktion keine Spuren hinterlässt – sie wird zurückgesetzt. Da dieses Glied der Kette isoliert abgelaufen ist, haben keine anderen ACID-Transaktionen seine Ergebnis-Zwischenstände »gesehen« und darauf Bezug genommen (isoliertes Rücksetzen statt kaskadierendes Rücksetzen von Transaktionen). Da die anderen Transaktionen in der Sequenz (aber nicht die vollständige Sequenz) jedoch erfolgreich beendet wurden, sind deren Ergebnisse für andere ACID-Transaktionen (und auch Ketten) sichtbar gewesen, und ihre Wirkung kann nur durch fachliche Gegentransaktionen kompensiert

Problem der Isolation

werden (zum Beispiel Storno-Transaktionen). Man sieht, dass von den ACID-Eigenschaften die Eigenschaft »Isolation« diejenige ist, die man bei solchen verallgemeinerten Transaktionskonzepten fallen lässt. Es ist leicht vorstellbar, nicht nur Ketten von ACID-Transaktionen abzuwickeln, sondern auch Baumstrukturen zuzulassen – der Bezug zum Geschäftsprozessmodell wird an dieser Stelle sichtbar. (Technischer Hinweis: Führt man bei einem solchen Baum von ACID-Transaktionen die Eigenschaft des isolierten Ablaufs für den Baum selbst wieder ein, so ist man beim Konzept der geschachtelten ACID-Transaktionen (Nested Transactions). Kommt auch noch räumliche Verteilung hinzu, so betrachtet man sogar verteilte geschachtelte ACID-Transaktionen.)

Geschachtelte Transaktionen

Beide Methoden, sowohl das Arbeiten mit lokalen Kopien (»optimistische Synchronisation«) als auch die Verwendung verallgemeinerter Transaktionskonzepte, werden in der Praxis sehr häufig eingesetzt:

- »Optimistische Synchronisation« bei allen Arten von Datenbankzugriffsschichten, die es erlauben, lange fachliche Transaktionen auf einer Datenbank zu implementieren. Datenbanken unterstützen am besten sehr kurze Transaktionen. Lange Transaktionen führen zu Deadlocks, langen Wartezeiten und damit zu niedrigem Durchsatz.

Fachliche Kompensation

- »Verallgemeinerte Transaktionskonzepte« zum Beispiel für Geschäftsprozesse. Hier werden Konzepte wie »Fachliche Kompensation« verwendet, die in Abschnitt 4.5.3 noch gesondert diskutiert werden.

Verteilte Transaktionen

Verteilte Systeme

Der Transaktionsbegriff, der in Abschnitt 4.5.1 eingeführt wurde, sagt noch nichts darüber aus, auf wie vielen Rechnern die elementaren Operationen laufen, die benötigt werden, um zu einer fachlich sinnvollen ACID-Transaktion zusammengefasst zu werden.

Das Beispiel des Einfügens von drei Sätzen in eine Buchhaltungsdatenbank wird typischerweise in einer einzigen Datenbank zu Einfügungen führen und diese wird typischerweise nicht verteilt sein. In diesem Abschnitt wollen wir uns mit Beispielen von so genannten verteilten Transaktionen befassen. Das sind auch diejenigen, die für das Thema EAI interessant sind. Im Fall von EAI ist es oft erforderlich, dass mehrere Systeme so zusammenarbeiten, als ob es sich um ein einziges handeln würde.

Beispiel

Das laufende Beispiel für diesen Abschnitt ist ein Einzelhandel für Waschmaschinen, der seine Aufträge über ein Callcenter annimmt.

Wenn ein Callcenter-Mitarbeiter von einem Kunden einen Auftrag für eine Waschmaschine bekommen hat, muss Folgendes passieren:

- (OP1) **Auftrag, Rechnung:** Es muss ein Auftrag und eine Rechnung erstellt werden. Die Rechnung muss in der Buchhaltung verbucht werden.
- (OP2) **Auslagerung, Lieferschein:** Die Verfügbarkeit der Waschmaschine im Lager muss geprüft werden und falls vorhanden, muss die Waschmaschine ausgelagert werden. Der Einfachheit halber nehmen wir an, dass die Waschmaschinen immer lagernd verfügbar sind. Wir können deshalb immer einen Lieferschein erstellen. Die Auslagerung und der Lieferschein benötigen als Daten:
  - die Rechnungsnummer und die Auftragsnummer,
  - die Adresse des Kunden.
- (OP3) **Montageauftrag:** Es muss ein Montageauftrag erstellt werden. Der Auftrag weist einen Mitarbeiter an, die Waschmaschine aus dem Lager abzuholen, zum Kunden zu bringen und dort zu montieren.

Viele Systeme sind an einem Geschäftsprozess beteiligt

In einem Unternehmen können an einem solchen Vorgang zum Beispiel vier DV-Systeme auf verschiedenen Plattformen beteiligt sein:

- ein Auftragserfassungssystem,
- ein Buchhaltungssystem,
- ein Lager- und Bestandsverwaltungssystem,
- ein System für Transport- und Montageaufträge.

Abbildung 60 stellt dieses Szenario dar. Die Systemschnitte sind dabei nicht immer und in allen Unternehmen gleich. Oft sind zum Beispiel Auftragssystem, Buchhaltung und Lager zu einem einzigen System integriert.

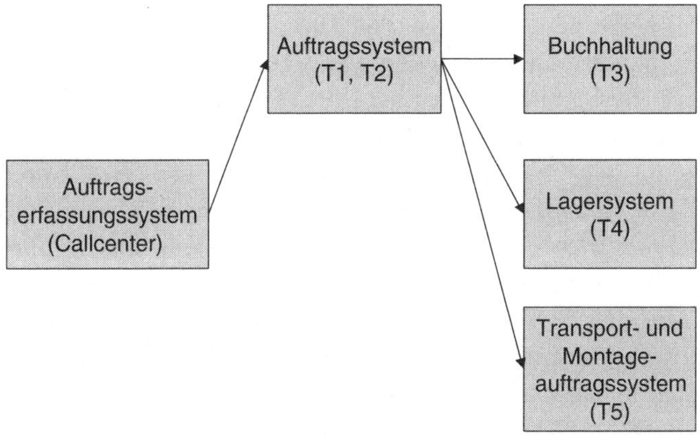

Abbildung 60: *Beispiel: Verteilte Transaktion – Verkauf einer Waschmaschine*

Wenn der Callcenter-Mitarbeiter also alle Daten des Auftrages erfasst hat, läuft idealerweise ein Prozess ab, der

- einen Auftrag erstellt (T1 = Transaktion 1),
- eine Rechnung schreibt (T2),
- dazu eine Buchung veranlasst (T3),
- dazu einen Lieferschein schreibt (T4),
- und einen Transport- und Montageauftrag erstellt (T5).

Zusammenfassen von Transaktionen

Man kann diese 5 Transaktionen nun zu einer einzigen zusammenfassen. Wir haben dann eine verteilte Transaktion vor uns, die nach dem ACID-Prinzip abgewickelt werden muss. Die folgende Abbildung 61 zeigt jedoch, dass es sich in unserem Beispiel dabei sogar um einen Baum von Transaktionen handelt.

Abbildung 61: *Transaktionsbaum, verteilt über mehr als ein System*

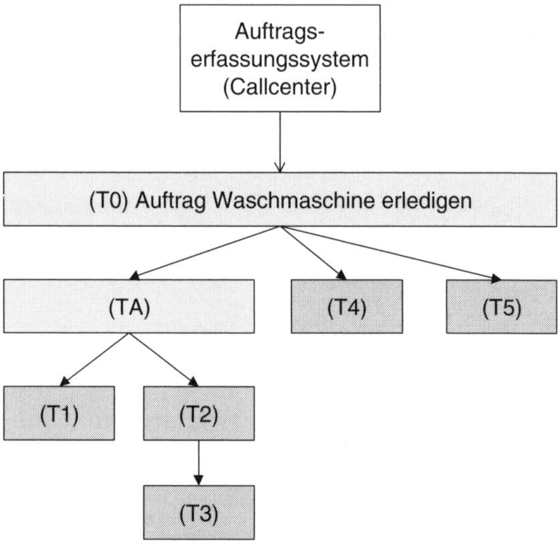

Technische Transaktionen

Zusätzlich wurden hier noch Transaktionen eingefügt, die in Abbildung 60 fachlich nicht vorgekommen sind, sondern technischer Natur und durch Systemgrenzen bedingt sind: (T0) klammert den kompletten Ablauf und die Transaktion (TA) klammert den Ablauf im Auftragsabwicklungssystem. Interessant ist noch, dass (T3) eine Untertransaktion von (T2) ist, da das Buchhaltungssystem als Untertransaktion der Rechnungsschreibung läuft, und für die Gesamttransaktionen (TA) oder auch (T0) überhaupt nicht wahrgenommen wird.

Es gibt nun Software, so genannte Transaktionsmonitore für verteilte Transaktionen, die es möglich macht, die ACID-Eigenschaften auch über mehr als einen physischen Rechner hinweg zu garantieren.

Two Phase Commit (2PC)

2PC

Wenn man Transaktionen nicht nur lokal auf einer Maschine ausführen möchte, sondern Transaktionen implementieren möchte, bei denen Teiltransaktionen auf mehreren Maschinen unter einer einzigen Transaktionskontrolle laufen sollen, dann benötigt man dazu eine Infrastruktur für verteilte Transaktionen, die das so genannte Zweiphasen-Commit-Protokoll (Two Phase Commit, 2PC) unterstützt.

Um dieses Protokoll zu erläutern, werden wir im Folgenden die Bezeichnungen des CORBA Object Transaction Service (OTS) verwenden, der eine von mehreren Implementierungen von 2PC ist.

Wir werden am Anfang die Teilnehmer an dem 2PC-Protokoll erläutern und dann das Protokoll einmal anhand eines Interaktionsdiagramms durchgehen. Dazu wird hier ein Beispiel verwendet, das diesmal allerdings abstrakt ist.

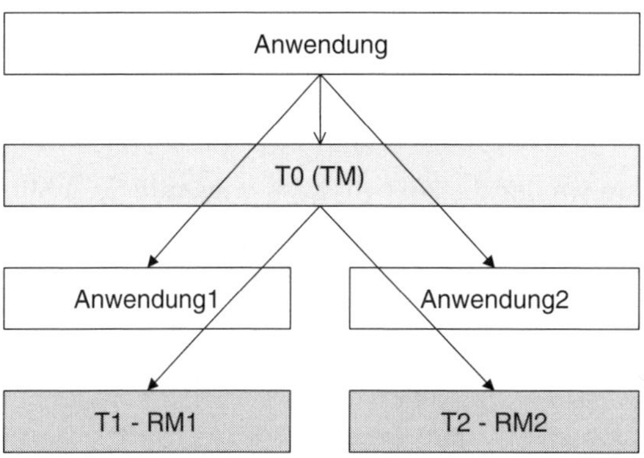

Abbildung 62: *Beispiel für 2PC-Transaktion*

Beispiel

Wir gehen davon aus, dass eine Anwendung zwei weitere Anwendungen auf anderen Rechnern aufrufen möchte und dass das Ganze transaktionsgesichert stattfindet. Das heißt also, dass die beiden Teiloperationen zusammen sich wie eine einzige ACID-Transaktion verhalten müssen.

Beteiligte sind hier also:

- Die Anwendung, die die beiden Subanwendungen Anwendung1 und Anwendung2 aufruft.
- Die Subanwendungen Anwendung1 und Anwendung2, die dazu Ressourcen benutzen (zum Beispiel eine Datenbank). Dazu werden die Transaktionen T1 und T2 auf den von den Ressourcenmanagern RM1 und RM2 gemanagten Ressourcen R1 und R2 ausgeführt. RM1 führt dabei eine Transaktion T1 aus, RM2 eine Transaktion T2.

- Ein Dienst im Netz, der das Management verteilter Transaktionen bietet. Dies ist TM, der Transaktionsmanager, der die Transaktion T0 durchführt.

Man kann diese Teilnehmer auch noch in einem anderen Diagramm darstellen, das in der Literatur häufiger verwendet wird.

Abbildung 63: *Teilnehmer an verteilten CORBA-Transaktionen*

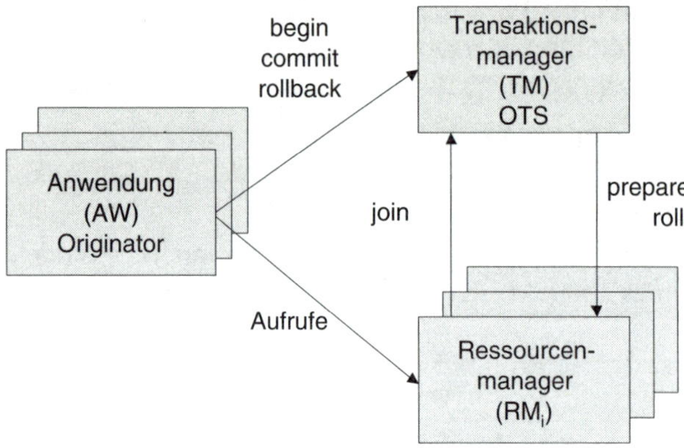

Hier sieht man wieder die zuvor bereits eingeführten Teilnehmer: Anwendungen, Transaktionsmanager (der bei CORBA auch OTS für Object Transaction Service genannt wird) und Ressourcenmanager.

Der Ablauf wird in den folgenden beiden Interaktionsdiagrammen gezeigt.

Abbildung 64: *Interaktionsdiagramm für Two Phase Commit – erster Teil*

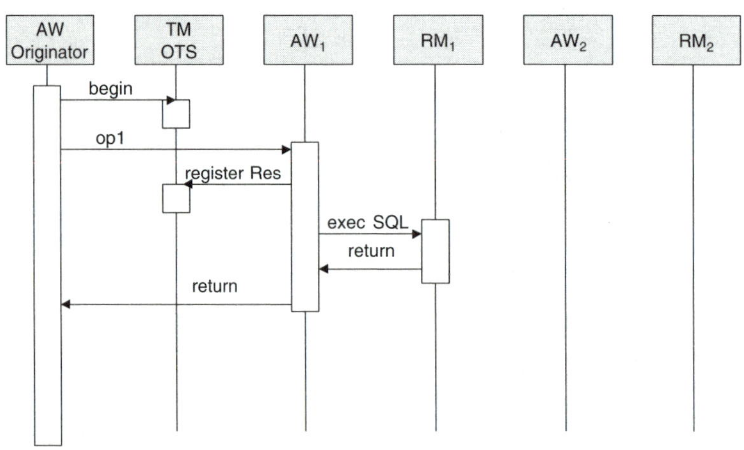

Die Anwendung, die die gesamte Transaktion T0 steuert, wendet sich zunächst an den TM (OTS) und macht mit einem Aufruf (begin) bekannt, dass sie eine verteilte Transaktion starten möchte.

Sie ruft dann die erste dazu benötigte Anwendung1 mit dem Dienst op1 auf. Die Anwendung1 weiß, dass sie im Kontext einer verteilten Transaktion aufgerufen wird, und registriert zunächst die dafür benötigten Ressourcenmanager (in unserem Fall RM1) bei dem Transaktionsmanager (Aufruf registerRes). Die Anwendung1 wird dann auf der gemanagten Ressource zum Beispiel SQL-Befehle ausführen, um die Datenbank zu verändern (Kommando execSQL). Damit hat Anwendung1 ihren Service op1 erbracht.

Ganz analog wird Anwendung2 einen Service op2 erbringen. Der Text ergibt sich durch Umnummerierung des obigen Textes. Auch Anwendung2 hat dazu ihre Ressourcen beim zentralen Transaktionsmanager registriert. Man erhält dafür ein völlig analoges Interaktionsdiagramm.

Die nächste Abbildung zeigt noch den Vorgang des Committens der Transaktion.

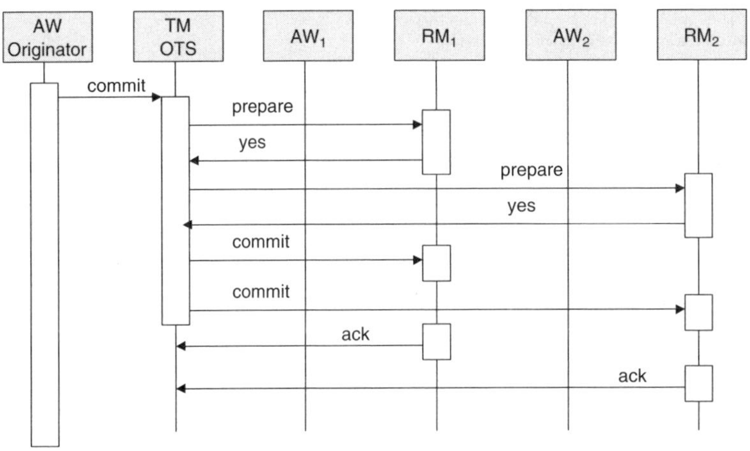

Abbildung 65:
Commit einer 2PC-Transaktion – zweiter Teil

Beenden der verteilten Transaktion

Wenn die Anwendung alle benötigten Dienste aufgerufen hat (in unserem Fall waren das zwei, nämlich op1 und op2), wendet sie sich an den Transaktionsmanager und fordert ihn mit »commit« auf, die Transaktion zu beenden.

Dieser fragt alle darunter liegenden Ressourcenmanager (RM1 und RM2), ob sie bereit sind, ihre Transaktionen zu committen. Beide melden dies mit »yes« zurück. Der Transaktionsmanager erteilt dann an beide den Befehl zum »commit«. Beide melden den Erfolg der Aktion mit dem Kommando »ack« asynchron zurück. Die verteilte Transaktion wurde erfolgreich durchgeführt.

Für normale Transaktionen gibt es nur die Aufrufe »begin« (BOT), »commit« (EOT) und »rollback« (Abort). Man kann sich jetzt fragen,

Prepare

warum man hier noch das Kommando »prepare« und die Bestätigungen benötigt. Das Protokoll ist aufwändiger, weil im verteilten Szenario immer Ressourcen ausfallen können und sichergestellt werden muss, dass dann die komplette Transaktion vollständig zurückgerollt wird, und sie eben nur dann durchgeführt wird, wenn kein Teilnehmer »unterwegs« ausgefallen ist. Damit benötigt man ein komplexeres Protokoll (das auch hier nur für den einfachsten Fall wiedergegeben wurde), das alle möglichen Fehler abfangen kann und in jedem Fall mit einem im Sinne der ACID-Eigenschaften korrekten Ergebnis endet. Man kann mathematisch formal beweisen, dass das vollständige 2PC-Protokoll diesen Anforderungen genügt. Dies werden wir hier allerdings nicht tun.

Einsatzfelder von 2PC

Anwendungen von 2PC

Two Phase Commit ist ein sehr allgemeines Verfahren und wird daher an vielen Stellen verwendet und in vielen Arten von verteilter Software eingesetzt. Einige davon sind:

- Verteilte Datenbanksysteme, wie wir sie in Abschnitt 4.4.3 schon kennen gelernt haben, setzen 2PC ein.
- Es gibt neben dem CORBA-Transaktionsservice noch weitere Infrastrukturen, die 2PC-Protokolle implementieren, wie zum Beispiel Tuxedo, Encina und andere.
- Und schließlich wird 2PC auch innerhalb von Transaktionsmonitoren wie CICS oder IMS eingesetzt, um Transaktionen über mehr als eine Ressource und mehr als ein Subsystem durchführen zu können. Dort merkt man davon allerdings meist nicht so viel, weil man als Anwender eigentlich voraussetzt, dass zwei Datenbanken unter demselben CICS unter einheitlichen Transaktionen laufen können. In Wirklichkeit stecken jedoch auch dahinter verteilte Transaktionen.

4.5.2 Bedeutung von Transaktionsservern für EAI

EAI und Transaktionsmonitore

Wenn man den obigen Abschnitt über verteilte Transaktionen liest, sollte man meinen, dass verteilte Transaktionen für EAI eine große Bedeutung haben. In der Praxis werden sie aber in den Fällen, in denen echte Altsysteme eingebunden werden, so gut wie nie verwendet. Dafür gibt es mehrere Gründe:

- Wir haben gesehen, dass eine aufgerufene Anwendung wissen muss, dass sie an einer verteilten Transaktion teilnimmt. Sie muss nämlich die von ihr verwendeten Ressourcen registrieren. In der

Praxis heißt das, dass man existierende Systeme erst umschreiben muss. Wenn allerdings schon der Aufwand gescheut wird, um Schnittstellen zu normalisieren, dann wird auch dieser Aufwand gescheut.

- Weiter kommt erschwerend hinzu, dass die Datenbanken und Ressourcen dieser alten Systeme nicht darauf ausgelegt sind, an solchen Protokollen teilzunehmen. Sie wissen nichts von CORBA- oder X/OPEN-Transaktionsspezifikationen und können damit aus technischen Gründen nicht eingebunden werden.

X/OPEN

- Und letztlich sind Geschäftsprozesse oft zu lang, als dass es Sinn machen würde, verteilte Transaktionen zu verwenden. Wenn nämlich nach der ersten Datenerfassung weitere manuelle Eingaben erforderlich sind, auf die gewartet werden muss, heißt das, dass Transaktionen so lange geöffnet bleiben müssen, wie diese Eingaben nicht erfolgt sind. Wir haben zuvor gehört, dass Transaktionen mit pessimistischen Sperren am besten im Subsekundenbereich beendet werden sollten, um Deadlocks zu vermeiden und die Performance erträglich zu halten. Hier würde man aber genau das Gegenteil tun.

Sperren und lange Transaktionen

Damit kommen wirklich verteilte Transaktionen in der Praxis von EAI, nämlich bei der Anbindung sehr alter Systeme, so gut wie nicht vor.

4.5.3 Ausweichmöglichkeiten

Fachliche Kompensation

Es wäre aber trotzdem nicht befriedigend, wenn man dann, statt verteilte Transaktionen zu benutzen, jede Menge inkonsistente Gesamtsystemzustände produziert. Daher gibt es in der Praxis bewährte Verfahren, wie man trotzdem Konsistenz sicherstellen kann, auch ohne verteilte Transaktionen zu verwenden.

Das Problem dabei ist allerdings nur, dass man sich nun im fachlichen Code mit der Frage auseinander setzen muss, was man tun kann und muss, wenn eine Ressource ausfällt und deshalb die Verarbeitung nicht durchführbar ist.

Inverse Operation (Soft Rollback)

Soft Rollback

Die erste Alternative zu verteilten Transaktionen besteht darin, inverse Operationen zu verwenden. Wir betrachten dazu wieder das Beispiel der Anwendung, die zwei Subanwendungen Anwendung1 und Anwendung2 aufruft, um eine Aufgabe zu erledigen.

Dazu ruft die Anwendung zunächst Anwendung1 mit dem Service op1 auf. Nehmen wir an, op1 wird ordnungsgemäß durchgeführt und committet. Dann wird op2 aufgerufen. Wenn nun op2 irgendwo in der Ausführung des Kommandos scheitert, dann ist op2 hoffentlich so programmiert, dass op2 automatisch zurückgesetzt wird.

Abbildung 66: *Wirkung einer fachlich kompensierenden Transaktion*

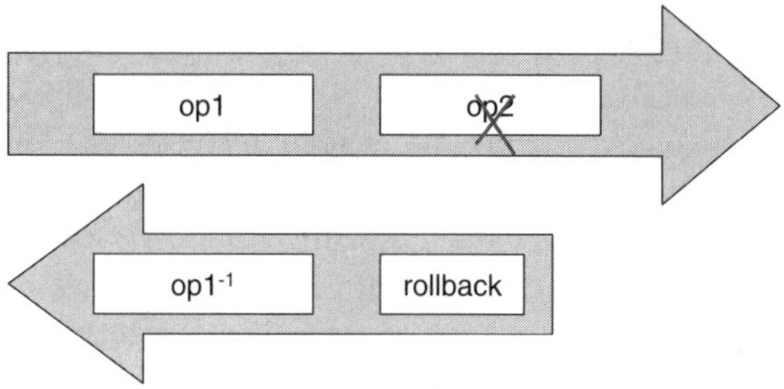

Man befindet sich jetzt in der Situation wie nach dem Ende von op1. Es gibt jetzt zwei Möglichkeiten:

- op1 rückgängig machen
- oder op2 noch einmal versuchen.

Inverse Transaktion

Wir gehen davon aus, dass die komplette Aktion rückgängig gemacht werden soll. Also muss man einen Weg finden, um op1 rückgängig zu machen, obwohl op1 bereits committet ist. Man benötigt also eine so genannte fachlich kompensierende Transaktion für op1, die wir in der Abbildung oben als $op1^{-1}$ bezeichnet haben.

Eine solche kompensierende oder inverse Aktion nennt man »Soft Rollback«. Beim Einsatz von solchen kompensierenden Aktionen ist leider eine Menge zu beachten:

Verletzung der Isolation

- Man muss sich darüber im Klaren sein, dass das ACID-Prinzip der Isolierung verletzt wurde, weil es möglich wäre, dass andere Anwendungen schon auf dem neuen Datenbankstand gearbeitet haben, der durch op1 erzeugt wurde, weil op1 ja bereits committet war.
- Daher scheint es oft nur vordergründig einfach zu sein, wirklich eine fachlich kompensierende Transaktion $op1^{-1}$ zu schreiben, weil die Wirkung von op1 schon andere Transaktionen op3, op4, ... beeinflusst haben könnte, die man im Allgemeinen nicht einmal finden wird. Dadurch kann ein fachlich inkonsistenter Systemzustand entstehen.
- Außerdem funktioniert das obige Schema nur dann gut, wenn die Zuverlässigkeit der beteiligten Systeme hoch ist. Wenn einer der drei Knoten häufig ausfällt, dann muss man weiteren Code schreiben, der dafür sorgt, dass Dinge auch dann noch getan werden, wenn zwischenzeitlich ein Rechner ausgefallen war.

Das 2PC-Protokoll hat den Vorteil, dass man sich um all solche Dinge dort nicht kümmern muss. Nur leider ist es, wie bereits dargelegt wurde, sehr häufig nicht einsetzbar.

Benutzung von parallelen Nachrichtenschlangen

Transaktionsgesicherte Nachrichtenschlange

Eine zweite Alternative zu 2PC besteht in der Verwendung von nachrichtenbasierter Kommunikation mit sicherer Zustellung.

In diesem Fall wird die aufrufende Anwendung die Aufträge op1 und op2 an jeweils eine Nachrichtenschlange für Anwendung1 und eine weitere für Anwendung2 übergeben. Dies geschieht innerhalb einer Transaktionsklammer, die garantiert, dass beide Aufträge losgeschickt wurden. Das Nachrichtensystem (zum Beispiel IBM MQSeries) garantiert, dass beide Nachrichten zugestellt werden.

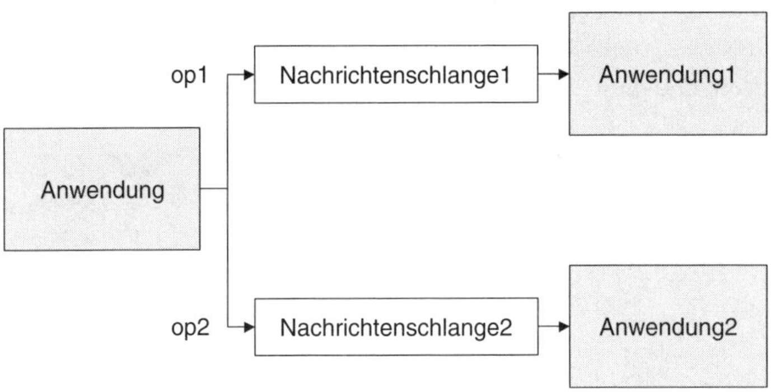

Abbildung 67: *Nachrichtenschlangen statt 2PC*

Die obige Abbildung zeigt dies schematisch. Auch dieses Verfahren muss man auf fachlicher Ebene sehr gründlich durchdenken. Denn die Nachrichtenschlangen, zumal, wenn sie parallel aufgesetzt werden, liefern nicht immer funktional korrektes Verhalten:

Sicherheit der Ausführung

- Sie garantieren zwar die Auslieferung der Nachricht. Sie garantieren jedoch nicht, dass der Service fehlerfrei durchgeführt wird. Es kann also passieren, dass der Absender nur glaubt, dass eine Operation opN durchgeführt wurde. Dies lässt sich durch den Einsatz von Quittungen noch absichern, was allerdings den Aufwand wieder erhöht.

Race Conditions

- Es kann, zumal durch zwei unabhängige Schlangen, keine Reihenfolge der Abarbeitung garantiert werden. Die Schlangen können damit nur eingesetzt werden, wenn es egal ist, ob op1 oder op2 zuerst ausgeführt wurden. Es ist also erforderlich, dass op1 und op2 echt parallelisierbar sind.

Verletzung der Isolation

- Weiter verletzt das oben dargestellte Vorgehen das ACID-Prinzip der Isolation, weil man unter Umständen das Ergebnis von op2 sehen kann, bevor op1 auch nur gestartet wurde. Dies ist nur ein Beispiel für mögliche auftretende Serialisierungsprobleme.

Damit ist auch dieses Muster nicht frei von Nachteilen und stellt, genau wie der »Soft Rollback«, lediglich einen praktischen Kompromiss für den häufigen Fall dar, dass 2PC nicht genutzt werden kann.

4.5.4 Transaktionen und eingesetzte Middleware

Zum Schluss des Abschnittes über Transaktionsverarbeitung macht es noch Sinn, Stärken und Schwächen verschiedener Mächtigkeitsstufen von Transaktionen zu betrachten. Für diesen Abschnitt werden daher noch einmal die oben vorgestellten Arten von Transaktionen im Hinblick auf ihre Verteilung und Aufrufe über verschiedene Arten von Middleware untersucht. Allen Betrachtungen werden die folgenden Szenarien zugrunde gelegt.

Abbildung 68: *Transaktionen und Kommunikation*

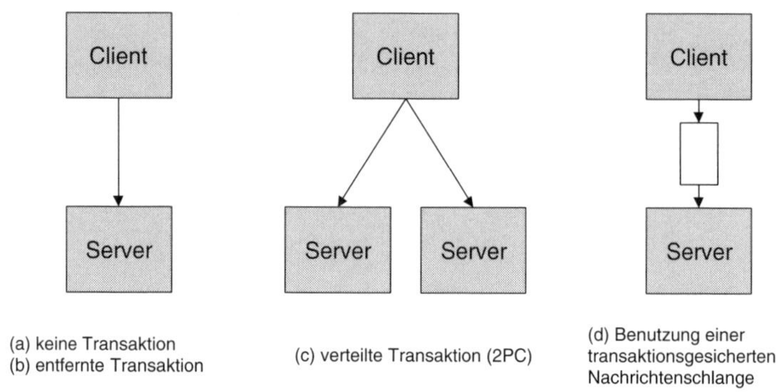

Folgende Fälle kann man zunächst unterscheiden:

(a) **Keine Transaktion:** Ein Client greift auf einen Service zu. Dieser ist nicht transaktionsgesichert. Abgesehen von der Client/Server-Kommunikation unterscheidet sich das nicht von dem Fall, dass der Service lokal wäre und über einen normalen Prozeduraufruf aufgerufen wird.

(b) **Entfernte (remote) Transaktion:** Ein Client greift auf einen Server zu – der angebotene Service ist transaktionsgesichert.

(c) **Verteilte Transaktion:** Ein Client ruft mehr als einen Service auf. Jeder Service für sich ist transaktionsgesichert. Beide Services zusammen sollen in einer Transaktion laufen.

(d) **Transaktionsgesicherte Nachrichtenschlange:** Ein Client greift auf einen Service über eine transaktionsgesicherte Nachrichtenschlage zu.

Diese Fälle haben die folgenden Eigenschaften:

Technik	Stärken	Schwächen
(a) Keine Transaktion	• Es ist keine Infrastruktur für Transaktionen erforderlich. Transaktionen bedeuten Overhead. • Man kann damit keine Locking-Probleme haben. • Einfach zu programmieren.	• Verletzung der ACID-Eigenschaften möglich und wahrscheinlich, wenn nicht serialisiert wird. • Performance-Problem wahrscheinlich, wenn serialisiert wird. • Der Client wird nie erfahren, wenn es Probleme mit Verletzungen der ACID-Eigenschaften gab.
(b) Entfernte Transaktion	• ACID-Eigenschaften sind garantiert. • Client ist immer noch einfach zu programmieren. • Der Client benötigt keine aufwändige Software oder Hardware.	• Updates auf dem Client und dem Server können so nicht synchronisiert und unter einer Transaktion gesteuert werden. • Es kann sein, dass der Client keine Rückmeldung über Deadlocks oder Ähnliches auf dem Server bekommt.
(c) Verteilte Transaktion	• ACID-Eigenschaften sind garantierbar. Auch für Updates von Client und Servern in Kombination. • Macht Diagnose von Fehlersituationen einfacher.	• Es kann Deadlocks geben, an denen mehr als ein Netzknoten beteiligt ist. Solche Deadlocks sind schwer aufzulösen. • Funktioniert nur brauchbar bei hochverfügbaren transaktionsgesicherten Ressourcen, weil bei Systemausfällen lange Sperren auftreten (außer man bricht Transaktionen schnell wieder ab, sobald ein beteiligter Knoten nicht verfügbar ist). • Ist komplex zu programmieren (siehe oben).
(d) Benutzung einer transaktionsgesicherten Nachrichtenschlange	• Die Zustellung des Auftrages vom Client an den Server kann garantiert werden. Mehr nicht. • Arbeitet auch dann, wenn Komponenten häufig ausfallen. • Verursacht keine Locks und damit keine Deadlocks nur aufgrund der Nachrichtenübertragung oder aufgrund des Aufrufes von Diensten, solange diese nicht transaktionsgesichert sind.	• Keine ACID-Eigenschaften für die Updates auf Client und Server in Kombination, weil kein 2PC. • Der Client muss nicht zuverlässig über den Zustand des Servers informiert sein. • Globale Systemintegrität muss im Fehlerfall durch Anwendungslogik sichergestellt werden.

Tabelle 5:
Stärken und Schwächen verschiedener Arten von Transaktionen

Aus der obigen Tabelle ergibt sich keine eindeutig favorisierbare Kombination. Es gibt noch das Kriterium, das auch schon bei der Bewertung von synchroner versus asynchroner Kommunikation in Abschnitt 4.3 verwendet wurde. Man kann nun für jeden der Fälle nach geeigneten

Kommunikationstechniken suchen, je nachdem, ob der Client (Sender) vom Server (Empfänger) eines Aufrufes Information über dessen erfolgreiche Abarbeitung benötigt. Man kann folgende Fälle unterscheiden:

Sofortige Antwort

- **Sofortige Antwort erforderlich:** Der Client benötigt eine unmittelbare Antwort auf seine Anfrage, um weiterarbeiten zu können. Ein Beispiel dafür ist ein Geldautomat, der einen Kontostand abfragt, bevor er Geld auszahlt.

Verspätete Antwort

- **Antwort erforderlich, aber die Antwort kann auch verspätet erfolgen:** Zum Beispiel wenn Verkäufer Auftragsbestätigungen für eingespielte Versicherungsanträge benötigen, muss das nicht sofort sein, sondern kann auch Stunden oder Tage später erfolgen.

Keine Antwort

- **Keine Antwort erforderlich:** Beispiele für solche Kommunikation sind Meldungen an andere Systeme, die nicht zeitkritisch sind.

Wie man sehen kann, sind die Entscheidungen, die hier zu treffen sind, auch durch die fachliche Funktionalität bestimmt, die vom System gefordert wird. Auch Antwortzeitverhalten ist meist fachlich motiviert durch Benutzbarkeit der Systeme für die Geschäftsfälle, für die sich ein Kunde EDV-Unterstützung wünscht.

Die folgende Tabelle kombiniert nun die beiden Kriterien und gibt Tipps, welche Art der Kommunikation man im jeweiligen Fall gut verwenden kann:

Technik	Sofortige Antwort erforderlich	Antwort erforderlich, aber kann auch später sein	Keine Antwort erforderlich
(a) Keine Transaktion	RPC	Nachrichtenschlange in zwei Richtungen	Nachrichtenschlange, synchrone Einwegkommunikation
(b) Entfernte Transaktion	RPC	Nachrichtenschlange in zwei Richtungen	Nachrichtenschlange, synchrone Einwegkommunikation
(c) Verteilte Transaktion	RPC mit 2PC-Protokoll – also transaktioneller RPC	RPC mit 2PC-Protokoll – also transaktioneller RPC, kombiniert mit leichtgewichtigen Prozessen, um langes Blockieren zu verhindern	RPC mit 2PC-Protokoll – also transaktioneller RPC, kombiniert mit leichtgewichtigen Prozessen, um langes Blockieren zu verhindern
(d) Benutzung einer transaktionsgesicherten Nachrichtenschlange	Nachrichtenschlange in zwei Richtungen	Transaktionsgesicherte Nachrichtenschlange in zwei Richtungen	Nachrichtenschlange, synchrone Einwegkommunikation, transaktionsgesicherte Nachrichtenschlange

Tabelle 6: *Bevorzugte Kommunikationstechniken für verschiedene Arten von Transaktionen*

Tabelle 6 zeigt also, dass es für jede Aufruftechnologie sinnvolle Anwendungsfelder gibt. Das heißt im Umkehrschluss, dass man bei jedem Aufruf darüber nachdenken kann, welche Technologie dafür am besten geeignet ist.

Zusammenfassung

Für jede Technologie gibt es ideale Anwendungsfelder. Wenn ein EAI-Server nur eine der dargestellten Technologien anbietet, wird es also Fälle geben, die nicht optimal gelöst werden können.

In der Praxis hat man meist noch weitere Einschränkungen zu berücksichtigen. Es kann zum Beispiel rein fachlich eine verteilte ACID-Transaktion erforderlich sein, nur leider bieten die beteiligten Systeme nicht die notwendigen Dienste und Protokolle dafür an.

4.6 Überblick über komplette Kommunikationsinfrastrukturen

Zum Abschluss des Kapitels über »Architektonische Entscheidungsfelder« werden hier noch die Generationen von Kommunikationssoftware und Middleware zusammengefasst, die wir bisher kennen gelernt haben.

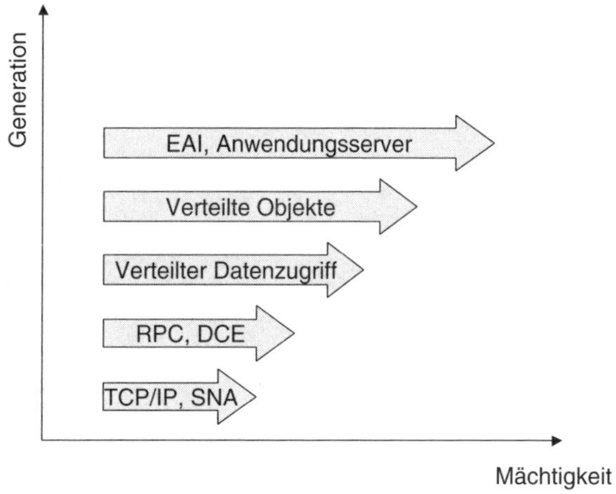

Abbildung 69: *Generationen von Middleware*

Als unterste Schicht benötigen alle folgenden Middleware-Generationen Transportprotokolle wie zum Beispiel TCP/IP oder SNA. Darauf lassen sich Infrastrukturen für entfernte Prozeduraufrufe (RPCs) aufbauen. DCE ist eine solche Infrastruktur. Darauf wieder können Infrastrukturen für verteilte Datenbanken aufsetzen. Diese Reihenfolge ist nicht ganz logisch. Man kann beides auch parallel betrachten.

Verteilte objektorientierte Systeme stellen eine neue Dimension der Mächtigkeit dar. Wir haben bisher CORBA als einen Vertreter von verteilten Objektinfrastrukturen kennen gelernt und werden uns in Kapitel 6 noch mit .NET als die Initiative von Microsoft auf diesem Gebiet befassen.

.NET

EAI-Server können zur Implementierung ihrer Dienste unter anderem die verteilten objektorientierten Infrastrukturen nutzen, um darauf noch mächtigere Dienste aufzusetzen. In den folgenden beiden Kapiteln werden wir drei solche EAI-Infrastrukturen kennen lernen.

5 Fallstudien

Einsatz von EAI

Viele Banken und Versicherungen zeigen Interesse für EAI-Lösungen. Einige interessieren sich dafür sogar schon länger, als es ausgereifte Produkte auf dem Markt gibt, mit der Konsequenz, dass sie eigene Lösungen gebaut haben. Man kann die Situation mit dem Markt für Datenbanken in den frühen 70er Jahren vergleichen. Damals gab es Versicherungen oder Banken, die ihre Datenbanksysteme selbst implementiert haben. Heute gibt es noch Unternehmen, die ihre EAI-Infrastruktur selbst implementieren. Gleichzeitig haben andere Versicherungen und Banken dieses Thema noch nicht als relevant identifiziert und werden folglich erst später einsteigen und daher gleich auf Produkte setzen und somit überhaupt nicht mehr in Versuchung geraten, eine eigene Lösung zu implementieren.

Irgendwann stehen Anwender, die früh eingestiegen sind und selbst gebaut haben, dann einmal vor der Frage, was sie mit dem selbst gebauten Tool machen sollen. Ob sie es also durch ein gekauftes Werkzeug ablösen wollen oder das selbst gebaute weiter warten wollen.

Die beiden Fallstudien entstammen der Praxis der Generali Vienna Group, für die der Autor arbeitet.

- Die in Abschnitt 5.1 vorgestellte Lösung EDS ist eine selbst gebaute, preiswerte EAI-Lösung, mit der 1999 begonnen wurde. *Eigenbau*
- Darüber hinaus hatte die Gruppe seit 1995 mit Workflow-Produkten Erfahrungen gemacht. Zunächst mit IBM FlowMark, dann mit einer Eigenbaulösung in einem Smalltalk-Framework und zuletzt mit IBM MQSeries Workflow. *MQ-Produkte*
- Kurz danach wurden bei der Generali Italien E-Business-Projekte gestartet und dabei fiel eine strategische Entscheidung für Vitria BusinessWare. Daher wird Vitria BusinessWare im Abschnitt 5.2 näher vorgestellt. *Vitria*

Damit hat man als Portfolioverantwortlicher ein Problem, weil man die Eigenbaulösung und das Produkt des Konzerns nicht parallel weiterverwenden kann. Außerdem deckt Vitria noch andere Funktionalität ab, die bis dato von einem gesonderten Produkt geleistet wurde. Man muss also zwischen zwei Wegen wählen und wird sich dabei normalerweise für die Vorgabe des Gesamtkonzerns entscheiden. Außerdem ist es meist vernünftiger, ein Produkt einzusetzen als eine selbst gebaute Lösung.

Make or Buy

Die Fallstudien sind interessant, weil sie beleuchten, welche Vor- und Nachteile Eigenbaulösungen haben, was einem als Portfolioverantwortlicher durch Ereignisse und Änderungen im Softwaremarkt passieren kann und was die eigentlichen Kostentreiber von EAI-Projekten sind. So viel sei vorweggenommen – die EAI-Integrationsserver selbst sind nicht die wesentlichen Kostentreiber. Dies sind viel mehr die Adapter und die Aufwände für die Normierung von Schnittstellen.

5.1 Fallstudie 1: Einheitliche Datenschnittstelle – EDS

Multichannel

Das System EDS (Einheitliche Datenschnittstelle) war als Lösung für eine N:M-Multichannel-Architektur vorgesehen. Die Fähigkeit, Geschäftsprozesse auszuführen und zu modellieren, war nicht vorgesehen, weil Workflowtechnologie seit Jahren in der Generali Vienna Group etabliert ist.

In diesem Kapitel lernen Sie die wesentlichen Bausteine von EDS und deren Verantwortlichkeiten kennen. Sie erhalten damit einen gewissen Einblick, wie EAI-Lösungen implementiert sind. In Kapitel 5.1.5 erfahren Sie dann etwas über die asynchrone Prozessarchitektur, die für ein Stück Middleware wie EDS unbedingt erforderlich ist. Ein System wie EDS benötigt darüber hinaus eher technische Fähigkeiten wie Recovery oder Monitoring. Solche Fähigkeiten wurden ausreichend in Abschnitt 3.2.2 beschrieben. Sie wurden in EDS möglichst preiswert implementiert.

5.1.1 EDS als Middleware

EDS ist zunächst ein Stück Middleware. Abbildung 70 zeigt dies auf der obersten Ebene

Abbildung 70: *Einfachste Sicht auf EDS*

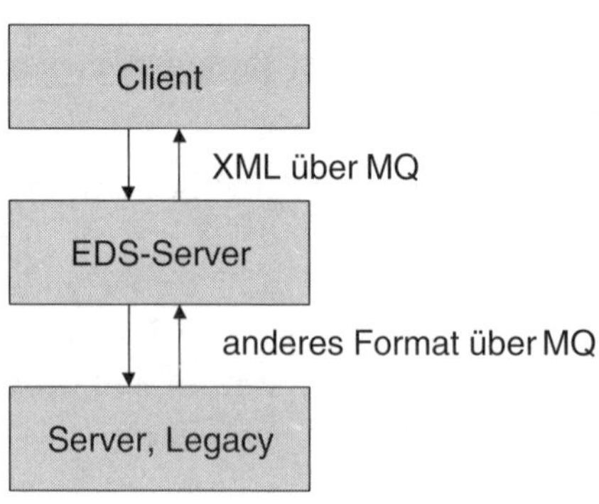

Ein Client möchte Requests an ein (oder auch mehrere) Altsysteme (Server) absetzen. Er will dabei nicht wissen, welches System den Request bedient, respektive wie viele Server dazu erforderlich sind. Damit benötigt EDS einfaches Routing. Weiter möchte der Client nichts über proprietäre Formate des Backends wissen, sondern am besten nur über ein leicht verständliches Format wie XML kommunizieren.

Er gibt also den Request an den EDS-Server ab. Dieser ruft das Altsystem auf und gibt die Antwort zurück. Wir haben also folgende Komponenten in dem Bild:

Client:

Client

- Möchte einen Request erledigt haben.
- Möchte nicht wissen, wer den Request erfüllt.
- Und auch nicht, wie viele Server man benötigt, um den Request zu erfüllen.

EDS-Server:

Middleware

- Ist gegenüber dem Client dafür verantwortlich, dass der Request erfüllt wird.
- Nimmt eventuell erforderliche Formatkonvertierungen vor.
- Und ruft Backend-Systeme auf.

Server, Altsystem:

- Nimmt die endgültige fachliche Verarbeitung vor.
- Darf nicht wissen, welches der vielen Frontends der Multichannel-Architektur ihn aufruft.
- Persistiert fachliche Daten, die durch Requests verändert werden.

5.1.2 Clips

Clip

Es ist nun klar, dass zum Beispiel ein in Visual Basic geschriebenes System oder ein Applikationsserver nicht unbedingt intern mit Requests arbeiten, die in XML formuliert sind und von einem Queuing-System verarbeitet werden. Intern verwenden die Systeme Prozeduraufrufe.

Zur Kommunikation mit EDS verwenden sie allerdings in den meisten Fällen XML über IBM MQSeries.

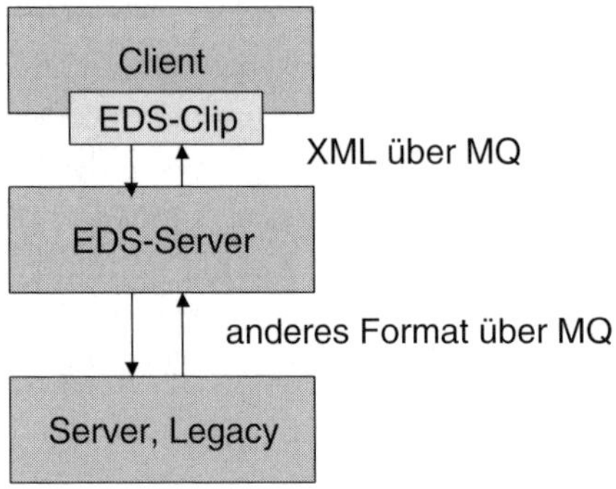

Abbildung 71: *EDS-Clip*

Abbildung 71 zeigt nun, dass für die Kommunikation mit EDS am besten noch ein so genannter Clip auf der Clientseite verwendet wird. Die Verantwortlichkeiten des EDS-Clips sind:

XML-Requests

- Aufbereitung von Requests als XML-Requests
- Kommunikation mit EDS
  - Das heißt die Requests auf eine IBM MQSeries Queue ablegen
  - und das System wieder aufwecken und die Antwort auspacken, wenn die Antwort ankommt.

Der Clip hat selbst wieder (wie man an den Verantwortlichkeiten sehen kann) einen internen Aufbau. Kommunikation (technisch) und XML-Aufbereitung (fachlich) sind getrennt. Das soll hier allerdings nicht weiter vertieft werden.

5.1.3 Der EDS-Server

FAMs und BAMs

Auch der EDS-Server muss noch eine weitere interne Struktur besitzen. Er muss in der Lage sein, Requests von Clients entgegenzunehmen. Er muss Server finden können und Requests an Server weiterleiten können. Auf dem Rückweg muss er die Antworten passend formatieren und durchreichen.

Darüber hinaus benötigt er noch technische Fähigkeiten, analog zu denen, die in den Abschnitten 3.2.1 und 3.2.2 beschrieben wurden.

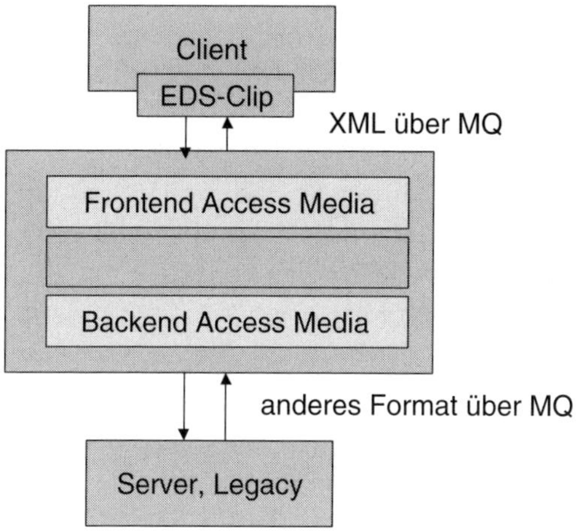

Abbildung 72: *EDS-Server mit FAMs und BAMs*

Abbildung 73 zeigt zunächst zwei wichtige Komponenten, die den EDS-Server ausmachen. FAMs (Frontend Access Media) und BAMs (Backend Access Media)[1]. Diese haben folgende Verantwortlichkeiten:

FAMs (Frontend Access Media):

FAM

- »Sitzen« auf einer Leitung und nehmen Requests von Clients entgegen.
- Wenn der EDS-Kern die Antwort geliefert hat, schicken sie das Ergebnis über eine Output-Queue wieder an den Client zurück.

BAMs (Backend Access Media):

BAM

- Tun im Prinzip dasselbe wie FAMs, nur in umgekehrter Reihenfolge. Sie schicken also Requests an Server und sitzen auf der Leitung, um die Ergebnisse zu empfangen.

Sie werden zwei Dinge bemerkt haben. FAMs und BAMs müssen wieder eine interne Struktur haben und müssen für mehr als ein Kommunikationsmedium verfügbar sein. Außerdem wird eine Prozessarchitektur benötigt. Diese wird in Kapitel 5.1.5 erläutert.

Adapter

BAMs kann man auch als Backend-Adapter bezeichnen. Für jede Art Kommunikationsprotokoll (z.B. CICS, IMS, MQ) muss es eigene BAMs geben. Dasselbe gilt für FAMs. Auch davon kann es mehrere pro EDS-Instanz geben. EDS ist natürlich so konfigurierbar, dass ein EDS-Server sich beim Hochfahren selbst konfigurieren kann. FAMs und BAMs sind Plug-ins, die dynamisch ergänzt werden können.

1. Die Bezeichnungen sind die originalen Bezeichnungen des Projektes. Sie wurden hier nicht geändert, auch wenn sie nicht immer 100% elegant sind.

Business Logic Command Processor

Geschäftslogik

In Abbildung 72 gab es zwischen FAMs und BAMs den EDS-Kern. Dieser besteht aus zwei Komponenten: dem Business Logic Command Processor, der in diesem Abschnitt beschrieben wird, und dem Backend-Formatter, der im nächsten Abschnitt erläutert wird.

Wie oben erwähnt, hat man es nicht immer mit einfachen Requests zu tun, die 1:1 durchgereicht werden können.

Abbildung 73: *Ein Clientkommando kann mehr als einen Backend-Request auslösen*

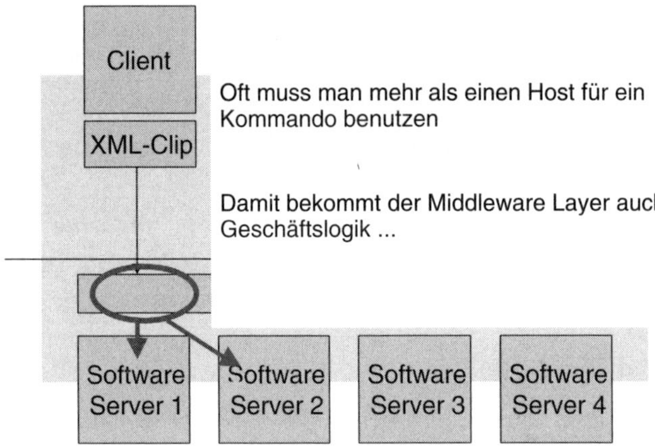

Zusammengesetzte Logik

Oft benötigt man 2 oder mehr Server-Requests durch EDS um einen Client-Request zu befriedigen (siehe Abbildung 73). Der Kreis mit den zwei Pfeilen in Abbildung 73 ist der Command Processor, der die unterschiedlichen Server kennen und ansprechen muss und das Ergebnis des Requests (die Reply) zusammenbauen muss.

Abbildung 74 zeigt die Lage des Command-Prozessors in der EDS-Architektur. Der Command-Prozessor ist verantwortlich für:

Routing

- die Weitergabe der Requests an die richtigen Backends,
- das Ausführen der einzelnen Subrequests zu einem Client-Request,
- den Zusammenbau des Ergebnisses.

Es ist klar, dass der Zusammenbau des Ergebnisses fachliche Logik enthält. Wir werden im nächsten Abschnitt sehen, dass es sich dabei um Gateway-Funktionalität für mehr als ein Backend-System handelt.

Außerdem versteckt der Command-Prozessor vor dem Client die Komplexität, woher die Ergebnisse kommen, wie viele Subrequests man dafür benötigt und wie man die Subrequests zu einem fachlich sinnvollen (XML-)Ergebnis zusammenbaut.

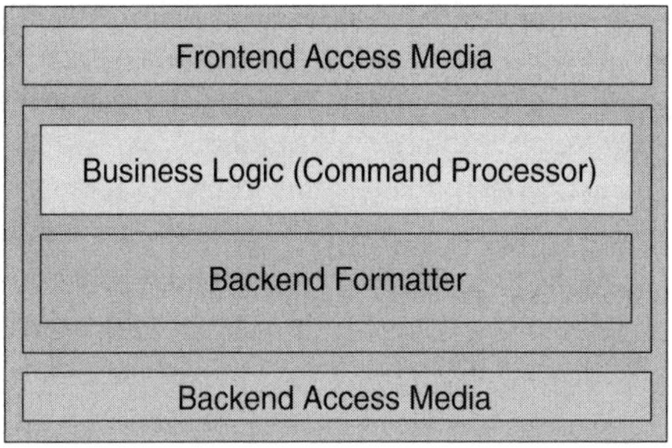

Abbildung 74:
Lage des Command-Prozessors in der Architektur

Requests und komplexe Requests

Das Thema der komplexen Requests verdient noch etwas mehr Erklärung. Zur Erläuterung soll dazu das Beispiel in Abbildung 75 dienen.

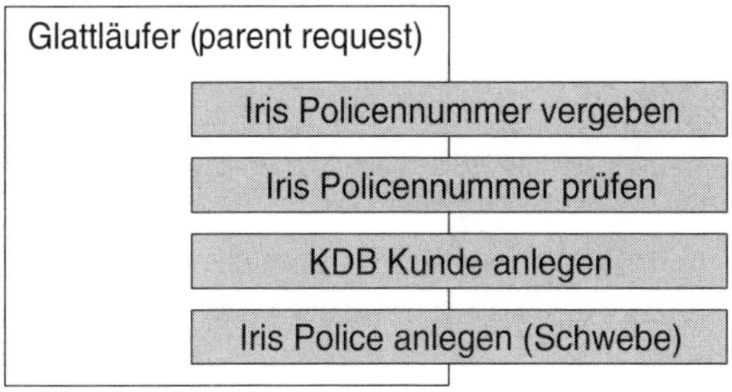

Abbildung 75:
Beispiel für ein komplexes EDS-Kommando.
Iris ist ein »altes« Bestandssystem und kann durch einen beliebigen anderen Namen für ein System ersetzt werden.

Glattläufer

In Abbildung 75 wird ein Kommando gezeigt, mit dem man einen Glattläufer policieren kann. Glattläufer sind in der Terminologie des Umfelds von EDS Versicherungsanträge, die ohne weitere fachliche Prüfungen durch einen menschlichen Bearbeiter direkt zu Versicherungsverträgen gemacht werden können. Rein fachlich ist dazu folgendes Vorgehen notwendig:

Beispiel

- Zuerst muss man eine Policennummer im Altsystem vergeben.
- Dann muss man diese nochmals prüfen.
- Danach wird in der Kundendatenbank (KDB) geprüft, ob der Kunde vorhanden ist.
- Zuletzt wird die Police in der Schwebedatenbank des Altsystems abgelegt.

Wie man sieht, müssen für den Auftrag »Glattläufer policieren« 4 Requests auf eine Hostplattform (altes Vertragssystem, alte Kundendatenbank) abgesetzt werden. Der Client weiß nicht, wie viele Requests abgesetzt werden, und kennt sie auch nicht. Dies ist in Metainformation hinterlegt. Für jedes Kommando gibt es eine entsprechende Java-Klasse, die das Kommando implementiert, die Ergebnisse zusammenbaut und die Fehlerbehandlung wahrnimmt.

Ebenfalls klar ist, dass solche Kommandos »Fachlogik« enthalten. Der Kommando-Prozessorteil ist sehr sehr dünn, der fachliche Umfang der Kommandos dagegen ist groß. Diese Kommandos und die Mapper sind sehr aufwändig, während in der eigentlichen Infrastruktur vergleichsweise wenig Arbeit steckt.

5.1.4 Backend-Formatter

Adapter

Egal welches EAI-System von welchem Hersteller Sie einsetzen, normalisierte Schnittstellen auf undokumentierten Assembler-Systemen bekommen Sie nie gratis. Siehe dazu daher auch die Feststellung in Abbildung 76.

Abbildung 76: *Normalisierung von Schnittstellen*

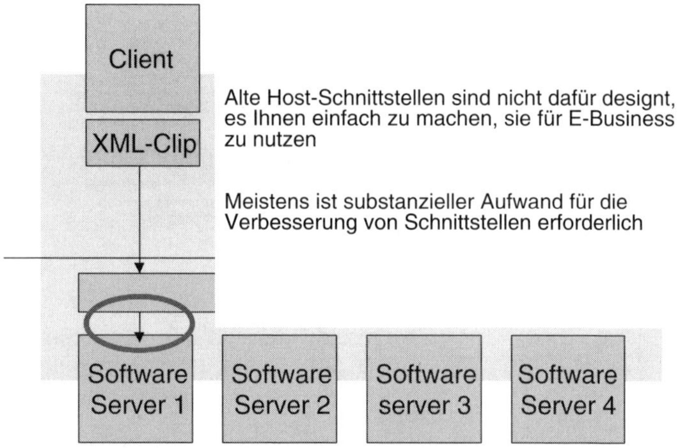

Gateways versus Wrapper

Wenn man nun Schnittstellen normalisieren und einfacher durch Clients nutzbar machen möchte, dann gibt es dazu zwei verschiedene Möglichkeiten, die beide in Abbildung 77 dargestellt sind.

Wrapper

Ein Wrapper läuft auf derselben Ausführungsplattform wie das gewrappte System und wird von den Clients des Altsystems meist direkt (in unserem Fall über EDS als Middleware) angesprochen.

Gateways

Ein Gateway läuft auf einer anderen Ausführungsplattform. Das bietet sich vor allem dann an, wenn die Ausführungsplattform des Gateways mehr und bessere Programmiermöglichkeiten bietet als die des Altsystems. Dies ist bei uns der Fall. Auf der EDS-Plattform (Java Applikationsserver) kann man mit XML wesentlich wirtschaftlicher umgehen als auf irgendeiner Nicht-Java-Hostumgebung. Daher verwendet EDS für Host-Legacies einen Gateway-Ansatz.

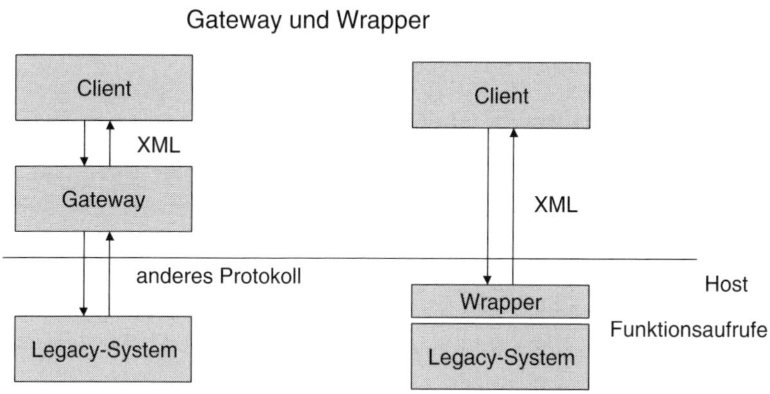

Abbildung 77: *Wie man Schnittstellen normalisieren kann – Wrappers versus Gateways*

Backend-Formatter als eine Form von Gateways

Die Frage ist nun, wo und wie das Gateway implementiert ist. Dies ist der noch fehlende Teil des EDS-Kernes, nämlich der Backend-Formatter (siehe Abbildung 74 und Abbildung 78).

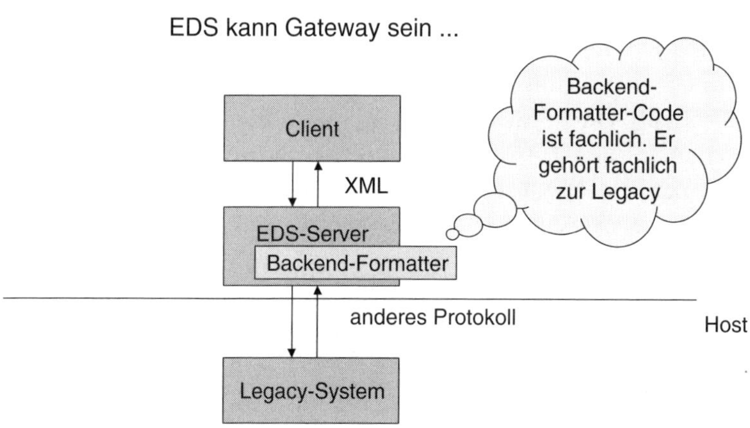

Abbildung 78: *EDS hat auch eine Gateway-Funktion. Der Mapping-Code gehört fachlich zum Backend-System.*

Backend-Formatter

Der Backend-Formatter ist verantwortlich dafür, dass XML-Requests in das Datenformat desjenigen Backends übersetzt werden, das einen Request ausführt. Backend-Formatter sind damit fachlicher Code. Sie werden mit Metadaten beschrieben. Sie haben die Funktion eines Gateways zur Interface-Normalisierung von Altsystemen.

Wenn ein Backend-Server XML-Requests direkt versteht, ist der Backend-Formatter eine triviale 1:1-Abbildung. Er kann aber auch, wie im Falle des von EDS angebundenen Altsystems, komplexen Code zur Behandlung von Null-Values, Aufzählungen und mehrfach überladenen Formaten haben.

Kostentreiber für Backend-Formatter ist die (Nicht-)Qualität der Dokumentation der vorhandenen Altsystemserver.

5.1.5 Prozessarchitektur von EDS

Prozessarchitektur

Da Middleware wie EDS keine einfache, synchrone Prozessarchitektur hat, sondern multithreaded mit Interupts arbeitet, sind die Container und die Prozessarchitektur erklärungsbedürftig. In diesem Kapitel wird ein Überblick über die Prozessarchitektur gegeben. Wir werden dies am Beispiel eines Backend Access Media Containers tun. Die anderen Containertypen (FAM, BLC) sind analog aufgebaut und von einer gemeinsamen Basisklasse abgeleitet.

Container

Die Abbildung 79 zeigt zunächst wie ein BAM-Container in ein EDS-System eingebettet ist. Er ist ein Prozess, der einen Teil des EDS Systems ausmacht. Nach den Erläuterungen und Abbildungen oben ist er der Teil, der die Aufgabe hat, tatsächlich mit den Backends zu kommunizieren.

Jeder Container (BAM/FAM/BLC) besitzt zwei interne Queues, die Request-Queue und die Reply-Queue. Die Request-Queue dient anderen Command-Prozessoren zum Hinterlegen von Subrequests (Teilaufträgen), d.h. zum Erteilen eines Durchführungsauftrages an einen in diesem Container laufenden Command-Prozessor.

Die Reply-Queue dient dazu, die Antworten dieser Subrequests wieder an aufrufende Command-Prozessoren zurückzugeben.

Thread-Pool

Jede der beiden Queues wird von einem dedizierten Thread abgearbeitet und einem Worker-Thread aus dem Thread-Pool zur endgültigen Abarbeitung zugeteilt.

Für die Bereitstellung knapper Ressourcen, wie z.B. Datenbankverbindungen oder E-Mail-Server stehen Ressourcenpools zur effizienten Nutzung bereit.

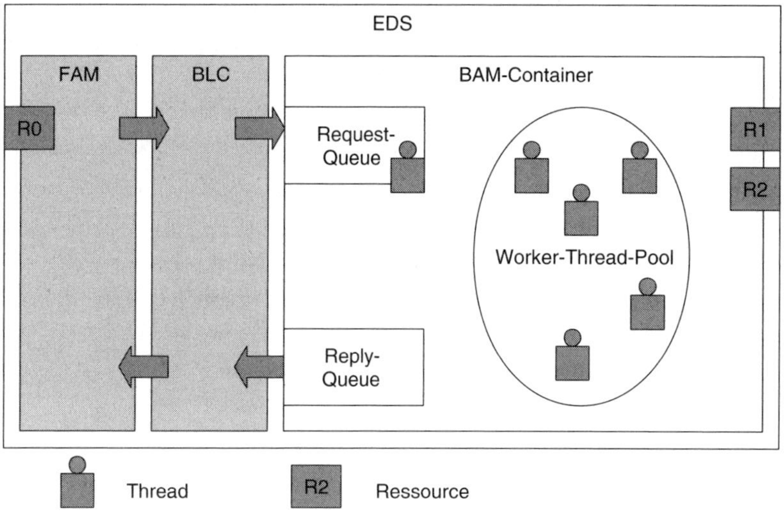

Abbildung 79:
Aufbau eines Containers am Beispiel eines BAM-Containers

Verantwortlichkeiten BAM

Ein BAM ist verantwortlich dafür:

- Requests von einem Business Logic Container entgegenzunehmen.
- Daraus mittels Backend-Formatter ein Format zu erzeugen, das ein Backend-System wie zum Beispiel das von EDS angebundene Assembler-System verstehen kann.
- Den Request an das Backend-System über eine Ressource (im Bild R1 und R2) abzusetzen.
- Das Ergebnis für den BLC wieder in XML aufzubereiten und an ihn abzuliefern.

Arbeitsweise BAM

Ein BAM arbeitet dazu wie folgt:

- Er verfügt über dedizierte Threads, die immer dann aufgeweckt werden, wenn auf der Request-Queue über IBM MQSeries ein Request ankommt (könnte auch IP sein, aber wir verwenden vor allem MQ). Diese Threads sind als »Männchen« bei der Request-Queue dargestellt.
- Der Request-Queue-Thread sucht sich aus dem Worker-Thread-Pool einen freien Worker-Thread, übergibt diesem den Auftrag und legt sich dann wieder schlafen.
- Der Worker-Thread formatiert den Request von XML in ein für das geforderte Backend-System passendes Format (zum Beispiel Blocksatz für Altsystem) um und benutzt eine Ressource, um den Auftrag auszuführen.
  - Im Beispiel des an EDS angebundenen Vertragssystems ist das eine Terminalverbindung und der Thread wartet »busy« bis der Auftrag ausgeführt worden ist.

– Es ist aber auch möglich, als Ressource Datenbankverbindungen, Mailserver-Calls und andere Dinge zu definieren. Die Ressourcen des Ressourcenpools sind konfigurierbar.

❑ Nachdem der Auftrag ausgeführt wurde, formatiert der Worker-Thread die Antwort des Backend-Systems wieder in XML um und legt sie auf die Reply-Queue.

Aufbau Container

Die folgende Abbildung 80 zeigt noch einmal analog die Threads (Männchen) eines Business Logic Containers (BLC). Dieser hat einen zweiten generischen Thread auf einer Queue, nämlich auf der Reply-Queue, auf der er von beauftragten Containern seine Antworten bekommt. Der FAM-Container ist analog aufgebaut.

Abbildung 80: *Threads eines BL-Containers*

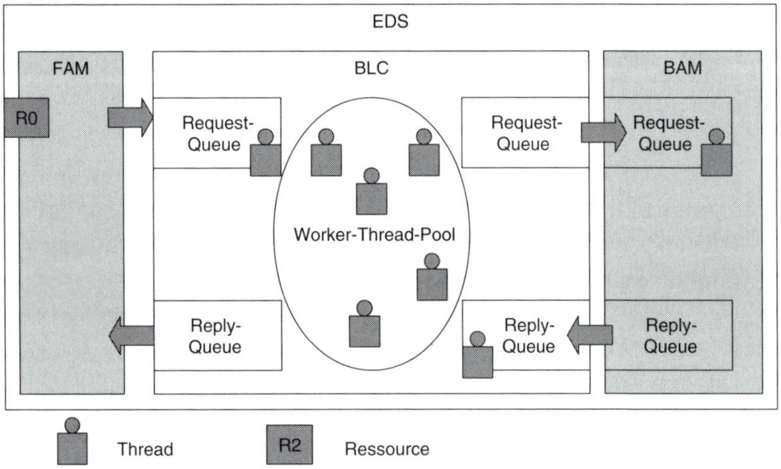

5.1.6 Implementierung technischer Fähigkeiten von EDS

Da es nicht im Interesse jedes Herstellers von EAI-Werkzeugen liegen wird, Interna seiner Implementierungen offen zu legen, kann es für manche Leser recht nützlich sein, hier am Beispiel von EDS zu sehen, wie man eine Auswahl von Fähigkeiten von EAI-Servern einfach implementieren kann.

Wer sich nur für Produkte interessiert, kann diesen Abschnitt beruhigt überspringen. In ihm werden einige technische Fähigkeiten von EDS beschrieben. Dies sind unter anderem:

❑ Routing, Seite 127 f.
❑ Monitoring, Seite 129 f.
❑ Zeitgesteuertes Ausführen von Requests, Seite 130

- ❑ Restart / Recovery, Seite 130 f.
- ❑ Tracing und Debugging, Seite 133

Routing

Die meisten besseren Middleware-Produkte verfügen über Routing-Fähigkeiten. Darunter versteht man, dass ein Client nicht wissen muss, auf welchem Server ein Service läuft und auf wie vielen Servern derselbe Service läuft. Wie ein Request ausgeführt wird, wird ohne Zutun des Servers zur Laufzeit von der Middleware entschieden. Man kann mehrere Formen von Routing unterscheiden:

Routing

- ❑ Routing als Änderung des Servers, auf dem ein Request ausgeführt wird, durch Konfiguration. Wie dies bei EDS möglich ist, beschreibt der folgende Abschnitt.
- ❑ Routing in der Form von Load Balancing. Dies ist in EDS derzeit nicht implementiert, kann aber einfach ergänzt werden. Siehe dazu Seite 128.
- ❑ Trading Services sind in EDS architektonisch nicht vorgesehen. Siehe dazu Seite 128.

Routing – Änderung des Servers für einen Request

EAI-Server und viele Middleware-Produkte haben die Fähigkeit, Requests zu routen (also einem Server zuzuordnen). Diese Fähigkeit sollte so ausgelegt sein, dass der Client (Benutzer eines Services) nicht wissen muss, welcher Server den Request ausführt. Er hat für einen Service nur einen symbolischen Namen. Abbildung 81 zeigt, dass in EDS die Adresse des Servers für einen Service konfigurierbar gehalten ist und beim Start des EDS-Servers aus einem Konfigurationsfile gelesen wird.

Änderung des Servers

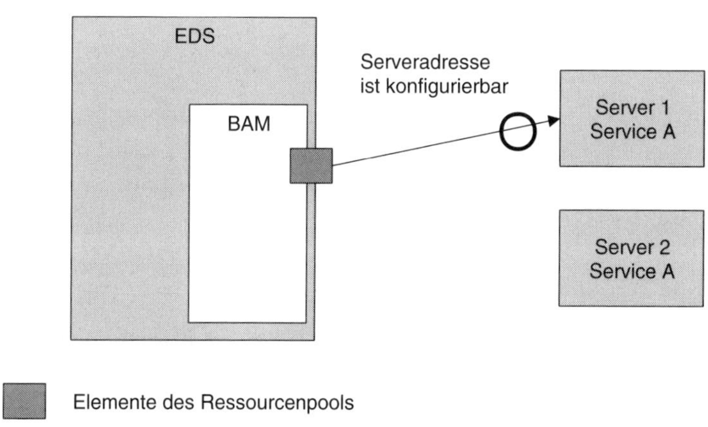

Abbildung 81: *Änderungen des Routing-Verhaltens durch Konfiguration von Serveradressen*

Wenn sich die Adresse eines Serviceerbringers ändert, muss lediglich die Konfigurationsdatei des EDS-Servers angepasst werden.

Routing – Load Balancing

Load Balancing

EDS hat derzeit keinen Load Balancer implementiert. Bisher bestand eher das Problem, dass es nur einen einzigen Host-Altsystem-Server (Legacy) für einen Service gibt, der vor zu viel Last geschützt werden müsste. Der Fall von zwei Servern für den gleichen Service ist noch nicht vorgekommen.

Sollte diese Anforderung jemals vorliegen, so kann auf der Basis der bestehenden Architektur relativ schnell und einfach Load Balancing nachgerüstet werden.

Abbildung 82 zeigt die dafür relevanten Komponenten. Der BAM-Container eines EDS-Servers enthält einen Ressourcenpool. Eine Ressource ist zum Beispiel eine Verbindung zu einem Server (der mehrere Services bieten kann). In dem Bild würden 2 Server, die denselben Service A anbieten, über 2 Ressourcen an den BAM angebunden.

Abbildung 82: *Möglichkeiten der Nachrüstung von Load Balancing*

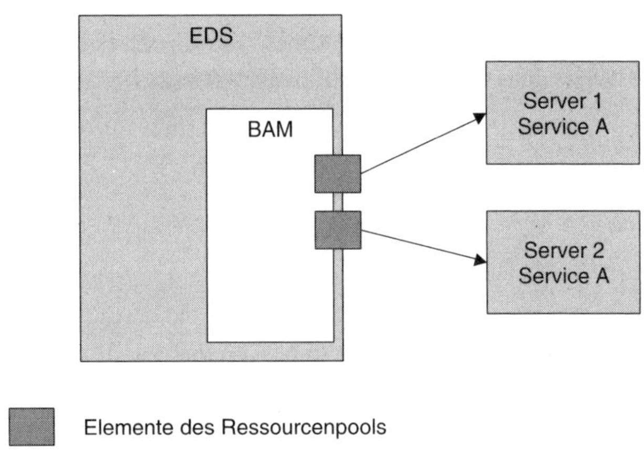

Wenn der BAM nun Server 1 und Server 2 je nach Auslastung im Wechsel verwendet, kann man Load Balancing betreiben. Dies ist momentan noch nicht implementiert, kann aber aufgrund der Architektur einfach nachgerüstet werden.

Routing – Trading Services

Ein Trading Service, ähnlich wie in CORBA, ist in EDS nicht implementiert und wird auch nicht implementiert werden. Trading Services werden in der Unternehmenspraxis so gut wie nie eingesetzt. Eine Anforderung danach lag noch nicht vor und wird aller Wahrscheinlichkeit nach auch innerhalb der nächsten Jahre nicht gestellt werden.

Monitoring

Betriebsüberwachung

Monitoring dient der Betriebsüberwachung der EDS-Server und der darauf laufenden Vorgänge. Wir unterscheiden dabei technisches und fachliches Monitoring.

- Technisches Monitoring liefert Informationen für den Betrieb der Middleware. Es macht eine Fernwartung und -überwachung der EDS-Server möglich. Siehe dazu den folgenden Abschnitt.
- Fachliches Monitoring liefert demgegenüber fachliche Informationen über die Abarbeitung von Requests. Siehe dazu Seite 130.

Technisches Monitoring

Technische Betriebsüberwachung

Jeder EDS-Server bietet eine abfragbare Schnittstelle mit Monitoring-Informationen für die Betriebsüberwachung und zum kontrollierten Hochfahren und Abschließen von Servern. Auf die einzelnen Überwachungsmöglichkeiten soll in diesem Überblicksdokument nicht eingegangen werden. Abbildung 83 zeigt die Verwaltungskonsole, mit der beliebig viele EDS-Server in einem IP-Netz verwaltet werden können.

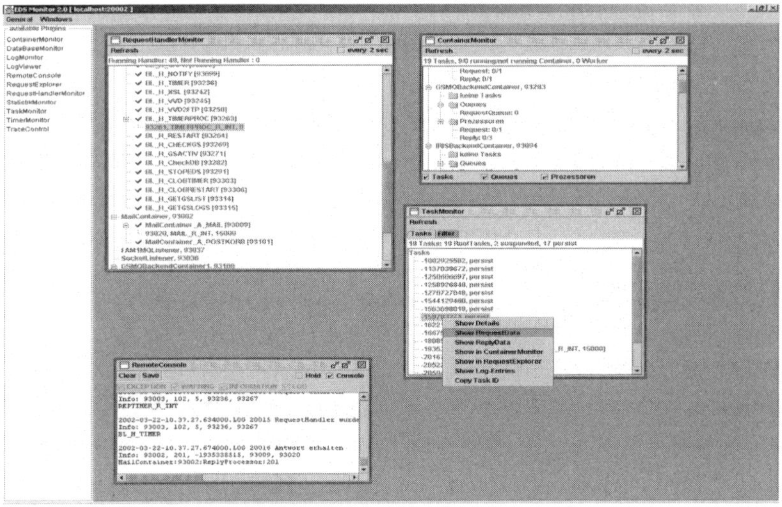

Abbildung 83:
EDS-Monitor zur Betriebsüberwachung

Fachliches Monitoring

Fachliche Betriebsüberwachung

Von Workflow-Servern ist man so genanntes fachliches Monitoring gewohnt. Man kann dort zum Beispiel bei der Beschreibung von Prozessen zusätzliche Regeln aufstellen, dass über den Prozess festgelegte Benutzer informiert werden, wenn Fristen überschritten werden.

Es können in solchen Systemen auch die Überschreitung festgelegter Fristen gemessen und statistische Analysen über Durchlaufzeiten mitgeloggt werden und vieles mehr.

EDS ist kein Produktionsworkflowsystem. Daher hat EDS solche Fähigkeiten noch nicht. Im geringen Umfang werden einige davon in späteren Releases noch implementiert werden.

Automatischer Start von Requests

Scheduling

Auf einem EDS-Server kann durch Konfiguration hinterlegt werden, dass zu definierende Requests zu bestimmten Zeiten gestartet und ausgeführt werden.

Solche Jobs, die automatisch zu bestimmten Zeiten gestartet werden (cron jobs), lassen sich für diverse Zwecke verwenden. Es kann praktisch sein, sie auf einem EDS-Server auszuführen, da ein solcher sowieso durchläuft und über extensive Protokollierungs- und Überwachungsmöglichkeiten verfügt, so dass die Durchführung eines Jobs auch bei Bedarf revisionssicher nachgewiesen werden kann (siehe dazu auch den folgenden Abschnitt).

Restart / Recovery

Restart nach Absturz

Ein System wie EDS muss dem Client nachvollziehbar garantieren können, dass seine Requests ausgeführt werden und diese Ausführung nur genau ein Mal von der EDS durchgeführt wurde. Dies gilt besonders für »fire and forget«-Requests, wie zum Beispiel die Abgabe eines Versicherungsantrages durch ein Frontend-System zur Policierung, ohne dass das Frontend-System auf die Antwort warten muss. Eine besondere Anforderung an die Middleware stellt sich in diesem Zusammenhang mit »stateless applications« (üblicherweise Clients), die keine schlüssigen Aussagen über die finale Abarbeitung von Geschäftsprozessen geben können. In diesem Fall kann es dazu kommen, dass mehrfach versucht wird, ein und denselben Geschäftsfall auszuführen. Dies wird von der EDS erkannt und es wird immer dieselbe Antwort an das externe System geliefert.

Dabei muss eine EAI-Middleware folgende Fähigkeiten besitzen:

Quality of Service

- Sie muss eine Ausführungsgarantie geben können, wenn ein Backend-System zeitweise nicht verfügbar ist (siehe Seite 45).
- Für den Fall, dass der EDS-Server selbst abstürzt und wieder hochgefahren werden muss, dürfen die Aufträge nicht verloren gehen (siehe den Abschnitt zu Recovery, Seite 132).
- Weiter sollte es möglich sein, den Weg von Requests und deren Abarbeitung nachvollziehbar zu halten und in Protokollen zu dokumentieren (siehe Seite 132).

Details zur Abwicklung aller dieser Szenarien würden den Umfang dieses Buches sprengen. Daher wurde darauf verzichtet.

Ausführungsgarantie

Logging

Um eine Ausführungsgarantie geben zu können, muss jeder Container in EDS jeden Request zunächst loggen, wenn er ihn entgegennimmt (siehe Abbildung 84, oberer Kreis). Damit kann dem Client die Garantie gegeben werden, dass der Request irgendwann ausgeführt wird, auch wenn zum Beispiel das Backend-System momentan nicht verfügbar ist.

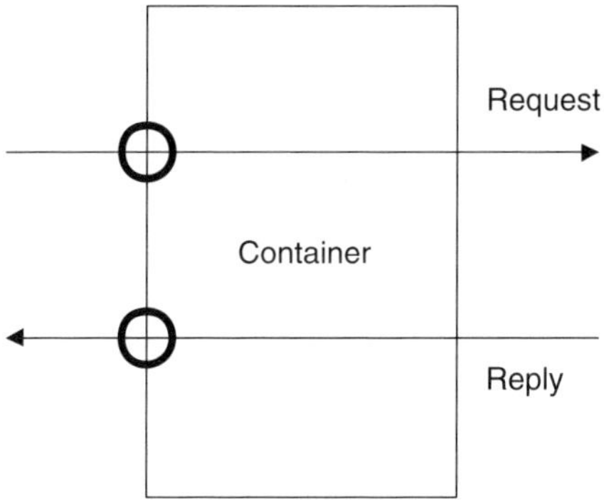

Abbildung 84:
Persistierung von Request und Replies

In dem Moment, in dem der Request von einem Serviceerbringer erledigt wurde, kann auch die Antwort (Reply) wieder geloggt werden (siehe Abbildung 84, unterer Kreis).

Schutz gegen Wiederholung (Replay)

Replay

Abbildung 84 zeigt auch, wie sich EDS gegen die Wiederholung von Requests schützen kann. Jeder Request eines Clients an einen Container ist eindeutig identifiziert. Er wird in dem Moment in einer Datenbank geloggt, in dem er zur Bearbeitung von der Request-Queue des Containers genommen wird (oberer Kreis).

Sollte der Request noch einmal auftreten, wird er schlicht nicht mehr ausgeführt.

Eine solche Fähigkeit ist sehr nützlich zum Beispiel bei der Bearbeitung von Anträgen aus Frontend-Systemen. Auch wenn diese irrtümlich einen eindeutig identifizierten Request mehrmals schicken, wird der Request nur einmal ausgeführt.

Sicherung gegen Systemabsturz von EDS (Recovery)

Recovery

Durch das Loggen der eingehenden Requests und der ausgehenden Antworten (zugeordnet zu dem eingegangenen, geloggten Request) kann im Falle eines Systemabsturzes oder bei Ausfall eines Backend-Systemes nachvollzogen werden, welche Requests noch nicht abgearbeitet sind. Noch nicht abgearbeitet sind nämlich genau die, die noch als offen in der Datenbank stehen. Diese können dann erneut gestartet werden, da in der Datenbank auch die kompletten Requests als XML-BLOB abgelegt werden.

Nachweise der Durchführung von Requests

Nachweise

Damit kann auch für jeden Container nachvollzogen werden:

- wann der Container einen fachlich identifizierten Request entgegengenommen hat (geloggter Eingang des Requests),
- welche Nutzdaten der Request enthielt (geloggter XML-BLOB),
- wann der Request erledigt wurde, also wann die Antwort geloggt wurde,
- und der Inhalt der Reply, wieder als in einem BLOB geloggte XML-Struktur.

Man kann diese Fähigkeit auch nutzen, um einer Revision Ausführungsnachweise zu geben. Wie lange Logs aufgehoben werden, ist konfigurierbar.

Im Rahmen des relativ einfachen »fachlichen Monitors«, der vor allem zum Auffinden von Geschäftsfällen dienen soll, werden die XML-Nutzdaten auf eigenen Indextabellen mitprotokolliert.

Mögliche Fehlerszenarien

Restfehler

Wenn man sich die Lösung oben genauer ansieht, wird man feststellen, dass Fehler immer noch möglich sind. Folgendes Beispiel gibt ein Szenario wieder, bei dem Fehler auftreten könnten:

1. Ein BAM-Container nimmt einen Request für ein Altsystem an, loggt ihn und schickt ihn an das Altsystem.
2. Noch bevor die Antwort eintrifft, stürzt EDS ab. Damit ist nicht mehr bekannt, dass das Altsystem beauftragt war. Die Antwort an EDS aus dem Altsystem geht verloren, wenn die EDS/Altsystem-Kommunikation zum Beispiel über einen Terminaladapter erfolgt und nicht über eine gesicherte Queue.
3. Der BAM-Container wird den Request erneut an das Altsystem schicken. Das Altsystem kann unter Umständen durch Wiederholung des Auftrags korrumpiert werden.

Vermeidung von Restfehlern

Ein solches Verhalten ist nur dann zu vermeiden, wenn man für die Kommunikation zwischen BAM-Container und dem Altsystem selbst wieder eine transaktionsgesicherte Nachrichtenschlange, wie IBM MQSeries, und keinen Terminaladapter verwenden würde und den Server darüber hinaus noch aufwändig absichert.

Angesichts der geringen Wahrscheinlichkeit und des Aufwandes wäre das unwirtschaftlich. Da das Altsystem im Beispiel eine typische transaktionsorientierte Anwendung ohne Zustand über Transaktionen hinweg (stateless application) ist, könnten diese Probleme grundsätzlich auftreten. Eine Anbindung an ein Altsystem, das einen Sitzungsbegriff hat (stateful application), ist in dem speziellen Fall nicht sicher möglich. Daher macht es keinen Sinn, ein Altsystem mit zustandsbehafteten Anwendungen mittels MQ an ein Produkt wie EDS anzubinden.

Optimistische Sperren

Das Problem wird dann etwas entschärft, wenn das Altsystem »optimistic locking« oder etwas Ähnliches implementiert. In solchen Systemen wird bei jeder Änderung im Altsystem eine »Generationsnummer« der Bestandsdaten hochgezählt. EDS kann dann vor jeder Änderung die Generationsnummer der Daten des Altsystems auslesen und damit vermeiden, dass es zu doppelten Transaktionen kommt. Allerdings ist dies sehr aufwändig und erfordert selbst wieder mehr als einen Aufruf des Altsystems.

Tracing und Debugging

Debugging

Für technisches Debugging verfügt EDS über die Möglichkeiten im Code Trace-Punkte zu aktivieren. Diese arbeiten mit Publish/Subscribe, und zwar so, dass in einem Trace-Log nur die Einträge gesammelt werden, für die sich der Entwickler interessiert. Auf diese Weise kann eine EDS-Instanz auch über längere Zeiträume im Betrieb beobachtet werden, ohne dass Trace-Protokolle überlaufen oder unübersichtlich werden.

Ressourcenschonendes Polling

Bei einigen Ressourcen, die technisch begrenzt verfügbar sind, wie z.B. das Assembler-Altsystem, das an EDS angebunden ist, kann es relativ leicht zu Engpässen kommen; d.h., es liegen mehr Aufträge zur Abarbeitung an diesem Backend vor, als gegenwärtig verarbeitet werden können.

Überlauf von Queues

In diesem Fall würden die EDS-Queues verstopft und das Backend mit Aufträgen bombardiert werden, die aller Wahrscheinlichkeit nach mit einem Timeout beantwortet werden.

Diese Situation tritt zum Beispiel auf, wenn ein Altsystem nicht verfügbar ist. Eine solche Situation wird von EDS erkannt, d.h., eine IBM MQSeries- oder IP-Ressource liefert Timeout. In diesem Fall werden alle Requests, die sich dieser Ressource bedienen wollen, angehalten und ausgelagert. Es wird dann mit einem einzelnen Request ein Polling versucht. Erst wenn dieses erfolgreich war, werden die suspendierten Requests wieder hochgefahren. Der Pollingalgorithmus ist zum Beispiel über Parameter so eingestellt, dass mindestens über drei Arbeitstage hinweg versucht wird, das Backend anzusprechen. Danach würde ein menschlicher Bearbeiter per E-Mail verständigt werden. Die Parameter für die Karenzzeiten lassen sich natürlich beliebig kürzer oder länger einstellen.

E-Mail und Postkorbanbindung

Bei einigen Geschäftsfällen lassen sich trotz aller technischer und organisatorischer Vorsorgen Fehlersituationen nicht automatisch bereinigen. Es ist daher nur noch möglich, durch weitere externe Interventionen den Geschäftsfall abzuschließen.

E-Mail-Anbindung

Die EDS erlaubt dafür die Anbindung von SMTP/POP3-Mailservern und eines Lotus Notes-Postkorbes. Der Postkorb kann sowohl über die Online- als auch die Batch/DB2-Schnittstelle angesprochen werden.

5.1.7 EDS und nichtfunktionale Eigenschaften

Zunächst kann man EDS gegen eine Liste typischer nichtfunktionaler Requirements für EAI-Integrationsserver bewerten. In diesem Buch wurden in den vorausgehenden Kapiteln u.a. die nachfolgend aufgeführten Eigenschaften genannt, auf die Wert gelegt wird. EDS ist aus unserer Sicht in Bezug auf solche Eigenschaften wie folgt zu bewerten:

Produktivität

- **Produktivität / Qualität der Tools**
  Diese Eigenschaft ist in ausreichendem Maß gegeben. Die Shell (Laufzeitsystem) wurde einmal gebaut. Der größte Aufwand fließt

in die Definition und die Wartung von Kommandos und Mappern. Diese werden großteils in XML definiert und nur im geringeren Umfang programmiert.

- **Skalierbarkeit und Zuverlässigkeit zur Laufzeit**
  Die Prozessarchitektur ist skalierbar. Man kann beliebig viele EDS-Server aufsetzen. Zuverlässigkeit ist aufgrund der Fähigkeiten zur Persistierung von Requests gegeben.

Skalierbarkeit

- **Performance**
  Ist erwiesenermaßen ausreichend gut. Sie kann durch die Skalierbarkeit auch jederzeit gemanagt werden. Man kann also durch das Hinzufügen von EDS-Servern den Durchsatz erhöhen. Bisher war der limitierende Faktor bei uns immer die Performance der dahinter liegenden Legacy-Systeme.

Performance

- **Unterstützung für Geschäftsprozesse**
  Komplexe Requests werden unterstützt. Für Produktionsworkflows setzen wir aber sowieso ein dafür spezialisiertes System ein (bisher IBM MQSeries-Workflow).

Geschäftsprozesse

- **Zuverlässigkeit der Hersteller**
  Die wesentlichen Komponenten stammen von IBM (MQ-Familie). Der Rest ist selbst gebaut.

Position des Herstellers

- **Investition und Total Costs of Ownership**
  Wir halten EDS angesichts unserer Anforderungen für preislich vergleichbar mit kommerziellen Lösungen. Vor allem beim Einsatz an mehr als einem Standort ist jede weitere Installation lizenzfrei. Die Erstellungskosten für die EDS-Engine lagen im Rahmen des Lizenzpreises für 1–2 Serverlizenzen eines der prominenteren EAI-Tools. Zugegebenermaßen ist EDS allerdings schwächer bei der Abbildung von Geschäftsprozessen.

TCO

- **Verfügbarkeit von Adaptern für verschiedenste Betriebssysteme**
  Da wir vor allem auf IBM MQSeries setzen, haben wir hier keine Probleme. MQ-Adapter sind ein De-facto-Standard in der Finanzindustrie.

Adapter

5.1.8 EDS und die Referenzarchitektur

Wenn man EDS mit der Referenzarchitektur aus Abbildung 23 (Seite 43) vergleicht, dann ergibt sich das folgende Bild:

Abbildung 85: *Abdeckung der Referenzarchitektur durch EDS*

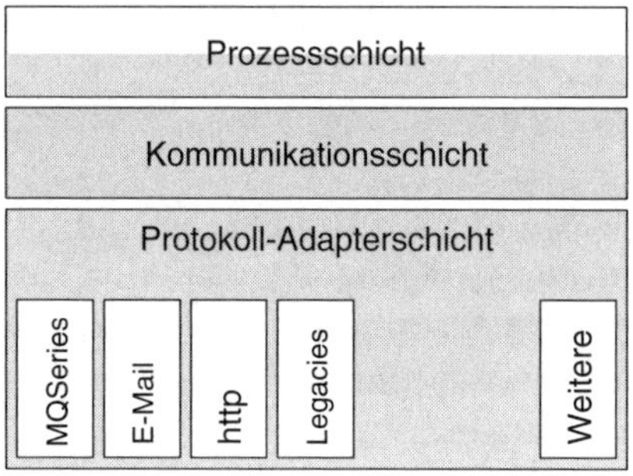

Adapterschicht

EDS deckt die Protokoll-Adapterschicht sehr stark für diejenigen Systeme ab, für die in unserem Unternehmen Integrationsbedarf in der N:M-Multichannel-Architektur bestand.

Kommunikationsschicht

Eine Kommunikationsschicht beschäftigt sich vor allem mit der zuverlässigen Weitergabe von Nachrichten. Die Kommunikationsschicht ist bei EDS auf das unbedingt Notwendige beschränkt, weil mächtige Naming-, Routing- und Security-Services viel Geld kosten und in ihrer Gesamtheit für das Anwendungsgebiet von EDS nicht benötigt wurden.

Prozessschicht

Die Prozessschicht ist bei EDS vergleichsweise dünn ausgeprägt. Sie verfügt über kein Modellierungstool und wird hart kodiert. Auch ist sie von der Kommunikationsschicht nicht entkoppelt, sondern ist mit ihr funktional verschmolzen. Auch dies ist verständlich, weil es nicht mit vernünftigen Kosten möglich ist, das zu implementieren, was Produkte hier bieten.

5.2 Fallstudie 2: Vitria BusinessWare

Fallstudie Vitria

Als zweiten Fall eines EAI-Integrationsservers wollen wir Vitria BusinessWare betrachten. Vitria gehört zu den Herstellern von EAI-Produkten, die einen großen und kompletten Funktionsumfang anbieten und außerdem ein stabiles produktionsreifes Produkt. In einen magischen Quadranten übersetzt bedeutet das, dass man das Produkt im Quadranten der Marktführer (siehe Abbildung 86) finden wird.

Wir betrachten daher Vitria hier stellvertretend für ein modernes EAI-Produkt mit vollem Funktionsumfang. Vitria eignet sich vor allem auch gut, um das Zusammenwachsen von EAI und Geschäftsprozessmanagement zu demonstrieren.

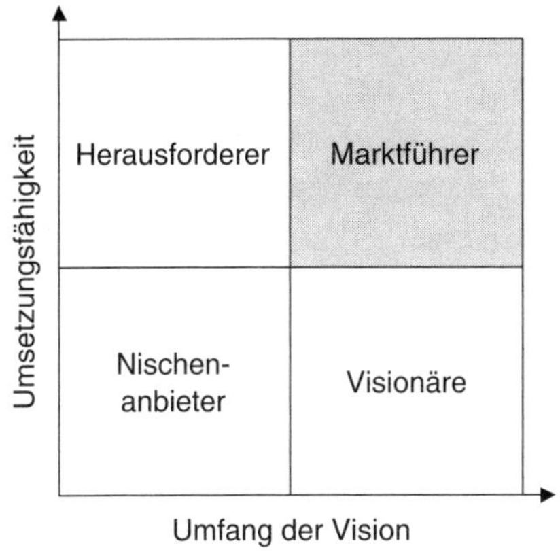

Abbildung 86:
Magischer Quadrant[2]

5.2.1 Architektur von Vitria BusinessWare

Klare Architektur

Gute Architekturen erkennt man immer daran, dass man die Grundidee dazu sehr schnell begreift und diese so mächtig ist, dass man damit alle wesentlichen Probleme des Bereiches einfach lösen kann, für den die Architektur entworfen wurde. Architekturen, die man lange und umständlich erklären muss, gehören selten zu den wirklichen Spitzenprodukten.

Grundmodell der Vitria-Architektur

Grundmodell

Das Grundmodell von Vitria ist sehr einfach [Vitr2000]. Wir beginnen hier mit der Kommunikationsschicht der Referenzarchitektur. Vitria basiert auf einem asynchronen Nachrichtenmodell nach dem Publish/Subscribe-Modell.

2. Der EAI-Markt ist sehr groß. Gartner Research betrachtet in ihren Studien eine zweistellige Anzahl von EAI Herstellern. Von denen bewegen sich jeweils ca. 5 im Feld der Markführer. Vitria ist einer von diesen Herstellern. Aus verständlichen Gründen verbietet es Gartner Research, dass man »magic quadrants« in anderen Publikationen abdruckt, da veraltete Information zu einer Rufschädigung für Gartner Research und außerdem zu einem verringerten Absatz von Gartner Research führen würden. Wenn man Investitionsentscheidungen über mehrere Millionen Euro trifft, ist das Geld in aktuelle Gartner-Marktinformation sicher gut angelegt. Daher erklären wir hier das Grundmodell des magischen Quadranten und verraten auch, dass Vitria Ende 2001 zu den Marktführern gehörte, empfehlen aber, vor einer Entscheidung aktuelles Gartner-Material zu Rate zu ziehen.

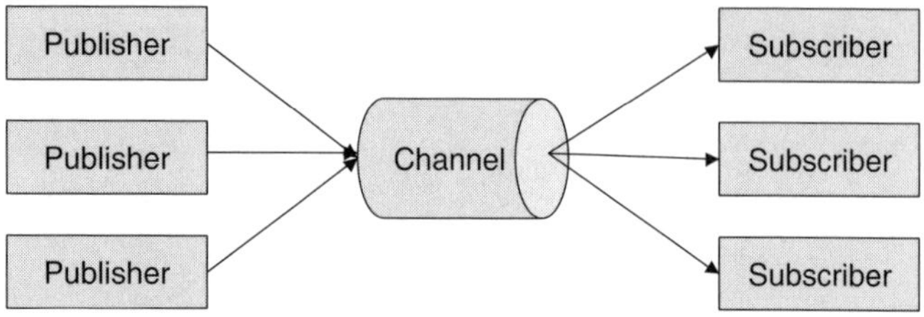

Abbildung 87: Vitria-Kommunikationsmodell

Die Begrifflichkeit ist etwas anders, als sie allgemein verwendet wird. Dazu kommt hier bei einem deutschen Buch noch das Übersetzungsproblem. Wir werden also zunächst die Vitria-Begriffe anhand derjenigen anderen Begriffe erklären, die in diesem Buch bisher verwendet wurden.

Tabelle 7: Übersetzung der Vitria-Terminologie

Vitria-Terminologie	Übersetzt in die Terminologie dieses Buches	Erläuterungen
Publisher	**Sender** einer Nachricht	
Subscriber	**Empfänger** der Nachricht, Abonnent einer zu definierenden Art von Nachrichten	
Channel	Nachrichtenkanal, **Kanal**	Der Begriff ist in Publish/Subscribe-Modellen nicht zwingend zu verwenden, aber nicht unpraktisch. In der Begriffswelt des Publish/Subscribe-Entwurfsmusters (deutsch Beobachter oder auch Abonnement) registriert sich ein Beobachter/Abonnent für eine Art von Ereignissen.
Event	**Nachricht**	Dies ist von der Begrifflichkeit her eher gewöhnungsbedürftig. Normalerweise würde man in Englisch den Begriff message und in Deutsch den Begriff Nachricht verwenden.

Abbildung 88 zeigt anhand einer anderen Sicht die Begriffswelt von Vitria. Sender senden ihre Nachrichten (Events) an einen Kanal (Channel), ohne zu wissen, wer die Nachrichten empfängt oder verarbeitet.

Subscriber

Ein Empfänger (Subscriber) kann einen Nachrichtenkanal abonnieren und bekommt alle Nachrichten zugestellt, die von Sendern auf diesem Kanal gesendet wurden. Ein Empfänger kann natürlich beliebig viele Kanäle abonnieren und ein Sender kann auf beliebig vielen Kanälen senden.

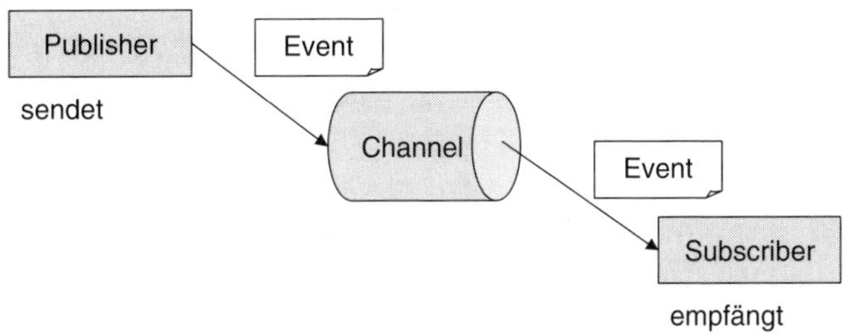

Abbildung 88: *Nachrichten bei Vitria*

Da es sich bei dem Grundmodell von Vitria um ein asynchrones Publish/Subscribe-Modell handelt, kann man damit theoretisch auch synchrone Kommunikation abbilden sowie alle Formen asynchroner Kommunikation, die in Abschnitt 3.1.2 gelistet wurden. Es handelt sich hier also um ein einfaches und zugleich mächtiges Konzept.

Architektonischer Aufbau

Funktionsblöcke

Mit der obigen Diskussion ist noch nichts darüber gesagt, wie eine Vitria-Instanz mit der Außenwelt kommunizieren kann. Der Gesamtaufbau der Architektur wird in Abbildung 89 gezeigt.

Nachrichten, die die Sphäre von Vitria verlassen, werden durch Adapter der Schicht »System Integration« empfangen oder gesendet. So wird zum Beispiel eine E-Mail durch einen Mail-Vitria-Adapter in einen Vitria-Event umgewandelt. Normalerweise haben solche Adapter eine Richtung. So gibt es sowohl einen Mail-Vitria-Adapter als auch einen Vitria-Mail-Adapter.

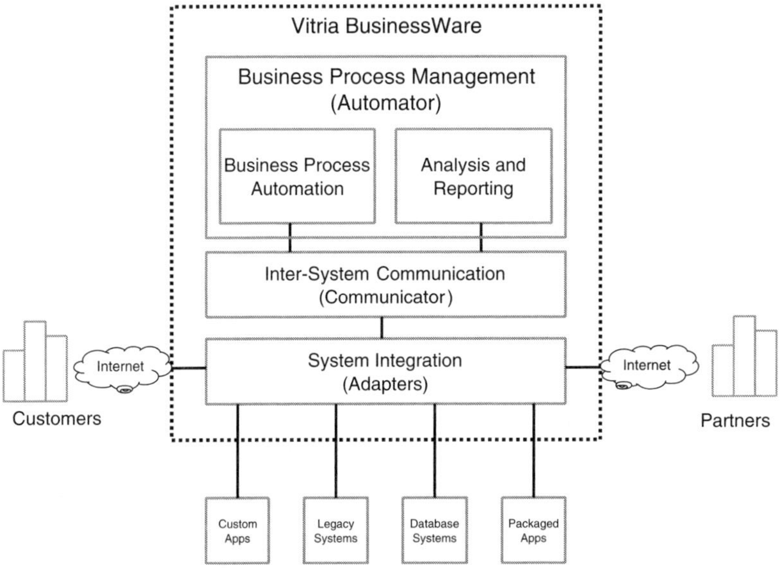

Abbildung 89: *Vitria-Architekturüberblick und Produkte*

CORBA-Basierung

CORBA-IDL

Die Definition der Nachrichtenformate (Events) geschieht in Vitria in CORBA-IDL. Der anwendende Softwarearchitekt hat damit die Wahl, ob er mit kompilierten Schnittstellen arbeiten möchte – nämlich dann, wenn alle Inhalte der Nachrichten im Interface bekannt gemacht und explizit typisiert werden – oder ob er eher XML-Stil verwenden möchte, also nur Kopfdaten im Interface der Nachrichten bekannt macht und den eigentlichen Inhalt in einem XML-Körper der Nachricht überträgt. Beides hat Vor- und Nachteile, die in anderen Kapiteln schon diskutiert wurden.

XML

Hervorzuheben ist noch, dass Vitria einfache bijektive Konvertierung von CORBA-IDL in XML anbietet. Damit können Adapter auf einfache Weise eingehende XML-Nachrichten auf die interne, in CORBA-IDL definierte Schnittstelle umsetzen.

Bis hier ist Vitria ein normaler Integration Broker. Interessant wird das Konzept durch die Einbeziehung von Geschäftsprozessen.

Vitrias Sicht auf Geschäftsprozesse / Workflow

Workflow

Vitria hat eine etwas andere Sicht auf die Steuerung von Geschäftsprozessen, als konventionelle Workflow-Manager das haben. Konventionelle Workflow-Manager gehen davon aus, dass ein Benutzer über die Aktivitäten, die er auslöst, aktiv die zu integrierenden Systeme anstößt, sich vom Workflow-Manager zwar durch Prozesse führen lässt, aber ansonsten der treibende Faktor im Geschäftsprozess ist.

Abbildung 90: *Konventionelle Sicht – Geschäftsprozess treibt Anwendungen*

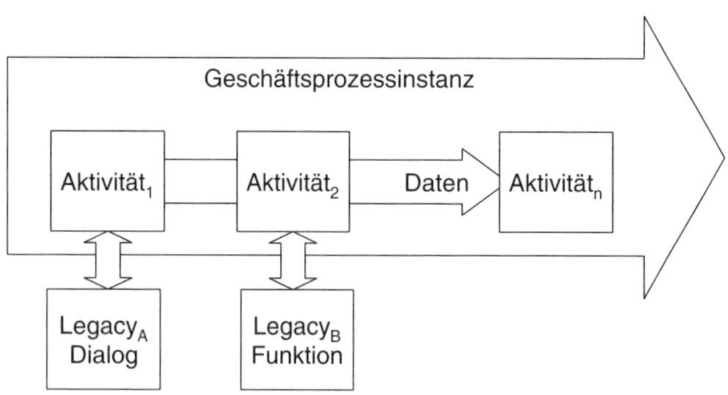

Diese Sicht ist in Abbildung 90 schematisch dargestellt. Der Prozess besteht aus einer Serie von Aktivitäten, die der Benutzer nacheinander ausführt. Der Workflow-Manager startet eine Aktivität und die Aktivität startet meist eines der zu integrierenden Dialogsysteme.

Menschlicher Bearbeiter

Die Sicht von Vitria ist eine etwas andere. Dabei ist der menschliche Bearbeiter der eigenen Firma nur einer von vielen Agenten, die etwas tun. Er ist gedanklich gleichberechtigt zu einem EDV-System eines Geschäftspartners oder irgendeinem anderen EDV-System.

Automaten

Das Modell von Vitria bildet Geschäftsprozesse als Folge von Zuständen ab. Das Zustandssystem nimmt immer dann einen neuen Zustand an, wenn ein Ereignis eintrifft. Die Daten des Zustandes werden dann verarbeitet und verändern den Gesamtzustand des Geschäftsprozesses, danach legt sich der Vitria-Prozess wieder schlafen und wartet auf das nächste Ereignis. In Abbildung 91 ist ein Ausschnitt aus einem Prozess dargestellt, der in der Vitria-Philosophie modelliert ist.

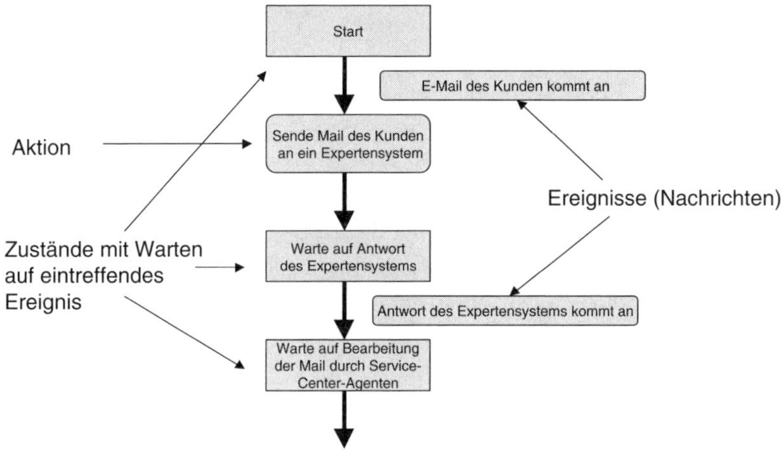

Abbildung 91:
Prozess (analog zum Vitria-Modell)

Adapter

Der Prozess wird durch eine E-Mail gestartet, die durch einen Mail-Vitria-Adapter in das System gelangt und in ein Ereignis (eine Nachricht) des Typs »E-Mail des Kunden kommt an« umgewandelt worden sein muss. Die Frage ist natürlich, wie man die richtigen Mails herausfiltert. Viele Unternehmen machen das, indem sie spezielle anonyme Adressen einrichten, wie service@mycompany.com.

Die ausgelöste Aktion besteht darin, dass die E-Mail an ein Expertensystem zur Bearbeitung weitergeleitet wird. Es wird also wieder ein Vitria-Event erzeugt, der den Mailtext als Nachrichtenkörper beinhaltet. Dies geschieht über einen vereinbarten Kanal. Das Expertensystem ist Abonnent dieses Kanals, empfängt die Mail, versucht Antworten darauf zu generieren und sendet einen Event »Antwort des Expertensystems kommt an« an den Geschäftsprozess zurück. Es ist natürlich kein triviales, aber lösbares Problem, die richtige Geschäftsprozessinstanz zu dem Event zu finden.

Abbildung 92: *Taskmanager zur Abstraktion des Bearbeiterverhaltens in Events*

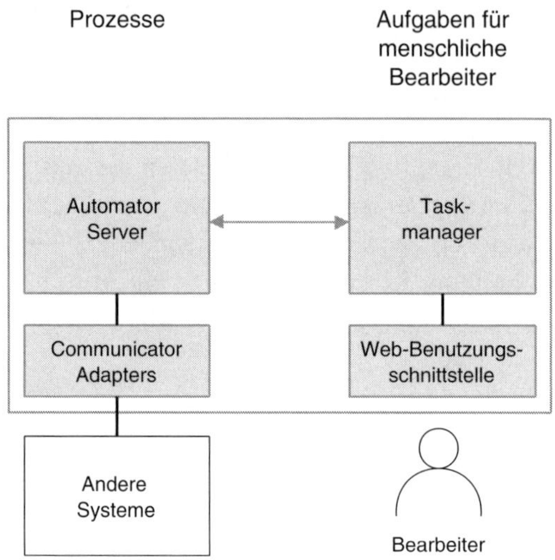

Einbindung menschlicher Bearbeiter

Dann generiert der Geschäftsprozess eine Aktivität für einen Bearbeiter und legt sich so lange schlafen, bis die Aktivität abgearbeitet wurde. Dies wird von dem so genannten Taskmanager dem Geschäftsprozess wieder durch einen Event signalisiert.

Dieser Ansatz unterscheidet sich in zwei wesentlichen Aspekten von konventionellen Workflowsystemen:

Taskmanager

- Es gibt eine Dualität zwischen dem Geschäftsprozessmanager und einem Taskmanager. Der Geschäftsprozessmanager verwaltet die Instanzen von Geschäftsprozessen. Für ihn sind alle Ereignisse gleichwertig, egal aus welchem Kanal sie kommen und ob sie von einem EDV-System oder von einem menschlichen Bearbeiter ausgelöst wurden. Der Taskmanager abstrahiert die Aktionen von Menschen in Ereignisse (Events).

Integriertes Modell

- Geschäftsprozesse und die Aktionen und Ereignisse aller DV-Systeme und Bearbeiter sind durch das Kommunikationsmodell gut integriert. Dies ist bei traditionellen Workflow-Managern nicht der Fall. Das Modell von Vitria ist also einfacher, universeller und orthogonaler als die Abstraktionen, die einem normalen Workflow-Manager zugrunde liegen, weil die Abstraktionen normaler Workflow-Manager wenig bis nichts über die Kommunikation mit der Außenwelt aussagen, außer dass Aktivitäten gestartet werden. Asynchrone Kommunikation mit Ereignissen ist die elegantere Abstraktion für das Problem.

Das Prinzip des Taskmanagers ist in Abbildung 92 gezeigt. Der Geschäftsprozess kann eine Aufgabe für einen menschlichen Bearbeiter generieren und legt sich so lange schlafen, bis die Aufgabe erledigt ist. Der Geschäftsprozess wird wieder aufgeweckt, wenn eine Benachrichtigung (Ereignis) vom Taskmanager eintrifft, dass die Aufgabe von einer Person erledigt wurde. Damit ist der Taskmanager eine Abstraktionsschicht oder man kann auch sagen ein Adapter für »menschliches Verhalten«.

5.2.2 Vitria und die Referenzarchitektur

Abdeckung der Referenzarchitektur

Es ist nun nicht überraschend, dass Vitria die Referenzarchitektur abdeckt, die wir in Abschnitt 3.1.8 als Zusammenfassung der Fähigkeiten und Modelle von EAI-Integrationsservern kondensiert haben, die auf dem Markt zu finden sind. Es gibt mehrere Wege, um zu Referenzmodellen für Kategorien von Anwendungen und Lösungen zu kommen. Man kann etwas Neues erfinden. Das ist nicht unser Anspruch. Oder man kann das Existierende zusammenfassen und bewerten. Dies entspricht eher dem Ziel und Anspruch dieses Buches.

Die Architekturen, die einer Branchenreferenz am nächsten kommen, findet man dann im magischen Quadranten (wir erinnern uns an Abbildung 86 auf Seite 137) tendenziell eher bei den Marktführern.

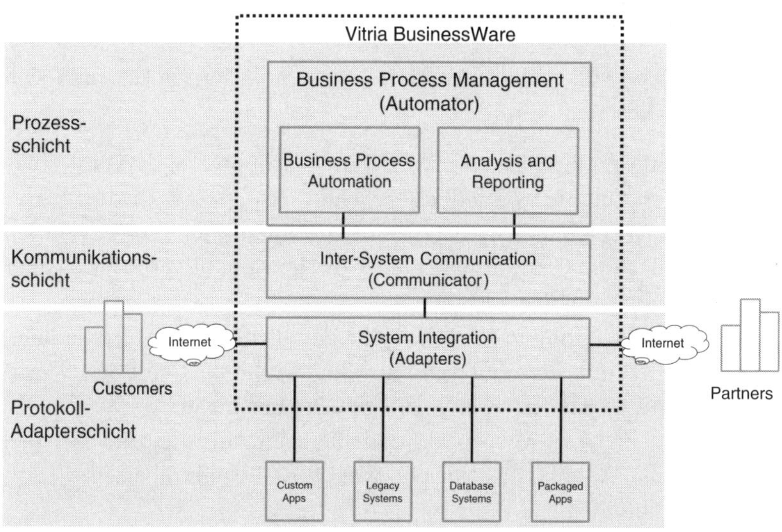

Abbildung 93: *Vitria und die Referenzarchitektur*

Vom Referenzmodell zur Abdeckung des Referenzmodells kommt man durch den Abgleich der obigen Abbildung 93 mit dem Referenzmodell in Abbildung 23 (Seite 43). Es ist unschwer Isomorphie festzustellen, wenn man die Anhänge, die in der Architektur für »Customers« (Kunden) und »Partners« (Geschäftspartner) gemacht wurden, als Adapter sieht.

5.3 Diskussion der Fallstudien

Wenn man beide Fallstudien zusammennimmt, ist die Geschichte, die hinter den Fallstudien steht, nicht untypisch für die Situation vieler Finanzdienstleister. Nicht wenige Unternehmen haben Mitte der 90er Jahre Workflow eingesetzt. Ebenfalls nicht wenige haben sich die eine oder andere EAI-Komponente gegen Ende der 90er Jahre selbst gebaut oder eine Teillösung zugekauft.

Abbildung 94: Architekturbereinigungen werden bei vielen Finanzdienstleistern nötig werden

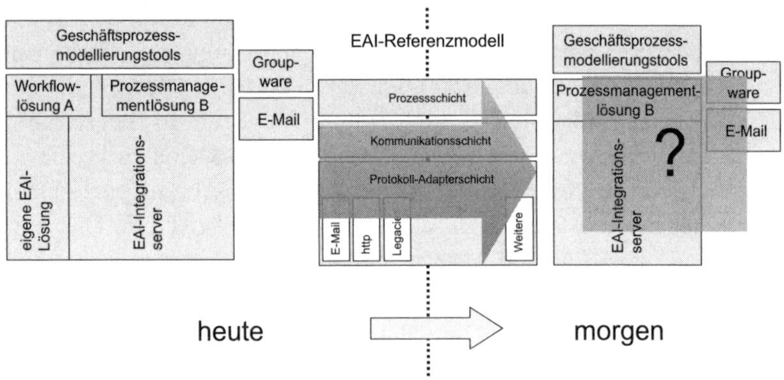

5.3.1 Bereinigung von Architekturen

Situation heute

Die linke Seite von Abbildung 94 zeigt die Situation, in der man sich dann heute befinden kann:

- Die Funktionalitäten von Workflow, Groupware, E-Mail überschneiden sich unterschiedlich störend.
- Ebenso überschneiden sich die Funktionalitäten von eventuell schon im Einsatz befindlichen EAI-Integrationsservern mit eigener EAI-Funktionalität.
- E-Mail und Groupware stehen auf der Prozessebene eher »daneben«. Die Funktionalität beißt sich nicht sehr stark mit den Workflow- und Geschäftsprozessmanagement-Lösungen.
- Es gibt ein Geschäftsprozessmodellierungstool wie zum Beispiel ARIS oder Adonis, das mit der Workflow-Lösung über eine Toolkette verbunden ist.

Hohe Kosten

Es ist klar, dass so viel redundante Funktionalität auf die Dauer zu hohe Wartungskosten und zu viel Verwirrung verursacht. Die Verwirrung erhöht wieder die Kosten. Damit werden EAI-Integrationsserver dazu führen, dass viele Unternehmen ihre Softwarearchitektur bereinigen und ändern werden müssen. Dadurch kann es zu folgenden Entwicklungen kommen (siehe rechte Seite der Abbildung 94):

- Die Eigenbaulösungen im EAI-Bereich werden verschwinden und durch zugekaufte Produkte ersetzt werden. Es wird dort eine ähnliche Entwicklung wie bei der Einführung relationaler Datenbanken geben. Produkte werden ältere Lösungen und »Selbstgebautes« immer mehr verdrängen. Dies ist nicht so schlimm, weil die größten Investitionen nicht in der Kommunikationsschicht stecken (Engines sind billig, Adapter sind teuer, siehe auch Abbildung 116, Seite 176), sondern in den Adaptern. Die wird man auch in neuen Architekturen weiter verwenden können, zumal wenn sie in Java geschrieben wurden.

Eigenbau auf dem Rückzug

- Für Workflow-Manager, die nicht als Prozessmanager nahtlos in die EAI-Infrastruktur integriert sind, wird es sehr eng werden. In Abschnitt 5.2.1 konnte man gut das Potenzial erkennen, das man realisieren kann, wenn man Geschäftsprozesse und das EAI-Werkzeug gut miteinander integriert und dafür vor allem ein einziges, einfach zu verstehendes Paradigma hat und die Geschäftsprozesse als getrieben von Ereignissen betrachtet.

Workflow und EAI werden integriert

- Es gibt auch schon erste Lösungen, wie man seine Werte aus der Geschäftsprozessmodellierung, die in Tools wie ARIS oder Adonis erfolgte, in eine neue Welt retten kann, indem man die Geschäftsprozessdesigntools mit EAI-Lösungen wie Vitria integriert.

Integrierte Modelle

- Groupware und E-Mail werden weiter »danebenstehen«, wobei E-Mail über Adapter gut anbindbar ist. Groupware wird sich weiter mit Geschäftsprozess-Ausführungsumgebungen überschneiden. Damit kann man allerdings gut leben.

Groupware

Ein weiterer, allerdings kleinerer Integrationsschub ist noch absehbar, wenn man den Begriff Enterprise Nervous System (ENS) aus Abschnitt 2.1 wieder betrachtet. Die zwei noch fehlenden Elemente Applikationsserver und Webserver sind allerdings ausreichend leicht »anzudocken«. Ein Anwendungsserver ist im Endeffekt nur ein weiteres System, das Ereignisse (Events) produziert und konsumiert.

ENS

5.3.2 Aus welcher Situation komme ich?

An den Fallstudien ist auch deutlich zu sehen, dass der aktuelle Handlungsbedarf immer mit aus der bisherigen Evolution eines Anwendungsportfolios bestimmt wird.

Grüne Wiese

Schöne Lösungen mit orthogonalen Konzepten wird man dann sehr schnell adaptieren, wenn man auf der grünen Wiese beginnen kann. Wer von null mit einem E-Business startet, wird sich nicht sehr schwer damit tun, mit einem gut integrierten EAI-Integrationsserver zu beginnen. Er wird ein Produkt aus dem Quadranten der Marktführer kaufen und auf neuere Technologien setzen.

Gewachsene Landschaft

Wer allerdings einen großen Teil seiner Unternehmensdaten in 25 Jahre alten Hostsystemen aufbewahrt, muss mehr Gedanken an die sinnvolle Integration neuer Welten mit diesen erheblichen Werten verwenden. Wenn dazu noch ca. 7–10 Jahre alte Workflow-Architekturen kommen, muss man noch mehr Umsicht investieren. Hier wird man manchmal versucht sein, Nischenprodukte einzusetzen, um kurzfristig Investitionen zu sichern. Langfristig muss allerdings jeder Prozessintegration betreiben und dann würden die Nachteile von nicht wirklich runder Integration auch bei den Kosten zum Tragen kommen. Lösungen wie EDS und Nischenprodukte werden damit mittelfristig aussterben. Auch hier wird man mit einer wirklich guten, einfach zu verstehenden Architektur besser bedient sein.

Dies ist ein kleiner Vorgriff auf das übernächste Kapitel, in dem wir uns mit Fragen beschäftigen, wie man zu einer sinnvollen EAI-Strategie und Architektur kommt.

6 Microsofts EAI-Strategie

Bisher haben wir uns in diesem Buch, vielleicht ohne dass mancher Leser es bemerkt haben mag, in einer Welt bewegt, die eher von IBM-Hosts und Suns Java dominiert war. Nachdem der Autor dieses Buches in der Finanzindustrie arbeitet, ist das nur natürlich, denn dort sind bei weitem die meisten Server (Bestandssysteme) auf OS/390-Rechnern installiert.

Man kann allerdings kein Buch mehr über EAI schreiben, ohne auch die Technologien von Microsoft zu betrachten. Sie sind quasi die Gegenwelt zu der Welt, mit der wir uns bisher beschäftigt haben. Nachdem sich Microsoft anschickt, nach dem PC-Desktop-Markt das Internet und dort auch den kommerziellen Markt der Unternehmensanwendungen anzugehen, muss man sich ansehen, was Microsoft bieten kann, wenn man ernsthaft über EAI-Technologie reden will. Mit der so genannten BizTalk-Initiative und dem BizTalk-Server stellt Microsoft auch einen EAI-Server zur Verfügung.

.NET

Um die Strategie von Microsoft verständlich zu machen, werden wir zunächst in Abschnitt 6.1 einen kurzen Abriss über die .NET-Strategie und Architektur von Microsoft geben. Dies ist sinnvoll, weil die Produkte der .NET-Initiative eng aufeinander abgestimmt sind. Am besten wird man bedient, wenn man nicht eines der Produkte getrennt einkauft, sondern komplett alle, insbesondere wegen der engen Abstimmung und weil sie einander teilweise auch benutzen.

Webservices und SOAP

In Abschnitt 6.1.4 gehen wir auch auf Webservices und SOAP ein. Dies ist eine Technologie, um »irgendwo im Web« Dienste zur Verfügung zu stellen, die einfach aufzurufen sind. Mit .NET-Technologien sind sie sogar besonders einfach aufzurufen.

.NET-Server

Zur .NET-Architektur gehören eine Menge fertiger Server, wie zum Beispiel Portalserver, Mailserver, der SQL-Server und mehr. Diese werden wir in Abschnitt 6.1.5 im Überblick vorstellen, bevor wir zu dem Server kommen, der uns im Zusammenhang mit dem Thema dieses Buches besonders interessiert – dem BizTalk-EAI-Server. Dieser wird im Abschnitt 6.2 eingehender betrachtet.

6.1 Eine kurze Einführung in .NET

Zunächst erwartet man sich von einer Einführung in .NET eine Definition. Eine solche Definition zu geben, ist nicht ganz einfach. Wenn man in der Sekundärliteratur nichts Konsistentes findet, macht es immer Sinn, sich die Primärquellen anzusehen. Microsoft stellt .NET auf der Entwickler-Website folgendermaßen vor:

Definition

Definition .NET:
Microsoft .NET is an XML Web services platform that will enable developers to create programs that transcend device boundaries and fully harness the connectivity of the Internet.

XML ist schon bekannt, der Begriff Webservices verdient aber ebenfalls eine Betrachtung. »Webservice« ist auch ein Zauberwort, das volle Seminarräume sichert. Es ist eines der gerade »gehypeten« silbernen Geschosse, auch Silver Bullets genannt. Dabei kann man die Vorträge relativ schnell beenden, wenn man folgende Definition benutzt:

Definition

Definition Webservice:
Ein Webservice ist jede Anwendung oder Anwendungskomponente, die über Standard-Web-Protokolle aufgerufen werden kann.

Damit ist alles, was man über http, https, smtp, SOAP und einige andere Protokolle aufrufen kann, ein Webservice. Man kann also zum Beispiel auch die bekannte Suchmaschine »google« als Webservice betrachten, wenn man die URL

Google als Webservice

http://www.google.com/search?q=web+service&hl=de&btnG=Google-Suche&lr=

als den Service sieht und den HTML-Antwortdatenstrom als Ausgabe. Der Service passt allerdings nicht gerade zu .NET, weil weder der Aufruf noch die Antwort mit XML erfolgen.

6.1.1 Die Vision hinter .NET: Die dritte Generation des Internets

Welche Vision steckt also hinter dem Satz »to create programs that transcend device boundaries and fully harness the connectivity of the Internet«? Dahinter steckt die Vision vom Netz als Computer.

Das Netz als Computer

Die erste Generation des Internets hat es im Wesentlichen ermöglicht, statische Dokumente mit einem Browser zu betrachten. Die zweite Generation hat es erlaubt, mit einem Browser auf mehrschichtige Anwendungen (n-Tier-Anwendungen) zuzugreifen. Die Vision von .NET geht in die Richtung, echte verteilte Verarbeitung auf der Basis von Nachrichtenaustausch über das Internet möglich zu machen. Abbildung 95 stellt die erste und die dritte Generation gegenüber.

Dritte Generation Internet

An der dritten Generation fällt noch auf, dass die Bezieher von Diensten nicht nur Clients mit Browsern sind, sondern beliebige Anwendungen, die sich der Dienste anderer Anwendungen über das Netz bedienen – also echte verteilte Verarbeitung über das Netz. Das mag für Technologen auf den ersten Blick sehr ansprechend klingen. Die Frage ist nur, ob dies auch für EDV-Profis gilt, die einen sicheren Tagesbetrieb gewährleisten müssen. Dazu kann man auch folgende Sichtweise haben:

Nachteile verteilter Verarbeitung

- Verteilte Verarbeitung heißt, dass immer irgendetwas nicht verfügbar ist.
- Wenn alles auf einem Host läuft, weiß ich, wen ich bei einem Fehler anrufen muss. Wenn ich ein heterogenes System habe, schieben sich die Hersteller gegenseitig die Verantwortung zu, und bei einem echt verteilten System weiß ich nicht einmal mehr, wen ich anrufen soll.

Ähnliche Phänomene findet man auch beim Umgang mit anderen mächtigen Werkzeugen, wie objektorientierten Programmiersprachen. Man hat ein mächtiges Werkzeug mit großen Freiheiten, aber man muss es diszipliniert einsetzen und sich selbst Konventionen auferlegen. .NET enthält deshalb Folgendes:

Referenzarchitektur

- Eine Referenzarchitektur, die zeigt, wie man mit der Freiheit und Macht sinnvoll umgehen sollte und welche Beschränkungen man sich auferlegt.

Werkzeuge

- Zu .NET gehören außerdem die Werkzeuge, mit denen man solche .NET-Anwendungen und Systeme realisieren kann.

Dienste

- Und endlich gehört zu .NET auch eine Menge von fertigen Diensten, die man in Server verpackt direkt einsetzen kann und die einschließlich der Werkzeuge aufeinander abgestimmt sind, weil sie von einem Hersteller stammen.

Wir werden in diesem Kapitel also von unten nach oben vorgehen. Es wird erst ein Überblick über die Sprachen und Programmierwerkzeuge gegeben. Dann werden wir den Begriff eines Webservices näher betrachten, um im Folgenden die Server vorzustellen, mit denen .NET fertige Dienste anbietet. Dann sind wir am eigentlichen Ziel und können uns mit BizTalk, dem EAI-Server der .NET-Architektur, befassen.

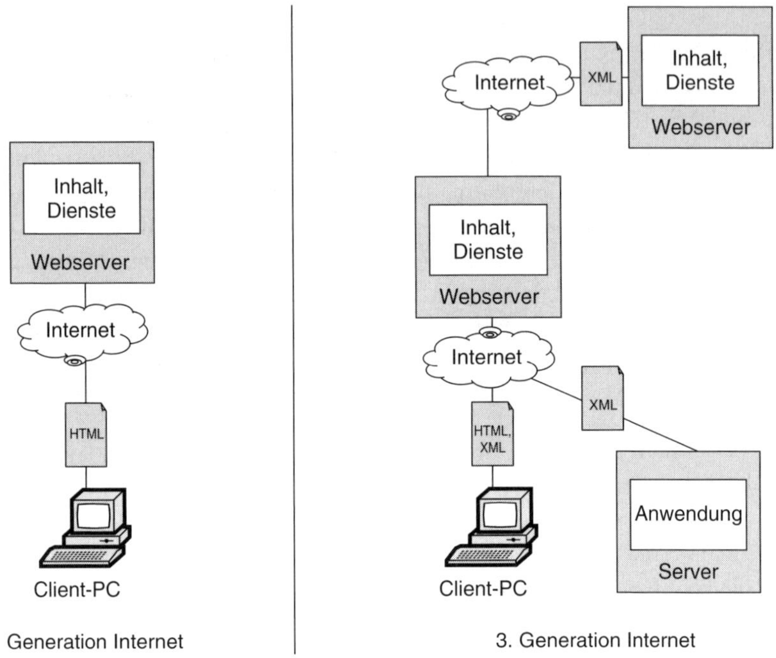

Abbildung 95:
Erste versus dritte Generation des Internets

6.1.2 .NET-Programmiersprachen und Programmierumgebungen

Microsoft hat mit .NET die Idee einer universellen Ausführungsumgebung für viele Programmiersprachen aufgegriffen, die durch Java allerdings aus Gründen der Portabilität schon vorher beschritten worden war. Die entsprechende Laufzeitumgebung (siehe Abbildung 96) heißt bei .NET Common Language Runtime (CLR).

CLR

Die CLR bietet Dienste in Form von Basisklassen, Support für die Programmierung mit Threads (leichtgewichtigen Prozessen), COM Marshalling, Typprüfung, Ausnahmebehandlung, Sicherheitsmechanismen, Garbage Collection und andere mehr. Nachdem dieses Buch EAI zum Thema hat, sei für Details auf eines der vielen Werke zu .NET verwiesen, wie zum Beispiel [Vast+2001] oder [Simm+2002].

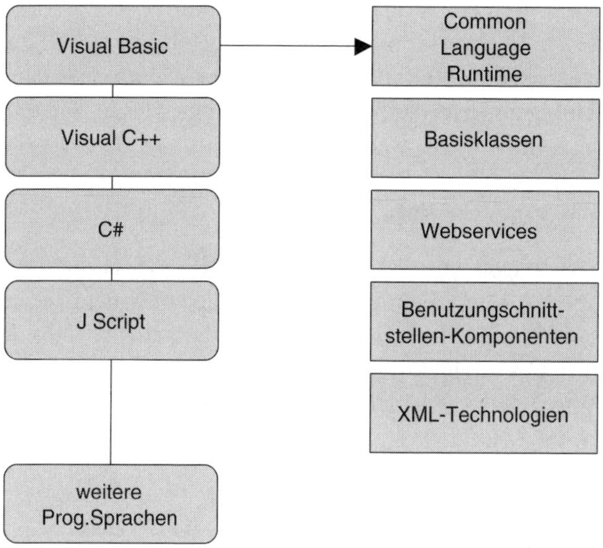

Abbildung 96: *.NET-Programmiersprachen und darauf aufbauende Frameworks*

Die Programmiersprachen, die Microsoft im Rahmen der .NET-Strategie anbietet, lassen sich sämtlich auf die CLR abbilden. Damit kann zum Beispiel sicher auch eines Tages der Traum vielen Smalltalk-Entwickler in Erfüllung gehen, wieder Smalltalk im Mainstream zu programmieren, weil auch andere Hersteller von Programmiersprachen Sprachen anbieten können, die in den Zwischencode für die CLR übersetzt werden.

COM+

Das alleine wäre noch nicht durchschlagend. Microsoft verfügt aber mit dem COM+-Komponentenmodell auch über eine Infrastruktur für verteilte Objekte und hat mit dem Visual Studio eine Entwicklungsumgebung gebaut, mit der sich Web-Anwendungen und normale GUIs gleichermaßen einfach entwickeln lassen.

COM+-Objekte können eingebunden werden und man merkt ihnen nicht mehr an, in welcher Programmiersprache sie ursprünglich erstellt wurden. Vor allem können aber auch Webservices genauso einfach eingebunden werden. Bevor wir uns damit beschäftigen, werfen wir allerdings noch einen kurzen Blick darauf, wie das Referenzmodell für browserfähige Anwendungen in .NET aussieht.

6.1.3 .NET-Referenzarchitektur für Web-Anwendungen

ASP.NET

Bevor wir uns ansehen, wie man mit Microsoft .NET Webservices bauen kann, müssen wir zunächst noch ein bisschen tiefer in die .NET-Architektur einsteigen. Das Framework, mit dem in .NET Web-Anwendungen gebaut werden, heißt ASP.NET. Active Server Pages sind vielen Entwicklern einigermaßen bekannt. Nur ist die Assoziation, die das Akronym ASP weckt, nicht unbedingt zielführend, um gut zu verstehen, wie man mit .NET Web-Dialoge und Webservices bauen kann. Um den Unterschied verständlich zu machen, werfen wir daher noch einen Blick auf die »alte« ASP-Architektur.

Active Server Pages vor .NET

ASP früher

Active Server Pages vor .NET waren HTML-Seiten, die mit zusätzlichen, speziellen Tags angereichert waren, die von einem speziellen Seitenprozessor interpretiert wurden und die dazu dienten, die Ausgaben beliebiger (COM-)Objekte in die HTML-Seite zu integrieren, die am Browser angezeigt wurde. Der Code solcher Seiten sah dann zum Beispiel wie folgt aus:

```
<%
'*******************************************************
'*                                                     *
'*     asp Beispiel                                    *
'*                                                     *
'*******************************************************
%>

<%
Dim dStunde
dStunde = Hour(Now)

If dStunde < 12 Then
         Response.Write "Guten Morgen!"
ElseIf dStunde < 17 Then
         Response.Write "Guten Tag!"
Else
         Response.Write "Guten Abend!"
End If
%>
Wir hoffen Ihnen gefaellt diese Seite.<BR>
<BR>
Die aktuelle Zeit ist <%= Time() %>
und das Datum ist <%= Date() %>.<BR>
```

Beim Aufruf einer solchen Seite »mypage.asp« wurde das folgende Szenario durchlaufen:

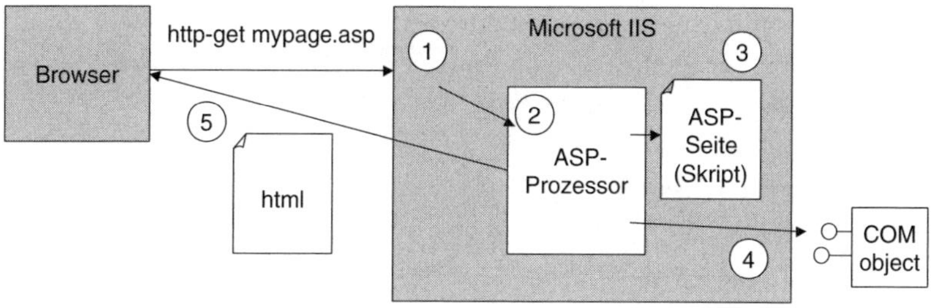

Abbildung 97:
Ablauf von ASP alt

Der Browser richtet eine http-get-Anfrage an einen Microsoft Internet Information Server (IIS). Dieser erkennt an der Erweiterung (extension) des Dateinamens, dass eine ASP-Seite aufgerufen wird (1). Der Aufruf wird an einen ASP-Prozessor übergeben (2). Dieser ASP-Prozessor muss zunächst einmal den Code der Seite laden und parsen (3). Dann kann der ASP-Prozessor die Funktionsaufrufe verarbeiten, die in der Seite enthalten sind. Das können auch Aufrufe auf COM-Objekte sein (4). Der ASP-Prozessor ersetzt dann die Einfügestellen mit den Ergebnissen der Ausgaben der in die ASP-Seite eingebetteten Funktionsaufrufe und gibt einen Textstrom zurück, der hoffentlich korrektes HTML ist.

Nachteile ASP alt

Wenn man .asp durch .jsp ersetzt, IIS durch einen Webserver mit JSP-Engine und die COM-Objekte durch Java-Objekte oder anderes, dann hat man die damals aktuelle Architektur von Sun vor sich. Diese Architektur hatte in beiden Ausprägungen zahlreiche Nachteile:

- Programmlogik und HTML werden vermischt.
- Der ASP-Prozessor parst die Seiten zur Laufzeit und benötigt dafür Prozessorkapazität.
- Dinge wie Sicherheit und Session Handling müssen extra hinzugefügt werden. Bei ASP in der alten Version wurde das mit Cookies gemacht, die nicht jeder Benutzer gerne hatte.
- und weitere ...

Basierend auf diesen Erfahrungen hat Microsoft für .NET eine neue Architektur entwickelt, die zwar jetzt ASP.NET heißt, aber mit der alten Architektur nicht mehr viel gemeinsam hat.

ASP.NET

ASP heute

Die Basis für die neue Architektur ist die .NET-Laufzeitarchitektur und eine enge Integration mit Microsofts Entwicklungsumgebung Visual Studio. Wenn man ihn nicht sehen möchte, sieht man so gut wie keinen HTML-Code mehr, sondern arbeitet ähnlich wie mit Visual Basic oder einem anderem Werkzeug für den Bau grafischer Oberflächen.

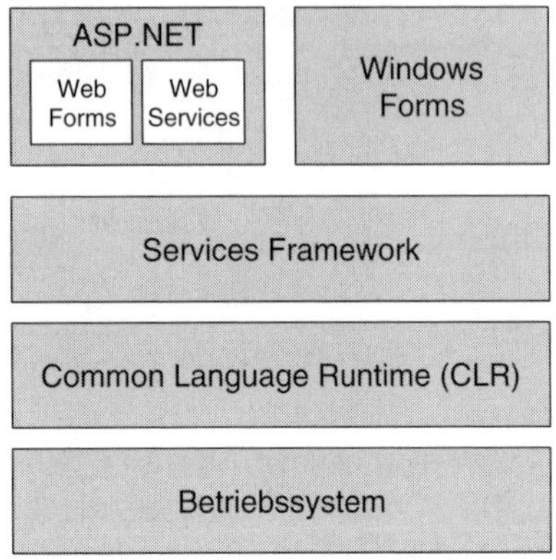

Abbildung 98:
ASP.NET-Architektur

Die Common Language Runtime wurde bereits in Abbildung 96 vorgestellt. Auf dieser Runtime gibt es Service-Frameworks, die eine Menge elementarer Dienste für alle .NET-Anwendungen anbieten. Beispiele dafür sind Datei- und Datenbankzugriffe, Threads und Ähnliches. Abbildung 98 zeigt die Schichten dieser Architektur. Auf die Schicht der Services setzt eine weitere Schicht auf, die es erlaubt, wirkliche Anwendungen zu bauen. Wenn man eine Windows Fat-Client-Anwendung und keine Web-Anwendung bauen möchte, bietet Visual Studio dafür Windows Forms an.

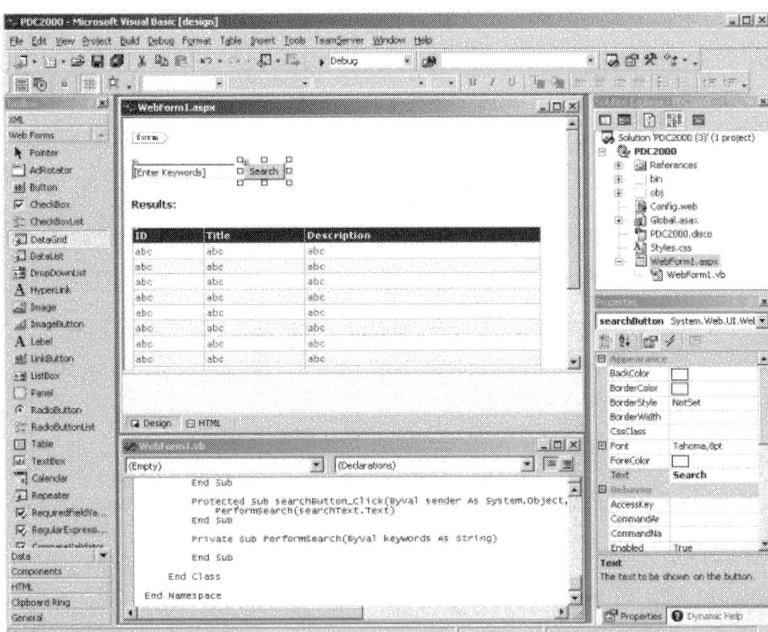

Abbildung 99:
Editieren von Web Forms mit Visual Studio (Abbildung Microsoft)

Für Web-Anwendungen kann man ein Programmiermodell verwenden, das sich Web Forms nennt. Auch für Web Forms gibt es einen Interface Builder (siehe Abbildung 99) mit einem ereignisgetriebenen Modell, so wie man es von normalen GUIs gewohnt ist. Damit werden Dinge, wie Sessions, Funktionsaufrufe aus dem HTML-Code und Ähnliches vor dem Benutzer vollkommen versteckt. Auch gibt es keinen Skript-File mehr, der zur Laufzeit jedes Mal geparst und interpretiert wird, sondern Sourcecode, der mit einem Just-in-Time-Compiler übersetzt wird.

6.1.4 Webservices bauen mit SOAP und .NET

In Abbildung 98 haben wir einen Teil der obersten Schicht noch nicht behandelt, nämlich die Webservices, die ebenfalls in ASP.NET integriert sind. Diese können dann über SOAP aufgerufen werden.

Was ist das nun schon wieder? Seife?

SOAP

Eigentlich müsste man SOAP, das Simple Object Access Protocol, nicht erläutern, wenn man erklären will, wie man mit einer Microsoft .NET-Umgebung Webservices erstellen kann. Mit der Microsoft Entwicklungsumgebung programmiert man »normale« Objekte und gibt danach die Anweisung, dass diese als Webservice aufbereitet werden.

Der Blick auf SOAP ist also ein Blick auf die Mechanik, wie solche Objekte dann aufgerufen werden können. Sie können auch von Anwendungen aufgerufen werden, die nicht mit .NET programmiert sind.

Webservices

Kommen wir also zurück zum Begriff SOAP und erinnern wir uns an die Definition eines Webservices in Abschnitt 6.1. Danach ist ein Webservice ein Dienst, der über ein Standardprotokoll, wie zum Beispiel http, aufgerufen werden kann. Am einfachsten versteht man SOAP, wenn man sich einen SOAP-Request einmal ansieht. Der unten stehende stammt aus der Spezifikation [SOAP1.1] und ist in einen http-put-Request eingebettet. Solche SOAP-Nachrichten können allerdings auch mit beliebigen anderen Internetprotokollen transportiert werden, wie zum Beispiel ftp oder smtp.

```
POST /StockQuote HTTP/1.1
Host: www.stockquoteserver.com
Content-Type: text/xml; charset="utf-8"
Content-Length: nnnn
SOAPAction: "Some-URI"

<SOAP-ENV:Envelope
  xmlns:SOAP-ENV="http://schemas.xmlsoap.org/soap/envelope/"
  SOAP-ENV:encodingStyle=
  "http://schemas.xmlsoap.org/soap/encoding/">
```

```
    <SOAP-ENV:Body>
        <m:GetLastTradePrice xmlns:m="Some-URI">
            <symbol>DIS</symbol>
        </m:GetLastTradePrice>
    </SOAP-ENV:Body>
</SOAP-ENV:Envelope>
```

SOAP-Aufruf

Der eigentliche SOAP-Aufruf beginnt mit `<SOAP-ENV:Envelope`. Es handelt sich dabei um einen XML-Text. Fachlich soll dieser Beispielaufruf einen Aktienkurs für Disney (Code DIS) beschaffen.

Um zu verstehen, wie ein SOAP-Request aufgebaut sein muss, kann man sich die .xsd-Schemabeschreibung ansehen,

```
xmlns:SOAP-ENV="http://schemas.xmlsoap.org/soap/envelope/"
```

die hinter dem Request steht. Ein Vorteil der XML-Sprachenfamilie ist, dass es dafür mächtige Werkzeuge gibt, so zum Beispiel den XML-Editor XMLSpy, mit dem man sich XML-Schemadefinitionen grafisch ansehen kann.

Abbildung 100: *Schemadefinition für SOAP-Envelopes*

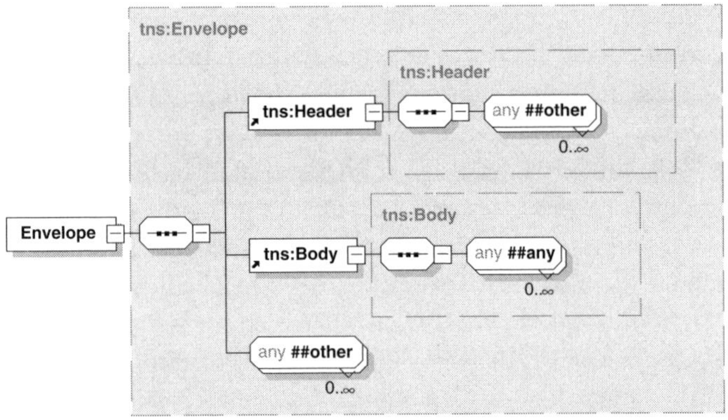

SOAP Envelope

Eine SOAP-Nachricht (Envelope) besteht also aus einem optionalen Nachrichtenkopf, in dem »irgendetwas« stehen darf, und mindestens einer Nachricht (Body), in der auch »irgendetwas« stehen darf. Das Irgendetwas ist noch limitiert durch 2 syntaktische Definitionen, von denen eine sichtbar ist.

Erstens kann die Syntax der Parameter durch ein XML-Schema definiert werden, das zu dem Webservice hinterlegt wird:

```
<m:GetLastTradePrice xmlns:m="Some-URI">
```

XML-Schema

Und zweitens enthält die SOAP-Schemabeschreibung selbst wieder einen Verweis auf das allgemeine Schema für XML-Schemabeschreibungen:

```
xmlns:xs="http://www.w3.org/2001/XMLSchema/"
```

In diesem kann man nachsehen, wie man in SOAP zum Beispiel komplexe Datentypen beschreiben kann und sollte. Wer sich ein wenig mit Compilerbau auskennt, wird sich in der Abbildung 101 schnell zu Hause fühlen. Wenn Sie damit keine Erfahrung haben, können Sie auch unbeschadet zum nächsten Abschnitt springen und ein spezialisiertes Werk über XML und Schemadefinitionen zu Rate ziehen, wie zum Beispiel [Shep2001].

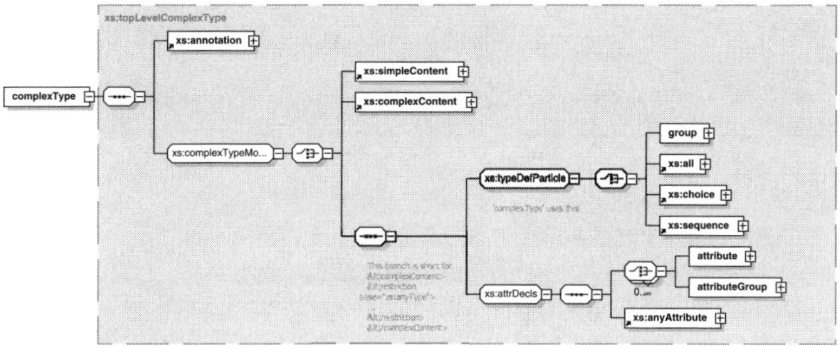

Abbildung 101:
Schemadefinition für XML-Schemen (http://www.w3.org/2001/XMLSchema/)

Ausführungsmodell

Ausführung von SOAP-Requests

Man kann nun diesen Request über http an einen Webserver schicken, der den geforderten Webservice implementiert, und erhält dann (hoffentlich) die richtige Antwort. Es ist offensichtlich, dass es ziemlich viel Arbeit wäre, einen solchen Webservice ohne die Unterstützung generierender Softwarewerkzeuge zu programmieren.

Man kann sich aber auch vorstellen, dass es kein wirkliches Problem darstellt, aus einer Prozedurdeklaration in einer Programmiersprache wie C#, C++, Java oder Visual Basic einen entsprechenden Service zu generieren.

Microsoft hat genau dies getan und siedelt seine Webservices auf dem IIS (Internet Information Server) an, dem Webserver von .NET. Es lassen sich dann zum Beispiel in Visual Studio normale Objekte programmieren und als Webservices via Generierung zur Verfügung stellen. Die Laufzeitumgebung dafür bietet das ASP.NET-Framework.

Benutzung von Webservices

Einbinden von Webservices

Eine weitere interessante Frage ist noch, was man im Allgemeinen dafür tun muss, um einen Webservice zu benutzen. Man kann natürlich in jeder Programmiersprache die obige XML-Anfrage in einen http-post-Request einbauen und abschicken. Rationell und schnell ist das aber nicht.

Generatoren

Es ist also besser, wenn man sich wieder von Generatoren bei der Arbeit helfen lässt. Damit das sinnvoll funktioniert, sollten Webservices selbstbeschreibend sein. Das heißt, es sollte für den Webservice auf dem Server auch eine Beschreibungsdatei hinterlegt sein, die es einem möglichen Aufrufer des Services erlaubt, sich in seiner Programmierumgebung einen Proxy dafür zu generieren und diesen so zu benutzen, wie ein normales Objekt der Programmiersprache der Entwicklungsumgebung.

Dazu gibt es WSDL, die Web Services Description Language [WSDL1.1], mit der man als Anbieter eines Webservice diesen beschreiben kann.

Abbildung 102: *Benutzung eines Webservice: Entwicklung*

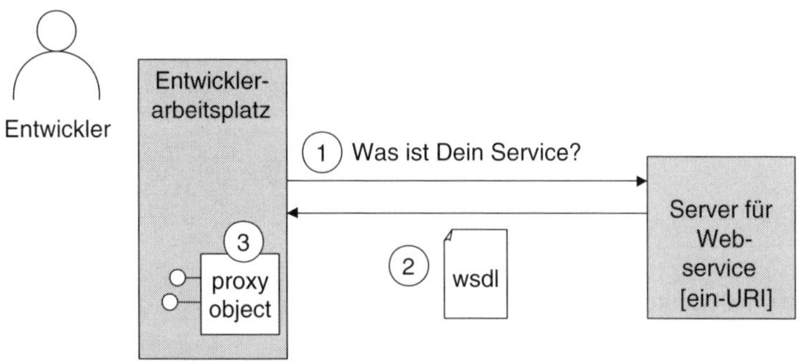

Ein Entwickler wird also über seinen Entwicklerarbeitsplatz einen Server, von dem er weiß, dass dieser einen Webservice anbietet, nach der Beschreibung des Webservices fragen. Abbildung 102, Punkt (1) stellt dies dar. Der Server liefert die Beschreibung in Form einer WSDL-Datei (2). Diese wird vom Entwicklerarbeitsplatz durch Generierung in ein Proxy-Objekt verwandelt und kann in der Programmierumgebung so benutzt werden, als wäre sie ein lokales Objekt.

WSDL

Abbildung 103: *Webservice verwenden*

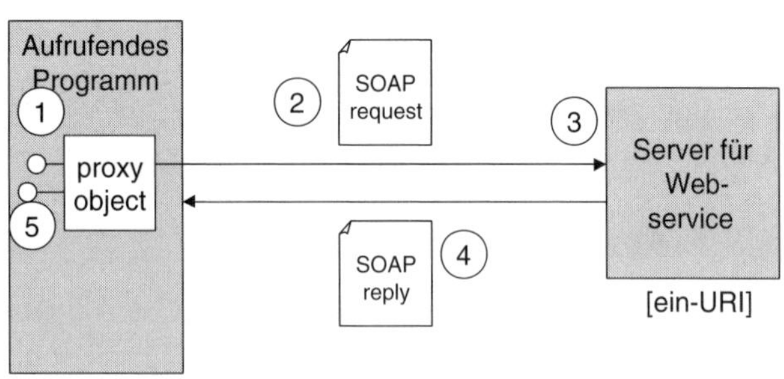

Zur Laufzeit benutzt ein Programm den generierten Proxy. Abbildung 103, Punkt (1) stellt dies dar. Der Proxy erzeugt einen SOAP-Request (2) und sendet diesen an den Server. Dieser wird von dem Server verarbeitet (3). Der Server erzeugt eine Antwort (4), die vom Proxy wieder in die internen Formate der Programmiersprache des aufrufenden Programms zurückverwandelt wird.

Proxy

6.1.5 Server der .NET-Familie und deren Bezug zu EAI

Die .NET-Architektur bietet mehr als einen Server an, um typische Teilaufgaben zu erledigen, die in einer Internet- und E-Business-Architektur anfallen. Wir werden sie hier auflisten und die Aufgaben und Verantwortlichkeiten nennen. Bis auf die Server, die für EAI relevant sind, werden die Server hier nicht näher beschrieben. Bei speziellem Interesse für die .NET-Serverfamilie sei auf Übersichtswerke über alle Server verwiesen (zum Beispiel [Simm+2002]). Außerdem gibt es für jeden Server eigene Support-Sites bei www.microsoft.com. Die folgenden Server bilden den Kern der .NET-Server.

Commerce Server 2000

- Der **Commerce Server 2000** ist verantwortlich für den Internetauftritt von elektronischen »Geschäften«. Dies kann Einzelhandel oder Großhandel sein. Der Commerce Server bietet dazu Fähigkeiten für Produktkataloge, Beobachtung des Surfverhaltens der Benutzer, basierend auf einem Data-Warehouse-Ansatz, und Behandlung von Benutzersitzungen. Benutzer werden durch die Site mit so genannten Pipelines geführt; einer Art von Geschäftsprozessen. Damit ist der Server mit anderen E-Commerce-Servern vergleichbar, die ebenfalls Personalisierung und Analysen des Surfverhaltens bieten.

BizTalk-Server

- Der **BizTalk-Server** ist der EAI-Server von Microsoft. Er ist eng auf den Commerce Server abgestimmt. Wir werden ihm im Folgenden mehrere Abschnitte widmen, beginnend mit Abschnitt 6.2.

Host Integration Server

- Der **Host Integration Server** ist eine Erweiterung zu Microsofts SNA-Server. Er schafft damit die Verbindungen zur IBM Mainframe-Welt und anderen Nicht-Microsoft-Systemen.

SQL-Server 2000

- Der **SQL-Server 2000** wird von den meisten anderen Microsoft-Servern, die Zustände zu verwalten haben, als Datenbankserver genutzt. Auf die Funktionen und die Mächtigkeit eines Datenbankservers gehen wir hier nicht näher ein.

MTS

Kenner werden sich jetzt fragen, wo bei all dem der Transaktionsserver MTS (Microsoft Transaction Server) geblieben ist. Der Transaktionsdienst ist als Teil von COM+ in jedem **Windows 2000 Advanced Server** als Teil des Betriebssystems integriert und wird nicht mehr separat gelistet.

Damit ergibt sich das folgende Architekturbild, wenn man mit der .NET-Architektur eine E-Business-Architektur zum Beispiel für einen Einzelhandel im Web aufbauen möchte:

Abbildung 104:
Aufbau eines Web-Shops mit der Microsoft-Serverfamilie

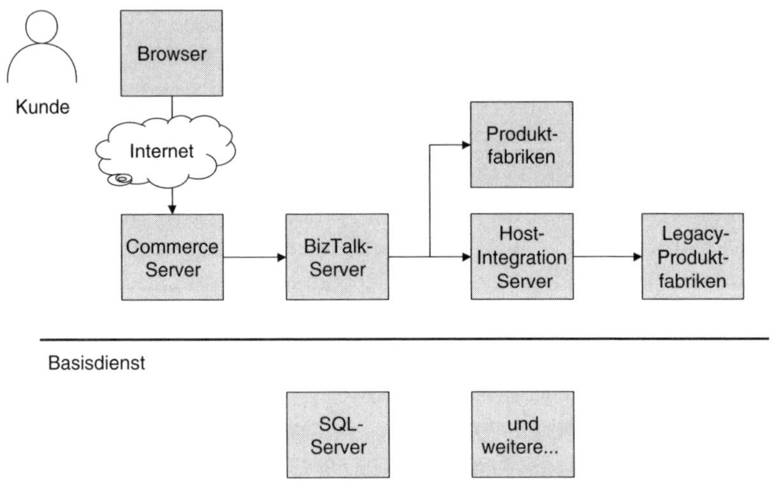

Der Kunde benutzt eine Website (siehe Abbildung 104), die mit dem Commerce Server betrieben wird. Wenn der Commerce Server Dienste von Produktfabriken (also Backend- und Bestandssystemen) benötigt, kann er diese auf mehrere Arten anfordern:

- Entweder sind Teile der Dienste über COM+ oder als Webservices erreichbar. Dies ist in der Abbildung nicht gesondert dargestellt.
- Oder die Produktfabrik und andere Backend-Systeme werden über XML-Nachrichten angesprochen. Dann wird der Commerce Server sich des BizTalk-Servers zur Kommunikation bedienen.
- Oder es handelt sich bei der Produktfabrik um ein Hostsystem, das nicht über Schnittstellen verfügt, die schon mit XML so ausgestattet wurden, dass sie für Microsoft-Produkte leicht zugänglich sind. In diesem Fall wird der BizTalk-Server Dienste des Host Integration Servers verwenden, um auf diese Legacy-Produktfabriken zuzugreifen.

Neben den oben gelisteten Kernservern gibt es noch folgende Server, die zusätzliche Dienste erbringen:

Der **Application Center Server 2000** ist ein Server, der es erlaubt, Servercluster zu bilden und zu verwalten. Zu Details siehe zum Beispiel [Simm+2002].

Application Center Server 2000

- Der **Internet Security and Acceleration Server 2000** kann als Proxy-Server, Internet Caching Server und Firewall benutzt werden. Er stellt die Schnittstelle zwischen Ihrem Corporate Network und dem öffentlichen Internet dar.

Internet Security and Acceleration Server 2000

- Der **Exchange Server 2000** ist der Mail- und Groupware-Server in der .NET Architektur. Der Exchange Server ist lange bekannt, hat sich bewährt und ist in vielen Firmennetzen verbreitet.

Exchange Server 2000

- Der **Mobile Information Server** hat die Aufgabe, die Anwendungen des Unternehmensnetzwerkes für mobile Computer (Handhelds, Smartphones, Handys, Laptops) verfügbar zu machen. Die Funktionen sind modular aufgebaut und einsteckbar, so dass es schwer ist, den Server kompakt zu beschreiben. Die Fähigkeiten reichen von E-Mail-Replikation bis zu WAP-Zugang. Darüber hinaus ist der Mobile Information Server mit Basisdiensten wie dem Active Directory und Sicherheitsmechanismen kombinierbar.

Mobile Information Server

- Der **Share Point Portal Server** ist der Portalserver der .NET-Familie.

Share Point Portal Server

Einen direkten Bezug zu EAI hat damit die Kombination aus dem BizTalk-Server und dem Host Integration Server. Der Host Integration Server bewegt sich im EAI-Referenzmodell auf der Ebene von Adaptern.

6.2 Der BizTalk-Server

Hinter dem Wort BizTalk verbirgt sich, wie so oft, mehr als eine Bedeutung:

BizTalk-Server

- Zum einen gibt es eine Organisation dieses Namens [BizNet], die stark von Microsoft unterstützt wird und die sich der Anwendung von XML im E-Commerce verschrieben hat. Auf der Website www.biztalk.org finden Sie unter anderem eine Suchmaschine für XML-Schemata zum Auffinden von Nachrichtenschemata aus den verschiedensten Branchen.

www.biztalk.org

- Zum anderen gibt es Konventionen für XML-Messages, die ebenfalls unter dem Begriff BizTalk geführt werden. Es handelt sich dabei vor allem um die Konvention, dass bei BizTalk ein Dokument (Document) in einem Umschlag (Envelope) verpackt ist, der es ermöglicht, die Dokumente zu routen (siehe Abbildung 105). BizTalk-Nachrichten sind spezielle Instanzen von SOAP-Nachrichten, die wir in Abschnitt 6.1.4 kennen gelernt haben.

Konvention

BizTalk-Server

- Und endlich verbirgt sich dahinter der so genannte BizTalk-Server [BizTalk], bei dem es sich um einen voll funktionalen EAI-Integrationsserver handelt, wie wir an dem Abgleich dieses Servers mit dem Referenzmodell noch sehen werden.

Wie der Begriff BizTalk nahe legt, ist die primäre Stoßrichtung des BizTalk-Servers die Automatisierung des Nachrichtenverkehrs zwischen Unternehmen. Das wesentliche Einsatzgebiet ist B2B-Kommunikation von Unternehmen, die über XML kommunizieren. Primär unterstützte Formate für den Nachrichtenaustausch sind XML, EDI und Textdateien.

Abbildung 105: *BizTalk-Konvention für XML-Nachrichten: oberste Ebene*

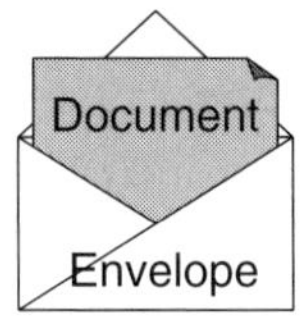

B2B

Die EAI-Fähigkeiten ergeben sich daraus, dass sich mit einem solchen B2B-Server auch schon die meisten Anforderungen an einen typischen EAI-Server abdecken lassen. Der Vergleich von Abbildung 1 (Seite 6) und Abbildung 2 (Seite 7) legt das auch nahe. B2B-Integration kann man demnach auch als EAI über Unternehmensgrenzen sehen oder umgekehrt kann man EAI als unternehmensinterne B2B-Integration betrachten. Die Abbildungen sind quasi isomorph. Die EAI-Fähigkeiten ergeben sich weiter daraus, dass es mit dem Host Integration Server möglich ist, auch auf die SNA-Welt zuzugreifen. Dazu kommt noch, dass es einen so genannten Orchestration Designer und eine dazu passende Engine gibt, die es erlauben, Geschäftsprozesse zu definieren, die durch Nachrichten getrieben werden und selbst Nachrichten abschicken können. Sie können damit jeden beliebigen Dienst der .NET-Architektur aufrufen.

SNA

6.2.1 Begriffswelt von BizTalk

Begriffe

Wenn man sich das Begriffssystem von BizTalk in der Dokumentation (siehe Abbildung 106) ansieht, kann man die Abstammung aus der Kommunikation zwischen Unternehmen deutlich nachvollziehen.

Abbildung 106: *Begriffe zur Nachrichtenübertragung mit BizTalk (Quelle [Leyb+2001])*

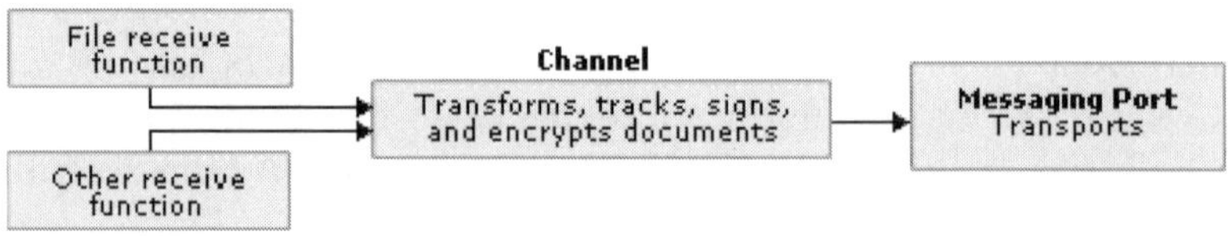

Einen etwas anderen Überblick über die Begriffe gibt Abbildung 107. Mittels BizTalk kommunizieren Organisationen. Diese schicken ihre Nachrichten an einen Channel. Die Nachrichten können aber auch vom BizTalk-Server aktiv abgefragt werden. Der BizTalk-Server ist in der Lage, Nachrichten zu analysieren, zu transformieren und wieder zu verteilen.

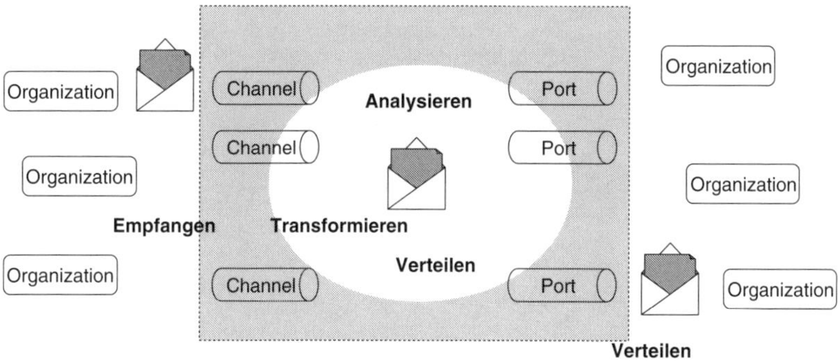

Abbildung 107: *Weitere Begriffe zur Kommunikation mit BizTalk*

Ports

Die Nachrichtensenken werden in der BizTalk-Terminologie Ports genannt. Eine Nachricht kann selbstverständlich an mehr als einen Port gesendet werden. Hinter einem Port steht wieder eine Organisation, die die Nachricht empfängt.

Prozesse

In diesem Bild ist noch nichts von Geschäftsprozessen zu sehen. Das war auch schon bei Vitria so. Wie die Geschäftsprozesse mit dem Nachrichtentransportmodell verbunden sind, könnte jeweils einfacher dargestellt sein. Im Fall des BizTalk-Servers können, wie schon bei Vitria beschrieben, Geschäftsprozesse als Sender und Empfänger von Nachrichten auftreten. Folgende Abbildung zeigt dies mit den Mitteln des BizTalk-Servers. Das Bild stammt aus dem so genannten Orchestration Designer, dem Designwerkzeug für Geschäftsprozesse im Kontext von BizTalk.

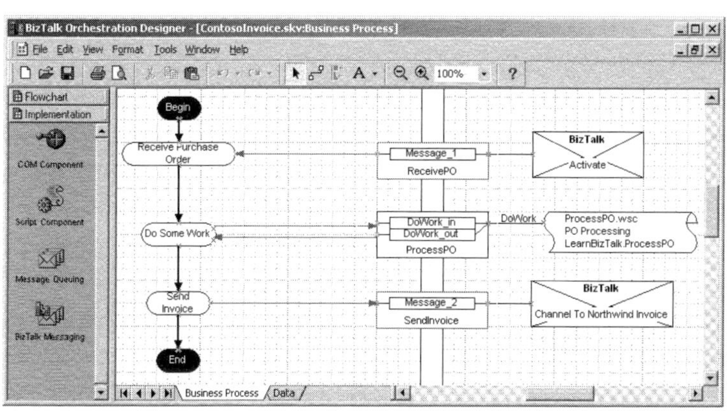

Abbildung 108: *BizTalk Orchestration Designer (Quelle [Leyb+2001])*

6.2.2 Architekturüberblick und Abgleich mit dem Referenzmodell

Abdeckung des Referenzmodells

Die Architektur des BizTalk-Servers kann man auf unser Referenzmodell (siehe Abbildung 23, Seite 43) projizieren. Man erhält dann durch Zuordnung der Begriffe und Werkzeuge das folgende Bild.

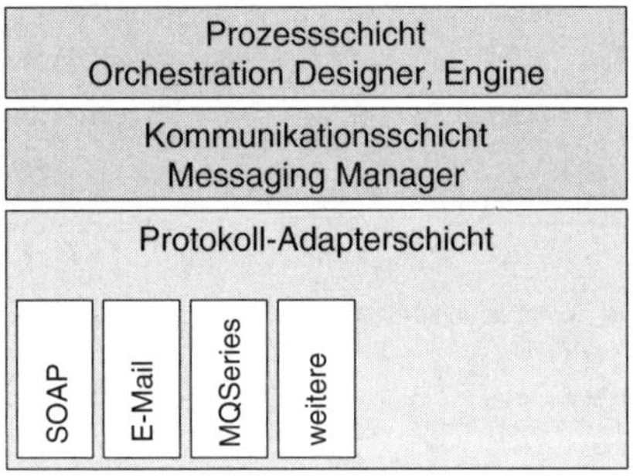

Abbildung 109: *BizTalk-Server und das Referenzmodell*

Prozessschicht

Die Prozessschicht benötigt ein Entwurfswerkzeug für Prozesse. Dies ist der **Orchestration Designer** (siehe schon Abbildung 108). Diese Schicht heißt aber nicht etwa Orchestration Engine, sondern **XLANG Scheduler**, nach der intern verwendeten Prozessbeschreibungssprache des BizTalk-Servers.

Kommunikationsschicht

Die Kommunikationsschicht des BizTalk-Servers wird **Messaging Manager** genannt. Auf dieser Ebene gibt es zwei Designwerkzeuge:

- Der **BizTalk-Editor** ist ein XML-Editor, der zugleich die speziellen Konventionen für BizTalk-Nachrichten (wir erinnern uns an Umschläge und Dokumente) berücksichtigt und unterstützt.
- Der **BizTalk-Mapper** ist ein Datentransformationstool für XML-Files, EDI-Files und flache Textdateien, mit dem unterschiedliche Nachrichten aufeinander abgebildet werden können (siehe Abbildung 110). Dieser Mapper bietet auch nichttriviale Operatoren für die Bearbeitung von Feldern bei der Transformation an. Felder des Zielformates können entweder aus der Quelle berechnet werden oder auch mit beliebigen berechneten Werten belegt werden.

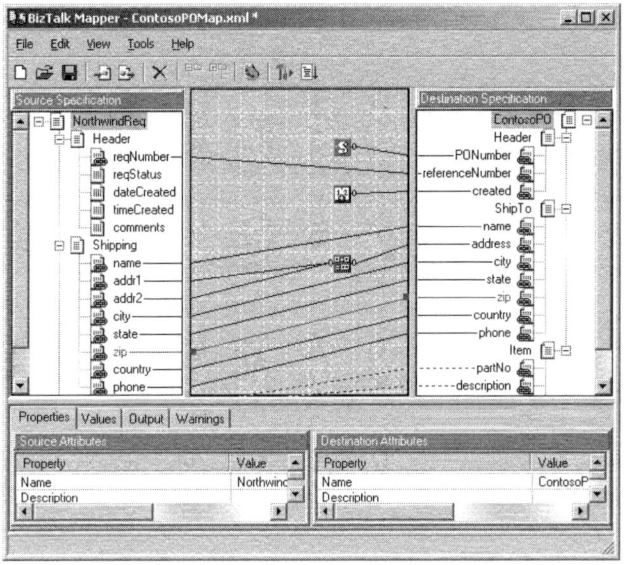

Abbildung 110:
BizTalk-Mapper (Quelle [Leyb+2001])

Adapter sind

Adapter

- entweder die Adapter des BizTalk-Servers für die normale Übertragung von XML-Dateien (dazu werden http- oder https-Protokolle verwendet)
- oder andere Adapter, die vom Host Integration Server bereitgestellt werden.

6.2.3 Der BizTalk-Server und Produktionsworkflow

Workflow

Wenn man sich die Dokumentation zu BizTalk ansieht, dann kann die Toolfamilie ihre Herkunft aus der B2B-Prozessautomatisierung nicht verleugnen. Die stärksten Fähigkeiten hat BizTalk sicher im unternehmensübergreifenden Austausch von Nachrichten. Man kann BizTalk wie oben diskutiert auch als EAI-Server einsetzen. BizTalk verfügt jedenfalls über die nötigen Fähigkeiten gemäß Referenzmodell und eine Menge von Fähigkeiten, wie sie hier im Buch diskutiert wurden. Über den Host Integration Server ist auch ausreichende Konnektivität zur IBM-Host-Welt vorhanden.

Was man nicht so schnell findet, ist der Bezug zu Produktionsworkflow. Wenn man dazu im Web unter den Stichworten BizTalk und Workflow sucht, erhält man derzeit zwei Arten von Angeboten:

Zusatzprodukte

- Zum einen findet man schon Workflow-Produkte, die als Add-ons, aber nicht von Microsoft geliefert werden, die versuchen auf BizTalk einen Workflow-Manager aufzusetzen.

- Und man findet Anleitungen dazu, wie man mit Hilfe von Produkten und Frameworks den Exchange Server und den BizTalk-Server zusammen so betreiben kann, dass etwas entsteht, was dem Produktionsworkflow ähnlich ist.

Grad der Integration

Eine elegant integrierte und sofort zugängliche Architektur wie bei Vitria findet man nicht. Angesichts der Tatsache, dass man aber aus den mit dem BizTalk Orchestration Designer modellierten Prozessen beliebige Dienste und auch COM+-Objekte anstoßen kann, ist es kein großes Problem, Prozesse analog zu Vitria nachzubauen, indem man den Taskmanager (siehe auch Abbildung 111) analog zu Vitria nachempfindet.

Abbildung 111:
BizTalk und Taskmanager

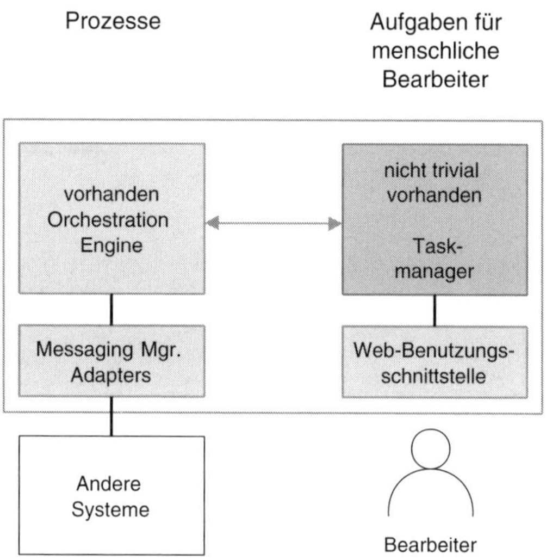

Taskmanager

Die Komponente, die man nachbauen muss, ist der Taskmanager in Abbildung 111. Man muss dazu eine Arbeitsliste (Worklist) und eine Klasse pro Aktivität erzeugen, die die über die Oberfläche zu integrierenden Anwendungen auf Kommando des Benutzers startet und mit Parametern bedient.

6.3 B2B-Mafia-Chart

B2B-Standards

Mafia-Charts sind Diagramme mit wichtigen Spielern, die sich Polizisten in Gangsterfilmen (und nicht nur dort) erstellen, um dadurch zu verstehen, wer mit wem in einer Mafia-Organisation zu tun hat.

Zum Abschluss des Kapitels über die Microsoft-Strategie wollen wir uns noch einmal ansehen, was andere Marktteilnehmer auf dem

Markt der B2B-Integration tun. Dies ist interessant, da BizTalk weniger als EAI-Initiative fokussiert war, sondern vor allem als B2B-E-Commerce-Werkzeug. Wenn Sie sich mit EAI beschäftigen, werden Sie jedoch immer wieder auch mit anderen Begriffen konfrontiert werden, wie RosettaNet und ebXML. Also ist es gut zu wissen, in welcher Beziehung diese Initiativen zu BizTalk stehen.

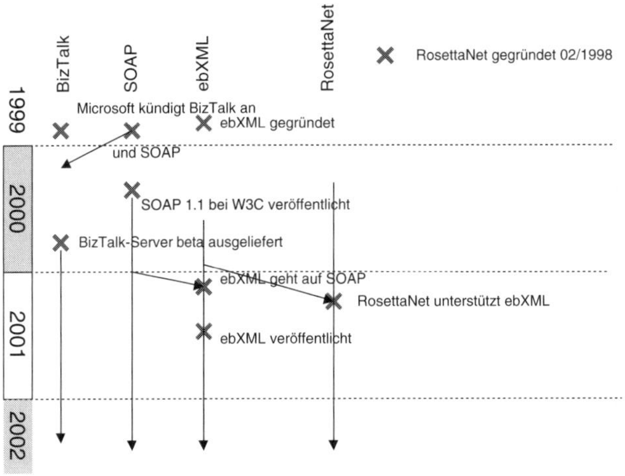

Abbildung 112:
B2B-Mafia-Chart

In diesem Abschnitt tauchen noch zwei B2B-Initiativen auf, die bisher nicht vorgestellt wurden. Es sind dies RosettaNet und ebXML.

RosettaNet

RosettaNet: Unter diesem Namen entstand ein Zusammenschluss von inzwischen ca. 400 Komponentenherstellern und Abnehmern im Elektronikbereich, die ein elektronisches Handelsnetz für Bauteile aufgebaut haben, das auf XML-Nachrichtenaustausch basiert (http://www.rosettanet.org/). RosettaNet wird auch als vertikale B2B-Initiative bezeichnet, weil sich Lieferanten und Abnehmer einer Industrie zusammengetan haben, um Wertketten schneller zu machen.

ebXML

ebXML: Diese Initiative, die den Segen des UNO-Normungsgremiums UN/CEFACT hat, standardisiert Nachrichten und Geschäftsprozesse für den weltweiten elektronischen Handel (http://www.ebxml.org).

Beziehungen

SOAP

Abbildung 112 zeigt, dass Ende 1999 die Zeit der B2B-Initiativen war. Microsoft kündigte damals BizTalk und SOAP an. Die »Gegenseite« gründete die ebXML-Initiative mit. Beide hatten ähnliche Ziele. Damals war SOAP lediglich ein proprietäres Protokoll von Microsoft, was sich aber wenig später geändert hat. Die SOAP-Version 1.1 wurde schon vom W3C (World Wide Web Consortium) veröffentlich [SOAP1.1]. Kurz davor waren IBM und Lotus Development mit bei SOAP eingestiegen.

Noch bevor ebXML in einer ersten Version veröffentlich wurde, hat auch diese Initiative ihre Unterstützung für SOAP angekündigt. Kurz darauf ließ RosettaNet verlauten, ebXML unterstützen und verwenden zu wollen.

Damit kann über diese wichtigen B2B-Initiativen festgestellt werden:

XML
- ❑ Alle verwenden XML als »lingua franca«. Das steht nirgends zur Diskussion.

SOAP
- ❑ Alle verwenden SOAP. Darüber wurde diskutiert, solange SOAP nur von Microsoft gesponsert wurde, was aber inzwischen nicht mehr der Fall ist.

Sun
- ❑ Auch Sun hat Java inzwischen dazu gebracht, Webservices und SOAP zu unterstützen.
- ❑ Eine wichtige, lange bestehende Initiative, nämlich RosettaNet, hat sich zu ebXML, dem EDI-Nachfolger, bekannt.

.NET und ebXML

Ob auch Microsoft und ebXML noch gemeinsame Sache machen werden, bleibt abzuwarten. Unwahrscheinlich ist es nicht. Ein technisches Problem ist es ebenfalls nicht, weil es schon vor ebXML so genannte Facilitator Kits für die Unterstützung von RosettaNet durch den BizTalk-Server gab. Damit kann Microsoft jederzeit auch Facilitator Kits für ebXML oder andere XML-Standards anbieten, wenn es denn möchte.

Welche Märkte wirklich durchschlagend mit ebXML und BizTalk rationalisiert werden, bleibt abzuwarten.

7 J2EE-Anwendungsserver und EAI

Enterprise-Architektur

J2EE (Java 2 Enterprise Edition) ist eine Spezifikation für eine unternehmensweite Anwendungsarchitektur von Sun Microsystems. Sie dürfte in ihren Grundzügen den meisten Lesern dieses Buches bekannt sein, nicht zuletzt auch, weil sie länger auf dem Markt ist als .NET und es daher umfassende praktische Erfahrungen mit J2EE-Produkten gibt. Auch J2EE erhebt in letzter Zeit den Anspruch, Felder im EAI-Markt besetzen zu wollen. Es gibt dazu auch die von einigen vertretene Ansicht, dass Applikationsserver alleine ausreichen, um Enterprise Application Integration zu betreiben. Wenn Sie dieses Kapitel gelesen haben, können Sie sich Ihre Meinung bilden, ob ein J2EE-Applikationsserver alleine für Ihre Integrationsbedürfnisse ausreicht oder ob Sie zusätzlich noch einen EAI-Integrationsserver wie die hier vorgestellten BizTalk- und Vitria-Server benötigen.

7.1 Überblick über J2EE aus einer EAI-Perspektive

Vision

Ebenso wie .NET hat auch J2EE eine Vision, wie Unternehmensanwendungen gebaut werden sollten. Ein ähnliches Modell haben wir in weniger detaillierter Form schon in Abbildung 11 (Seite 21) gesehen. Das spezielle Modell von J2EE ist in vereinfachter Form in Abbildung 113 dargestellt.

Schichten

Die Anwendungen werden dabei in Serverschichten (Tiers) zerlegt. Der Benutzer arbeitet mit der **Client-Schicht.** Wir sind bisher implizit nur von Ultra-Thin-Clients (HTML-Browseranwendungen) ausgegangen. Im J2EE-Modell gibt es allerdings auch noch Applet-Container-Anwendungen. Das sind Java-GUIs, die nach dem Applet-Modell gebaut sind.

Web-Komponenten

Die Client-Schicht benutzt Dienste der **Web-Komponenten-Schicht.** Im Falle von HTML-Browser-Clients werden die HTML-Seiten durch Java Server Pages (JSPs) erzeugt. Diese können sich dabei auf Servlets stützen. Dies sind Java-Objekte, die die speziellen Bedingungen erfüllen, um als Komponenten in der Umgebung eines Web-Komponenten-Containers leben zu können.

Business-Logik

Für Geschäftsobjekte ist die **Business-Logik-Schicht** vorgesehen. Die speziell dafür angelegten Objekte oder Komponenten, so genannte Enterprise Java Beans (EJBs), »leben« in einem EJB-Container. Dessen

Ziel ist es vor allem, den Programmierer von der Sorge um technische Dienste wie Transaktionen, Persistenz und Ähnliches zu befreien.

EIS

Die EJBs werden entweder in einer Datenbank der **Enterprise-Information-System** (EIS)-**Schicht** persistiert oder sie kommunizieren mit existierenden Systemen der EIS-Schicht, wie zum Beispiel mit ERP-Systemen oder Legacy-Systemen.

Abbildung 113: *J2EE-Sicht auf Unternehmensanwendungen*

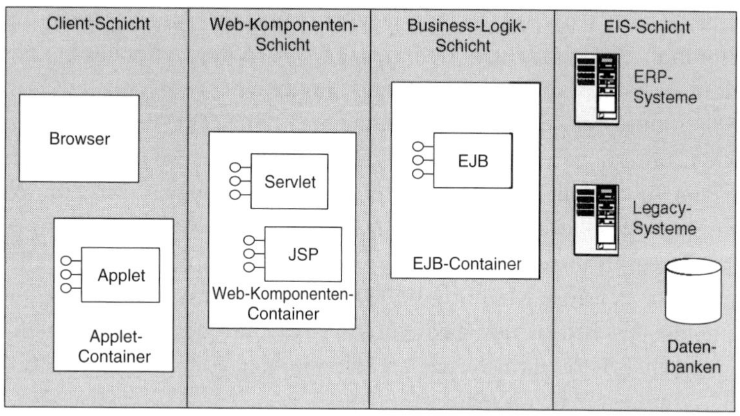

Frameworks

Zur Implementierung der J2EE-Architektur wird eine Vielzahl von Frameworks verwendet. Man findet Frameworks für Kommunikation (CORBA mit IIOP, RMI (Remote Method Invocation), JMS (Java Message Service für asynchrone Kommunikation)), Datenbankzugänge, Web-Protokolle (http, https), XML-Unterstützung und eben auch Enterprise Java Beans (EJBs) und deren Verbindung zur EIS-Schicht, die so genannten Konnektoren.

7.2 J2EE und das EAI-Referenzmodell

Abdeckung des Referenzmodells

Als Nächstes ist interessant, welche Teile des in diesem Buch vorgestellten Referenzmodells J2EE abdeckt. In Abbildung 114 erhalten Sie einen Überblick, wie andere Autoren [Shar+2001] das sehen, die aus dem J2EE-Umfeld stammen.

Geschäftsprozessschicht

Die **Geschäftsprozessschicht** wird analog zu dem in diesem Buch eingeführten Referenzmodell (Abbildung 23, Seite 43) betrachtet. Allerdings wird diese Schicht nicht durch J2EE-Komponenten abgedeckt. Man muss sich auf die Suche nach geeigneten Produkten machen.

Kommunikationsschicht

Die **Kommunikationsschicht** wird sehr ähnlich gesehen, wie unser Referenzmodell. Die dort aufgelisteten Funktionalitäten decken sich im Wesentlichen. Markant ist aber, dass auch hier die entsprechenden

Funktionalitäten nicht Bestandteil von J2EE sind, sondern großteils am Markt gesucht werden müssten.

Protokoll-Adapterschicht

Bei der **Protokoll-Adapterschicht** unterscheidet sich die Sichtweise der Vertreter von EAI mit J2EE sehr stark von unserem Referenzmodell. Hier wird der komplette Applikationsserver als das Mittel der Integration betrachtet, was dazu führt, dass man die Dienste der Integrationsschicht (in unserem Referenzmodell als Kommunikationsschicht bezeichnet) erst programmieren muss oder von Drittherstellern zukauft.

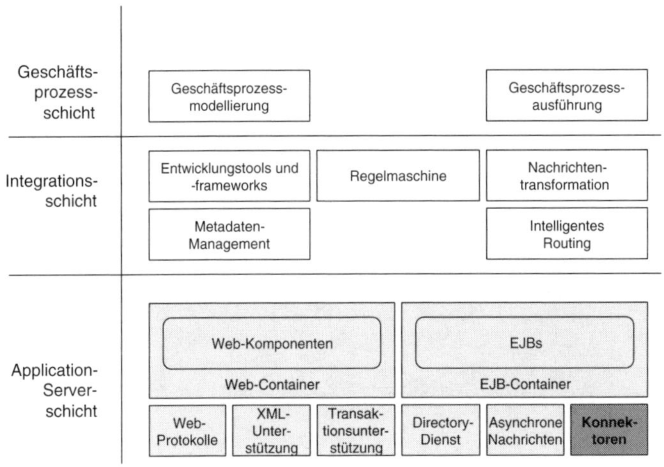

Abbildung 114:
J2EE und das EAI-Referenzmodell in Anlehnung an [Shar+2001]. Die grau eingefärbten Komponenten werden von J2EE und J2SE (Java 2 Standard Edition) bereitgestellt.

Konnektoren

Die Konnektoren aus Abbildung 114 entsprechen noch am ehesten den Adaptern aus unserem Referenzmodell. Die anderen Fähigkeiten und Dienste sind teilweise solche, auf die die Protokoll-Adapterschicht eines EAI-Integrationsservers normalerweise aufsetzt (Directory, asynchrone Nachrichten, Web-Protokolle) oder die in höheren Schichten verwendet werden (XML-Unterstützung).

7.3 J2EE-Adapterarchitektur

Wenn von den EAI-Fähigkeiten der J2EE-Architektur gesprochen wird [Juric2002, Shar+2001], dann wird besonders auf die J2EE-Konnektor-Architektur (in Abbildung 114 als Konnektoren bezeichnet) verwiesen. Diese, in Abbildung 115 näher dargestellte Architektur, soll die EAI-Fähigkeit von J2EE ausmachen oder zumindest verbessern.

Plug-ins

Bei der Betrachtung von Abbildung 115 sieht man, dass die Konnektoren als Plug-ins in den EJB-Container »eingesteckt« werden. Das heißt, dass die Konnektor-Architektur Protokolle festlegt, gegen die die Konnektoren geschrieben werden. Damit gibt es hier also noch keine große Abweichung von den Adaptern bei EAI-Integrationsservern.

EIS-Konnektoren

Was allerdings abweicht, ist die Idee, die zum Beispiel in [Shar+2001] formuliert wird und die besagt, dass Hersteller von Komponenten aus der EIS-Schicht solche Konnektoren liefern. Bei einem ERP-Konnektor zum Beispiel für SAP ist es leicht vorstellbar, dass SAP ein wirtschaftliches Interesse hat, SAP-Konnektoren für J2EE zu schreiben.

Bei existierenden Legacies steht man, wie auch bei .NET und allen EAI-Werkzeugen, wieder vor dem Problem, sich seine Gateways selbst bauen zu müssen. Hier muss man sie so bauen, dass sie sich als Plug-ins in die J2EE-Konnektor-Architektur einklinken lassen.

Abbildung 115:
Oberste Ebene der J2EE-Konnektor-Architektur

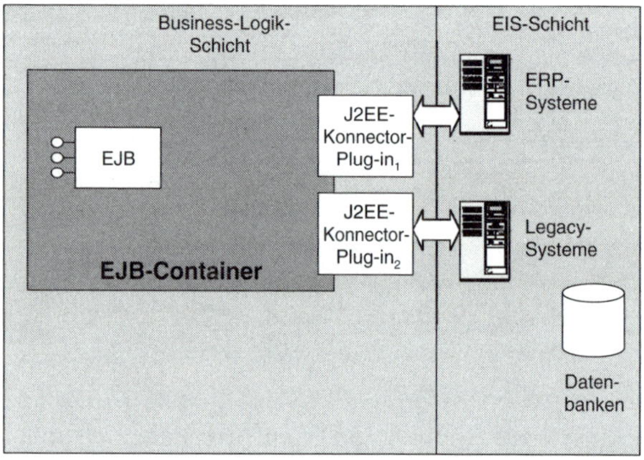

Dazu kann ein Konnektor drei Arten von Kontrakten (Schnittstellen) erfüllen:

Verbindungen

- **Schnittstellen für Verbindungen** (Connection Management Contract): Damit wird es einem Applikationsserver möglich gemacht, mit gepoolten Verbindungen zu dahinter liegenden Servern zu arbeiten.

Transaktionen

- **Schnittstellungen für Transaktionsmanagement:** Ermöglichen es einem Applikationsserver, unterschiedliche Qualitäten von Transaktionen zu steuern (von verteilten 2PC-Transaktionen bis hin zu keine Transaktionssicherung).

Sicherheit

- **Schnittstellen für Sicherheit:** Gewährleisten den sicheren Zugriff auf Backends.

Nachdem man bei EAI sehr oft asynchron und verbindungslos arbeitet und nur die wenigsten Legacies als gemanagte Ressource für verteilte Transaktionen zu verwenden sind und nachdem meist Host-Sicherheitsmechanismen eingesetzt werden müssen, ist von den drei Kontrakten die Sicherheitsschnittstelle praktisch noch am relevantesten.

7.4 J2EE-Architektur und EAI-Integrationsserver

Verständlichkeit

Das Programmiermodell der J2EE-Konnektor-Architektur ist wesentlich schwerer zu verstehen als ein Modell, das auf einem asynchronen Publish/Subscribe-Modell beruht. Ob sich diese Architektur daher großflächig durchsetzen wird, bleibt abzuwarten.

Dadurch, dass Geschäftsprozesse und weitere wichtige Fähigkeiten von EAI-Integrationsservern nicht abgedeckt sind, wird man um den Einsatz eines EAI-Integrationsservers in den folgenden Anwendungsfällen nicht herumkommen:

Prozessautomatisierung

- Im Fall von Geschäftsprozessintegration und Prozessautomatisierung sowie B2B-Integration muss man zu seinem J2EE-Applikationsserver Funktionalität dazukaufen, zum Beispiel in Form eines EAI-Integrationsservers.

A2A

- Im Falle von A2A-Kommunikation wäre die komplexe Adapterarchitektur kontraproduktiv. Ein J2EE-Applikationsserver ist nicht die nahe liegendste Lösung für diesen Fall.

Multichannel

Brauchbar erscheint der alleinige Einsatz von J2EE für EAI-Zwecke nur für Multichannel-Architekturen ohne komplexe Routingerfordernisse und ohne zusammengesetzte Geschäftslogik zu sein. Wir erinnern uns an das EDS-Beispiel aus Abbildung 75 (Seite 121). Solche Dinge sind jedoch auch schon besser in einem Integrationsserver abzubilden.

Wenn man einen EAI-Integrationsserver verwendet, um die in Abbildung 114 nicht durch J2EE geleistete Funktionalität abzudecken, wird man für die Verbindung zwischen EAI-Integrationsserver und einem EJB-Container jedenfalls sinnvollerweise die J2EE-Konnektor-Architektur verwenden. Die J2EE-Architektur als alleiniges »EAI-Werkzeug« für alle Anwendungsfelder hat jedoch deutlichen funktionalen Ergänzungsbedarf.

8 Praktische Erfahrungen mit EAI

In diesem Kapitel werden wir einige Erfahrungen wiedergeben, die in der Generali Vienna Group mit EAI bisher gemacht wurden. Da auch wir mit EAI eher am Anfang der Reise als am Ende stehen, werden wir sicher noch weitere Erfahrungen machen und mancher Nutzen wird sich auch über die Zeit noch einstellen. Trotzdem kann man sagen, dass die Erfahrungen eher mit dem übereinstimmen, was man nach gesundem »Softwarearchitektenverstand« erwartet, als mit dem, was die Verkäufer von EAI den Vorständen von Banken und Versicherungen erzählen, um ihre Produkte zu platzieren.

8.1 Praktische Erfahrungen aus einem EAI-Projekt

Die folgenden Erfahrungen haben wir aus einem EAI-Projekt gewonnen, in dem wir Teile einer N:M-Multichannel-Architektur implementiert haben. Dabei wurde vor allem ein sehr altes Backend-System für das E-Business teilweise aufgeschlossen.

8.1.1 Man sieht immer noch, aus welchem Backend-System ein Service stammt

Transparenz

Eine der wesentlichen Erwartungen, die man hat, wenn man Schnittstellen aufbereitet und XML-Strukturen für Requests einführt, besteht darin, so etwas wie universelle Aufträge zu bekommen, mit denen man sich auch mit Geschäftspartnern unterhalten kann und mit denen sich auch andere Systeme leicht anbinden lassen.

Alte Systeme

Wir haben ein 25 Jahre altes Vertragssystem angebunden und mussten zumindest unter Zeitdruck das Gegenteil erleben. Wenn man einen harten Produktionstermin hat, werden sich in die XML-Strukturen Begriffe und Bezeichnungen aus der Schnittstelle des Altsystems einschleichen. Das war zumindest nach dem ersten Durchlauf mit einem Backend der Fall.

Es ist anzunehmen, dass sich das nach der Anbindung von mehr als einem System und mehreren Runden Redesign bessern wird. Man sollte sich aber nicht der Illusion hingeben, dass man unter starkem Zeit- und Produktionsdruck in der Lage ist, ideale Datenstrukturen für die Geschäftsobjekte einer Firma zu finden, die vorher auch in 25 Jahren nicht gefunden wurden. Nur die Tatsache, dass man es wieder versucht – dieses Mal mit einem EAI-Werkzeugsatz –, ändert daran nichts.

8.1.2 Kostenverteilung 80/20

In Unterlagen über EAI-Integrationsserver liest man des Öfteren, dass die eigentliche EAI-Engine nur einen kleinen Teil der Projektkosten ausmacht. Der weitaus größere Teil der Kosten ist in die Normalisierung von Schnittstellen zu investieren.

Abbildung 116: *Kostenverteilung bei einem EAI-Projekt hat sich bestätigt*

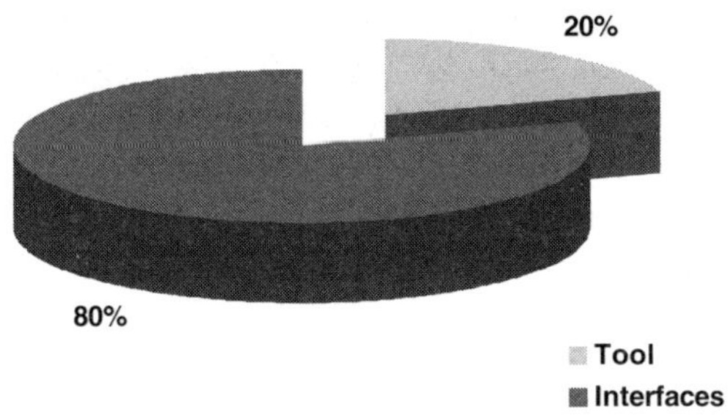

Kosten

Nach der Anbindung eines einzigen Backend-Systems, eines ca. 25 Jahre alten Allsparten Vertragssystems, hat sich die oft gehörte Kostenverteilung von 80/20 bei uns bestätigt, wobei 80% der Projektkosten in die Aufbereitung und Normierung einer mehrfach überladenen Satzschnittstelle (siehe auch Seite 182) geflossen sind und 20% in die selbst geschriebene Engine EDS (siehe Abschnitt 5.1). Dies ist allerdings die Kostenverteilung nach dem ersten Projekt und die Engine ist nach einem Projekt weitgehend stabil. Durch das Anbinden weiterer Backends werden sich die Kosten für die EAI-Engine nicht mehr erhöhen. Damit fallen nur noch die Kosten für die Anbindung an, aber kein weiterer Aufwand für die Engine.

8.1.3 Two Phase Commit (2PC) hilft oft nur theoretisch

2PC

Viele EAI-Integrationsserver, wie auch viele Applikationsserver, sind auch in der Lage, verteilte Transaktionen mit 2 Phase Commit zu unterstützen. Unter 2 Phase Commit versteht man das Committen verteilter Transaktionen, die Subtransaktionen auf verschiedenen Servern haben. Die komplette zusammengesetzte Operation soll sich dabei als ACID-Transaktion nach dem »alles oder nichts«-Prinzip« verhalten.

X/OPEN

Dies setzt allerdings voraus, dass die Ressourcen, die unter der Transaktionskontrolle der verteilten Transaktion laufen sollen, auch in der Lage sind, entsprechende Protokolle, wie das X/Open-Transaktionsprotokoll, zu unterstützen.

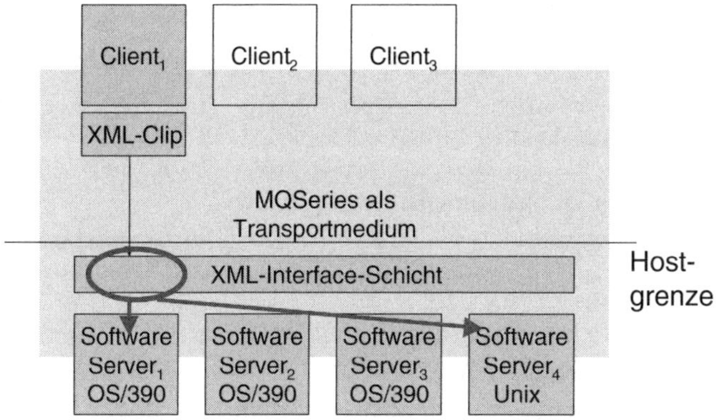

Abbildung 117: *Kommandos (Transaktionen), an denen mehrere Server beteiligt sind, würden Two Phase Commit erfordern. Wegen technischer Inkompatibilitäten muss man jedoch meist selbst gebaute Lösungen verwenden.*

Diesen Protokollen ist gemeinsam, dass sie im Vergleich zu den 25 Jahre alten Systemen, die man im Bank- und Versicherungsbereich noch häufig vorfindet, eher neueren Datums sind. Sie stammen meist aus den frühen 90er Jahren. Sie werden daher selbst heute noch eher selten im Zusammenhang mit alten Systemen eingesetzt. Abbildung 117 zeigt eine solche Situation. Ein Client möchte einen Auftrag erteilen, der nur dann zu erledigen ist, wenn sich ein OS/390-System und ein Unix-System unter einer Transaktionsklammer konsistent verhalten. Gehen wir davon aus, der Aufruf an das OS/390 erfordere IMS-TM (einen Transaktionsmonitor) und der Aufruf an die Unix-Maschine ist in Wirklichkeit ein SAP RFC Call. Es wird nun sehr schwer werden, dies mit einem durch Betriebssysteme oder Systemsoftware zur Verfügung gestellten Mechanismus automatisch unter verteilter Transaktionskontrolle zu fahren.

Stattdessen kann man zwei Dinge tun:

Fehlerfall

- Im einfacheren Fall kann man darauf hoffen, dass Fehler selten passieren und die Fehler sich protokollieren lassen. Tritt dann ein Fehler auf, kann man ihn manuell mit einer Korrekturbuchung beseitigen.

Soft Rollback

- Im aufwändigeren Fall kann man für den in der zeitlichen Reihenfolge ersten Auftrag eine fachlich kompensierende »Transaktion« schreiben, die die Wirkungen der ersten Transaktion kompensiert, wenn die zweite scheitert.

In den meisten Fällen werden es viele Unternehmen aus Kostengründen bei der oberen Lösung belassen. Und das, obwohl es doch 2PC gibt.

8.1.4 Die Vorteile schlecht integrierter Systeme

Hochintegrierte Systeme

In Vorlesungen lernen wir, wie wichtig es ist, integrierte Systeme und Datenmodelle zu haben. In den 80er Jahren und auch noch in den 90ern führte das zu

- einheitlichen Unternehmensdatenmodellen,
- unternehmensweiten, einheitlichen Entwicklungsumgebungen und
- unternehmensweiten Repositories.

Man hätte am liebsten alle Systeme voll integriert. Alle Systeme sollten online auf relationalen Datenbanken arbeiten und im Endeffekt auf einer einzigen logischen relationalen Datenbank. Das ist die Vision, die immer noch Lehrmeinung ist. Heute weiß ich, dass unser Unternehmen die Euro-Umstellung nicht überlebt hätte, wenn wir ein dermaßen perfekt integriertes System gehabt hätten.

Zur Verdeutlichung dient zunächst Abbildung 118.

Abbildung 118: *Integriertes System mit gemeinsamer Datenbank*

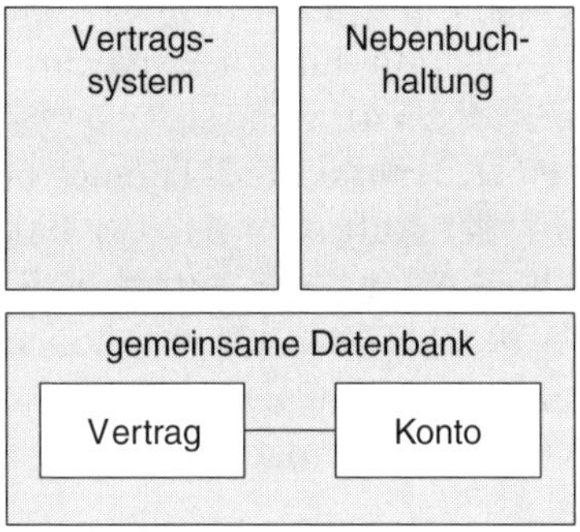

Unternehmensdatenmodell

Die Abbildung zeigt zwei Anwendungen (man kann sie auch fast Geschäftsobjekte nennen), die eine gemeinsame, integrierte Datenbank benutzen. Immer wenn ein Vertrag verarbeitet wird, werden sofort die Änderungen auch in der Nebenbuchhaltung vorgenommen, also zum Beispiel Provisionen gebucht und auch Forderungen gegen die Kunden. Das Beispiel oben ist sehr klein. Es gibt durchaus integrierte Systeme mit ca. 50 solcher Systemblöcke von der Mächtigkeit der oben gezeigten.

In der Theorie funktioniert das optimal. Man hat immer einen konsistenten Zustand der Datenbank. Nach jeder Transaktion ist die Datenbank wieder zumindest technisch konsistent. In der Praxis passieren allerdings Fehler. Diese Fehler werden nicht sofort entdeckt, nachdem in einem Batch der erste Vertrag verarbeitet wurde. Sie werden zum Beispiel erst dann entdeckt, wenn 600.000 Verträge bearbeitet wurden.

Die Datenbank hat jetzt zwar einen technisch konsistenten Zustand, nur leider ist der fachlich nicht korrekt. Entweder sind nur die Verträge falsch oder nur das Nebenbuch oder beides.

Fehler passieren

In alten Batch-Systemen ohne relationale Datenbanken hätte man nach einer solchen Feststellung den Programmfehler korrigiert, den Lauf noch einmal durchgeführt und das Problem wäre behoben gewesen. Nicht so hier. Hier kann man Folgendes tun:

Korrekturprogramme

- Man kann entweder Korrekturprogramme schreiben, die zur einmaligen Anwendung bestimmt sind und komplex sein können und folglich wahrscheinlich wieder Fehler enthalten.

Backup

- Oder man kann eine Sicherung der Datenbank einspielen, die vor dem Verarbeitungslauf gemacht wurde. Das kann allerdings sehr lange dauern. Wenn man kein Batch-Fenster mehr hat, sondern nur noch mit Einzelverträgen online arbeitet, geht auch das nicht mehr, weil in der Zwischenzeit andere Geschäftsfälle dieselben Daten weiter verändert haben. Es bleibt dann wieder nur das Korrekturprogramm.

Zwischenbestände

Batch-Systeme mit Zwischenbeständen und Batch-Fenstern mögen zwar als altmodisch gelten, sie bieten aber im Problemfall wesentlich mehr Eingriffsmöglichkeiten. Dies wird durch Abbildung 119 verdeutlicht.

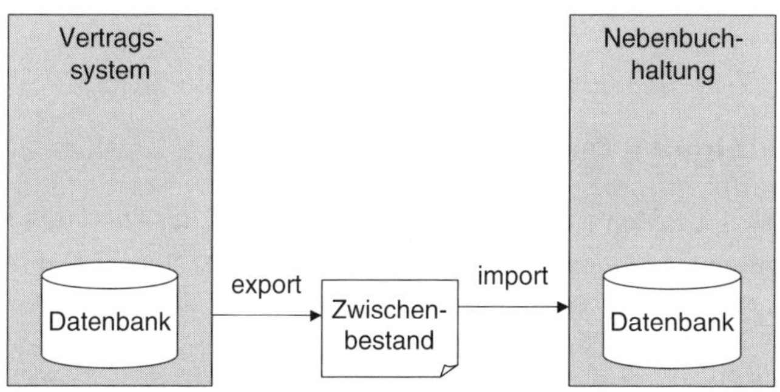

Abbildung 119: *Nicht integriertes System mit Zwischenbestand*

Hier wird durch den Vertragsverarbeitungsbatch ein Zwischenbestand exportiert und erzeugt, der von der Nebenbuchhaltung eingelesen wird. Man hat hier wesentlich mehr Kontroll- und Korrekturmöglichkeiten:

- Für den Fall, dass der Vertragsbestand fehlerhaft geworden ist, kann der Zwischenbestand immer noch richtig sein. Man kann dann den Import in die Nebenbuchhaltung sogar starten.

- Oder der Vertragsbestand ist richtig und nur der exportierte Zwischenbestand ist falsch. Dann kann man unter Umständen mit einem Korrekturprogramm einen neuen erzeugen.
- Oder alles lief korrekt und nur der Import in die Nebenbuchhaltung hat Fehler. Dann kann man wenigstens das Vertragssystem schon wieder benutzen, während man den Fehler in der Nebenbuchhaltung sucht und korrigiert.

Fortpflanzung von Fehlern

Integrierte Systeme sind gefährlich, weil ein Fehler leicht sehr weitreichende Auswirkungen hat und weil es keine Feuermauern gibt, die Brände aufhalten und Flächenbrände verhindern. Sie funktionieren leicht nach dem »alles oder nichts«-Prinzip. Und die Zuverlässigkeitstheorie besagt, je mehr Subsysteme parallel richtig funktionieren müssen, damit das Gesamtsystem funktioniert, desto geringer ist die Wahrscheinlichkeit, dass das Gesamtsystem funktioniert.

Von daher sind integrierte Systeme nicht nur gut. Integrierte Systeme haben auch Schattenseiten. Sie werden fragen, was das alles mit EAI zu tun hat? Relativ einfach. Wenn Sie EAI und andere Integrationstechniken benutzen, um integrierte Systeme zu schaffen, die nur noch funktionieren, wenn alle Subsysteme gleichzeitig funktionieren und keine Batch-Fenster und Zwischenbestände mehr haben, können Sie Probleme bekommen. Fehlerbeseitigung kann dann wesentlich länger dauern und größere Teile des Gesamtsystems lahm legen. Von daher sollten Sie beim Systemdesign Fehler und Brandmauern nicht aus den Augen verlieren.

8.2 Einige Mythen von EAI-Verkäufern

Im Vertrieb, und gerade im Vertrieb von Software, werden des Öfteren Aussagen gemacht, die eher einfacher Natur sind. Neue Technologien werden meist als Silver Bullets verkauft, obwohl sich inzwischen herumgesprochen haben sollte, dass Silver Bullets bisher in der Praxis noch nicht beobachtet wurden. Technologien wie Unternehmensdatenmodellierung, Objektorientierung, Wiederverwendung und Entwurfsmuster wurden alle als Silver Bullets verkauft, als sie noch sehr neu waren. Die Aussagen, die in der Phase, wenn Technologien noch neu sind, von Verkäufern gemacht werden, haben nicht immer technischen Tiefgang.

Silver Bullets

Abnehmender Hype

Mit der Zeit bewegen sich dann alle Silver Bullets in Richtung Normalität. Der Hype nimmt ab und der Umgang mit der Technologie wird differenzierter. Es werden dann die Vor- und Nachteile und die Eigenschaften der Technologie genauer betrachtet.

EAI ist eine noch relativ neue Technologie, die sich bisher weder flächendeckend verbreitet noch konsolidiert hat und bei der Verkäufer daher typischerweise noch mit eher »simplistischen« Aussagen agieren.

Sparen mit EAI

Dieses Buch ist u.a. auch aus dem einen Grund entstanden, weil man als Architekturverantwortlicher immer wieder zu solchen Aussagen Stellung beziehen muss. Typischerweise wird ein Verkäufer bei einem Vorstand vorstellig und erzählt ihm, dass man mit der neuen Technologie X Millionen Euro einsparen kann. Vorstände (und andere Mitarbeiter natürlich auch) möchten immer Millionen für das Unternehmen einsparen und werden daher nachfragen, wie diese Aussagen einzuschätzen sind. Da gute Verkäufer auch gute Geschichten haben, werden die Nachfragen manchmal so ausfallen, dass man es als »Techniker« nicht gerade einfach hat, dazu passende Antworten zu finden. Welche Antwort hatte man zum Beispiel als Techniker auf den Dotcom-Hype an den Börsen, wenn man wusste, dass es weder technisch noch wirtschaftlich sein kann, dass die Börsenkapitalisierung der Firma einer Suchmaschine oder eines einfachen Internet-Katalogdienstes weit höher sein soll als die eines etablierten und profitablen Autoherstellers von Luxuslimousinen. Wenn Menschen gierig gemacht werden, hat man es mit rationalen Argumenten nicht mehr einfach. Über solche Mechanismen werden daher auch in den Startphasen viele neue Technologien verkauft.

Wir werden daher hier einige typische Aussagen von EAI-Verkäufern diskutieren, mit denen man entweder in Prospektmaterial oder auch von Beratern konfrontiert wird. Häufig bekommt man solche Aussagen zu hören:

- Wenn Sie unser EAI-Tool kaufen, wird die Schnittstellenwartung »fast nichts kosten«. Siehe folgenden Abschnitt. *Kostenlose Schnittstellen*
- Durch EAI entsteht ein einheitliches Datenmodell. Siehe Abschnitt 8.2.2. *Einheitliches Datenmodell*
- Durch EAI werden Ihre Frontend-Systeme von den Änderungen der Backends entkoppelt. Siehe Abschnitt 8.2.3. *Entkopplung*

Man könnte diese Aussagen natürlich auch einfach so diskutieren, ohne Bezug zu Silver Bullets und Verkäufern. Aber in dieser Verbindung liest es sich hoffentlich amüsanter, ohne an Informationsgehalt zu verlieren.

8.2.1 Wenn Sie unser EAI-Tool kaufen, wird die Schnittstellenwartung »fast nichts kosten«

Wir haben oben schon mehrfach erwähnt, dass alte Systeme vor 25 Jahren nicht gerade darauf optimiert wurden, es den Leuten einfach zu machen, die sie jetzt immer noch warten müssen. Dies führte bei Michael Stonebreaker irgendwann zu der plakativen Aussage »Keep the Data – Toss the Code« [Brod+1995]. Weil diese Weisheit sich bisher als ähnlich richtig herausgestellt hat, wie die, dass Gold ein Basiselement ist, für das man derzeit keine Verfahren kennt, um es preiswert aus billigeren Materialien herzustellen, finden sich immer wieder Alchemisten, die das Gegenteil behaupten. Oft können solche Alchemisten an Höfen ihre Experimente sehr lange machen und oft gelingt es ihnen auch, wieder zu verschwinden, bevor die Sache »auffliegt«.

Der Traum von der billigen Schnittstellenwartung

Wenn Sie also einen Satz lesen oder hören wie »*Wenn Sie unser EAI-Tool kaufen, wird die Schnittstellenwartung fast nichts kosten*«, dann sollten Sie vorsichtig sein. Wir werden Ihnen in diesem Abschnitt ein paar typische Beispiele für Altsysteme zeigen, die zur Kategorie der schlecht wartbaren Altsysteme gehören. Wir werden Ihnen aber auch solche zeigen, die besser wartbar und anbindbar sind. Diese sind dann allerdings mit oder ohne EAI-Tool gut zugänglich.

Normalisierung »alter Assemblerschnittstellen«

Normalisierung

In den 70er Jahren standen Datenbanken erst am Anfang. Man arbeitete damals mit VSAM Files oder auch mit hierarchischen Datenbanken wie zum Beispiel IMS oder einfach nur mit flachen Dateien (flat files).

Solche Systeme hatten (und haben) das Problem, dass sie dazu verleiten, bei schnellen Änderungen Sätze und Felder zu missbrauchen. Ein typischer Vertragssatz einer Versicherung hatte zum Beispiel 4096 Bytes (warum wohl?). Davon wurden am Anfang vielleicht 3800 benötigt und definiert. Die restlichen Felder hörten auf sprechende Namen wie Reserve_1, Reserve_2 und so weiter.

Doch auch die Felder, die scheinbar ordentlich definiert waren, wie zum Beispiel »ALVDA« (allgemeine Vertragsdaten), waren mit der Zeit nicht mehr das, als was sie ursprünglich geplant waren. Da Versicherungen oder Banken auch damals schon neue Geschäftsprozesse und Produkte einführen mussten, wurden Felder gerne immer wieder mit neuen Inhalten überladen.

Überladene Felder

So konnten zum Beispiel die allgemeinen Vertragsdaten unterschiedliche Eintragungen enthalten:

- bei einer Kfz-Versicherung die Bonus- oder Malusstufe,
- bei einer Lebensversicherung der Produktschlüssel und Verweise auf Zusatzversicherungen,
- bei anderen Versicherungen andere Dinge.

Zerwartete Systeme

Je länger die Systeme gewartet wurden (und wir haben es mit einigen zu tun, die seit 35 Jahren gewartet werden), desto mehr Ausnahmen und Sonderregelungen haben sich in die Satzformate eingeschlichen. Da auch damals schon nicht dokumentiert wurde und auch jetzt immer noch nicht gerne dokumentiert wird (vor allem dann nicht, wenn man unter Zeitdruck steht), existieren meistens keine Unterlagen darüber, wie denn der Inhalt dieser Sätze zu verstehen ist.

Batch-Schnittstellen

Batch-Schnittstellen, mit denen man neue Verträge einbringen kann, bestehen dann meist auch aus einer Datensatzschnittstelle und nicht aus einer funktionalen Schnittstelle. In Situationen, wie der beschriebenen, ist es extrem teuer und aufwändig, neue Schnittstellen auf ein solches System zu setzen. Und zwar ist es aufwändig mit oder ohne EAI-Tools. EAI-Tools können eine solche Situation nicht wesentlich verbessern. Sie helfen einem nur den Überblick zu bewahren, wenn man die Dokumentationsarbeit einmal gemacht hat.

Normalisierung von Dialogschnittstellen auf Transaktionsmonitoren

Verwendung alter Transaktionen

Ab den 80er Jahren und teilweise auch schon davor wurden Hostsysteme mit Schichtenarchitekturen gebaut. Diese (siehe Abbildung 120 und für Details zum Beispiel [Den1991]) sind so gut bekannt, dass wir sie hier nicht detailliert beschreiben.

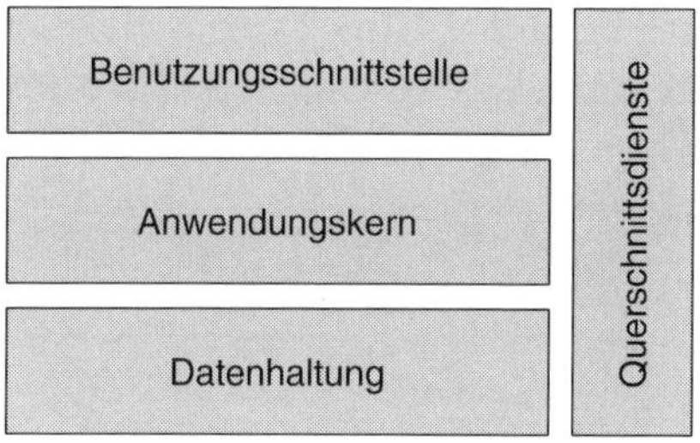

Abbildung 120: *Klassische 3-Schichten-architektur*

Solche Systeme wurden damals meist mit Hilfe von Transaktionsmonitoren, wie CICS oder IMS-TM, erstellt. Das hätte an sich niemanden daran gehindert, sehr gut wartbare Systeme zu bauen. In vielen praktischen Implementierungen sind allerdings zwei Dinge passiert, die dem entgegenstanden:

Design alter Systeme

- Anwendungslogik und Logik der Benutzungsschnittstelle wurden gemischt. Das führt dann dazu, dass man auf den Anwendungskern nicht über eine funktionale oder sonst irgendwie sauber beschriebene Schnittstelle zugreifen kann. Dies kam auch daher, weil es damals nicht wenige Entwickler gab, die von einem Assembler-Hintergrund kommend Prozeduraufrufe für nicht performant hielten und daher Modularisierung eher vermieden.

- Schnittstellen auf den Anwendungskern wurden nicht oder nicht gut genug designt. Dadurch gibt es bei so gebauten Systemen keine Schnittstelle, auf die man einfach mit einem EAI-Werkzeugsatz zugreifen kann.

Screen Scraping

In beiden Fällen kann man dann nur noch mit einem Werkzeug auf die »Bildschirminhalte« der so genannten »Transaktionen« zugreifen. Diese haben allerdings den Nachteil, dass es sich dabei nicht um Serviceschnittstellen handelt, sondern um Dialogschnittstellen, bei denen man zum Beispiel 3 Transaktionen aufrufen muss, um einen neuen Vertrag anzulegen.

Ein sauberes, eher objektorientiertes Service-Interface auf eine solche Struktur zu legen, ist wieder sehr aufwändig und damit sehr teuer. Dabei ist es egal, ob Sie mit oder ohne EAI-Tools arbeiten.

Normalisierung auf Fat-Client-Systemen

Zerlegen von Fat-Clients

Eine weitere Variante von Systemen, bei der man Probleme mit dem Aufsetzen von Schnittstellen haben kann, sind Fat-Client-Systeme. Dies kann sich auch auf objektorientierte Systeme beziehen. Der Begriff Fat-Client bedeutet zunächst nur, dass auf einem Client-PC die komplette Software bis auf die (meist relationale) Datenbank läuft. Eine solche Architektur ist in Abbildung 121 schematisch dargestellt. Auch diese wird hier nicht im Detail erklärt, weil sie als allgemein bekannt vorausgesetzt wird.

Abbildung 121:
Fat-Client-Architektur

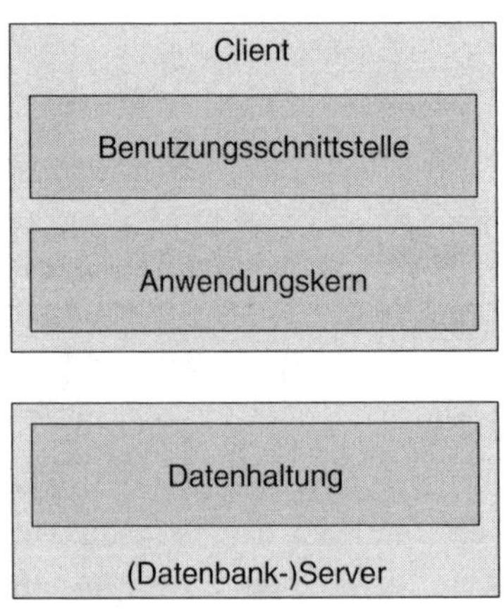

Die Fehler, die hier in der praktischen Implementierung gemacht werden, sind meist dieselben, wie schon auf Seite 183 geschildert: Vermischung von Anwendungskern und Dialogen und verbesserungsfähiges Design der Schnittstelle des Anwendungskerns. Damit hat man hier zunächst einmal schon die Probleme, die man auch bei den dort beschriebenen Hostsystemen hatte.

Zusätzlich kommt aber noch hinzu, dass die Software eines Fat-Client auf einem Client-PC läuft, also nicht serverfähig ist. Dies kann sich in unterschiedlichen Ausprägungen zeigen:

3GL-Fat-Clients

- Während sich Fat-Client-Systeme, die in C, C++, Java oder in einer älteren 3GL-Sprache geschrieben sind, meist noch mit erträglichem Aufwand auf eine Serverplattform wie Unix mit Tuxedo als Transaktionsmonitor portieren lassen,

Smalltalk-Fat-Clients

- hat man bei Programmierumgebungen wie Smalltalk noch größere Probleme, weil es für diese nur sehr exotische Serverumgebungen gibt.

Wenn man diesen aufwändigen Portierungsschritt ausgeführt hat, also Fachlogik und Dialoge getrennt und die Fachlogik auf einen Server portiert hat, kann man einen EAI-Adapter auf die neue Schnittstelle des Servers setzen. Der Aufwand für den EAI-Adapter wird meist der kleinste Anteil der Projektkosten eines solchen Projektes sein.

Normalisierung und 4GL-Systeme

4GL

Eine weitere Art von Systemen, die sich schwer mit Schnittstellen erschließen lassen, sind so genannte 4GL-Systeme. Sie werden teilweise auch als Säulenprogrammierung bezeichnet, weil die Dialoge wie funktionale Säulen auf der Datenbank stehen und oft auch redundante Funktionalität dabei programmiert wurde. Der Begriff ist daher nicht immer positiv gemeint. Abbildung 122 zeigt eine solche Architektur. Typischerweise wird dabei ein Dialog auf eine Datenbanktabelle gesetzt. Die Basisfunktionen eines solchen Dialoges sind dann die CRUD-Funktionen, also create, read, update, delete. Bei funktional einfachen Systemen, wie Warenwirtschaftssystemen[1], kann man mit solchen Mitteln sehr schnell sehr weit kommen.

Stored Procedures

Solche Systeme verlagern ihre Funktionalität dann sehr oft in Funktionen ihrer Dialogoberflächen und außerdem in so genannte Stored Procedures der darunter liegenden Datenbank. Einfache Funktionalitäten sind dabei zum Beispiel kaskadierende Löschungen. Durch Integritätsbedingungen auf der Datenbank wird sichergestellt, dass bei zu

1. Die Hersteller solcher Systeme mögen mir diese Aussage verzeihen.

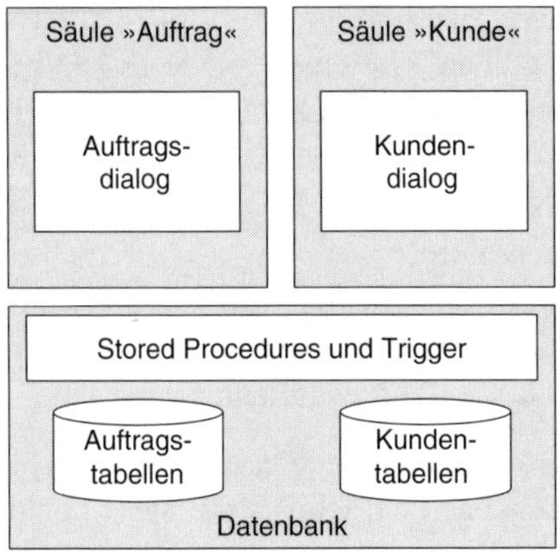

Abbildung 122: *4GL (oder auch Säulen)-Architektur*

Kaskadierendes Löschen

definierenden Ereignissen (Löschen eines Auftrages) noch mehr passiert. Solche Aktionen werden zum Beispiel benötigt, um die Integrität des Datenmodells, und damit der Datenbank, zu erhalten. Sie sind also zum Beispiel erforderlich, um die Löschung aller zugehörigen Auftragspositionen automatisch durchzuführen, wenn der Auftragssatz gelöscht wird.

Bei solchen Systemen ist es sehr schwer, an irgendeiner Stelle eine funktionale Serviceschnittstelle mittels eines EAI-Werkzeuges aufzusetzen. Meist muss man eine solche Schnittstelle mit den Mitteln der 4GL-Umgebung gesondert schreiben und kann dann einen EAI-Adapter ansetzen.

Fazit: Gute Architektur entscheidet über Integrationskosten

Wie Sie an den Beispielen aus den obigen Abschnitten gesehen haben, werden vor allem folgende Faktoren darüber entscheiden, wie einfach und preiswert es ist, Ihre Altsystemlandschaft mit EAI-Werkzeugen zu integrieren:

Design

- Zum einen ist entscheidend, wie sauber Ihre Vorgänger gearbeitet haben, und zwar in Bezug auf klare Schichtentrennung und vorausschauenden Einbau sauberer, funktionaler Schnittstellen.

Dokumentation

- Weiter ist wichtig, wie gut die vorhandene Dokumentation ist. Bei schlechter Dokumentationslage und alten Assembler-Systemen mit mehrfach überladenen und zerwarteten Records bleibt oft nur Trial and Error als Methode der Aufbereitung des Systems. Das gilt leider sowohl für funktionale Zugriffe als auch für die Datenmigrationen. Man hat in jedem Fall eine Bytewurst vor sich, deren Inhalt nicht immer vollständig dokumentiert sein muss.

Lebensdauer

- Ein weiterer entscheidender Faktor ist, wie lange ein System gewartet wurde. Sie können davon ausgehen, dass das Normieren von Schnittstellen umso mühsamer wird, je älter ein System ist.

- Und schließlich spielt auch der verwendete technische Architekturstil eine wenn auch geringere Rolle.

Architekturstil

Die Verwendung von EAI-Werkzeugen macht Ihnen die Arbeit erst ab dem Moment leichter, wenn Sie die eigentlich teuere Arbeit bereits geleistet haben, d.h. die Dinge bereinigt haben, die Ihre Vorgänger unter Zeitdruck durchführen mussten, um mit ihren Projekten fertig zu werden, weil wir annehmen, dass alle Ihre Vorgänger immer Profis waren.

Moderne Architekturen

Selbst bei modernen E-Business-Architekturen, wie der in Abbildung 123 gezeigten J2EE-artigen Browser-Architektur, werden Sie noch genug Probleme mit nicht optimal designten Interfaces vorfinden. Diese Architekturen zwingen lediglich zu einem etwas besseren Schnittstellendesign, weil sie oft Maschinen- und Umgebungsgrenzen enthalten, die die Programmierer zur Einhaltung von Schnittstellenkonventionen und zum Nachdenken über Schnittstellen zwingen.

Insofern ist der Satz »Wenn Sie unser EAI-Tool kaufen, wird die Schnittstellenwartung fast nichts kosten« nicht einmal so falsch. Die Wartung der Schnittstellen ist nicht mehr übermäßig teuer, wenn man sie erst einmal überhaupt designt und dokumentiert hat. Dabei helfen EAI-Werkzeuge aber nur bedingt.

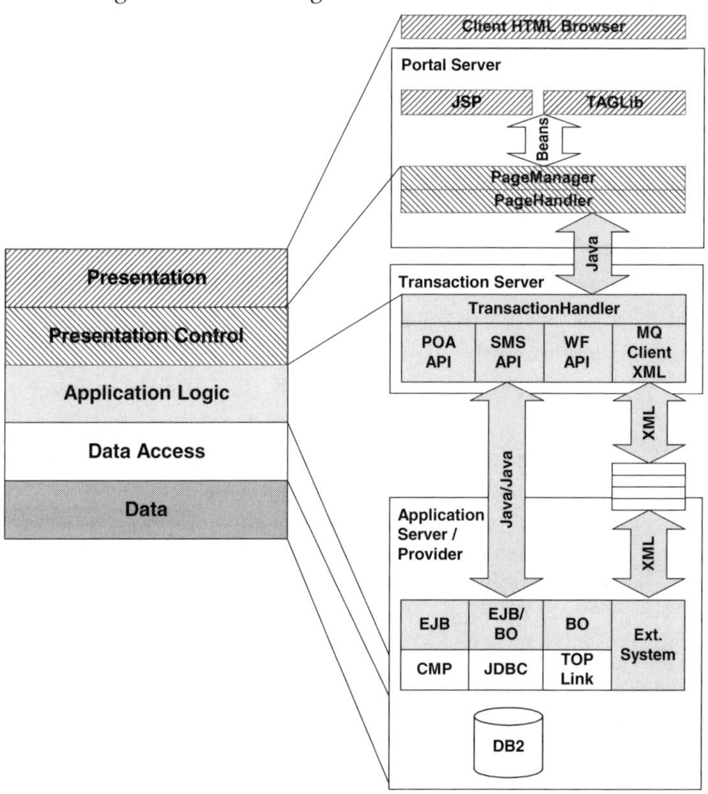

Abbildung 123: *Beispiel für eine moderne, sauber geschichtete Web-Architektur*

8.2.2 Durch EAI entsteht ein einheitliches Datenmodell

Der Mythos »Durch EAI entsteht ein einheitliches Datenmodell« ist so schwach, dass er nur noch von wenigen Verkäufern benutzt wird. Trotzdem sollte man die Geschichte dazu kennen.

Unternehmensdatenmodell

Das Streben nach einem einheitlichen Unternehmensdatenmodell stammt noch aus den 80er Jahren. Damals gab es bei vielen Finanzdienstleistern eine Datenadministration, die »DAS Relationenmodell« des Unternehmens verwaltete. Viele dieser Modelle waren und sind so komplex, dass ein normalsterblicher Entwickler sie schlicht nicht versteht. Im Endeffekt konnten sich Datenadministrationsgruppen nicht durchsetzen und befinden sich auf dem Rückzug.

Datenadministration

Ein Zustand ganz ohne Datenadministration ist allerdings auch wenig erstrebenswert. Wenn man zum Beispiel die Softwarelandschaft einer Firma aus mehreren Landschaften »zusammenfusioniert«, wird man sich nach den Zeiten zurücksehnen, in denen es nur eine Entwicklungskultur mit einer Datenadministration aus einer Firma gab. Trotzdem sind diese Zeiten gerade in der Finanzbranche, bedingt durch mehrere Trends, vorbei:

Standardsoftware

- Der Trend zu Standardsoftware führt dazu, dass man eigene mit fremden Softwareprodukten mischen muss. Bei der Integration hat man selten bis nie die Zeit, zunächst ein gemeinsames Datenmodell zu erstellen und dieses dann in beiden Systemen durchzuziehen oder auch nur die gemachten Kompromisse zu dokumentieren. Es wird daher weniger in übergreifenden Datenmodellen gedacht als vielmehr in Komponenten, die über Schnittstellen Funktionalität zur Verfügung stellen.

Beschleunigung

- Durch den Trend zur Beschleunigung wird erwartet, dass auch große Projekte nach 6–9 Monaten in Produktion gehen. Da bleibt wenig bis keine Zeit für Diskussionen mit der Datenadministration oder gar für Nachdokumentation und Bereinigung früherer Projekte.

Fusionen

- Der Trend zu Fusionen führt dazu, dass man alle 3 Jahre damit konfrontiert sein kann, jeweils 2 oder mehr Anwendungslandschaften mit verschiedenen Datenmodellen und Facharchitekturen zusammenzuführen.

Diese Trends und die Tatsache, dass es die Datenadministrationen schon in den ruhigeren 80er Jahren nicht geschafft haben, die Vision wirklich umzusetzen (und damals hatte man noch 8–9 Jahre Zeit, um eine Systemgeneration zu bauen. Derzeit sind es noch 2–3 Jahre für eine Systemgeneration).

Von daher ist es sehr unwahrscheinlich, dass durch den Einsatz von EAI-Werkzeugen diese Probleme plötzlich aus der Welt geschafft werden, weil die EAI-Werkzeuge ebenso wie bei der Schnittstellennormalisierung auch bei der semantischen Vereinheitlichung von Datentypen zweier fusionierter Unternehmen nur wenig beitragen können.

8.2.3 Durch EAI werden Ihre Frontend-Systeme von den Änderungen der Backends entkoppelt

Dies ist weniger ein Versprechen der EAI-Verkäufer. Es ist eigentlich auch ein Wunsch der Softwareentwickler, die Backend-Systeme weiterentwickeln zu können, ohne dass dies auf die Frontends durchschlägt, die diese benutzen.

Entkopplung

Schon in Abschnitt 8.1.1 ist deutlich geworden, dass dies unter hohem Zeitdruck nicht sehr wahrscheinlich passieren wird. Es ist klar, dass XML-Interfaces fehlertoleranter sind als hart kompilierte und hart kodierte Interfaces. Trotzdem muss man aber, wenn man in einem Backend-System ein neues Datenfeld mit einem neuen Datentyp einführt, diesen irgendwann in das Frontend durchziehen, wenn man ihn denn verwenden möchte. Daran ändert sich auch nichts, wenn man unterwegs für die Übertragung ein XML-File benutzt. Man kann sich lediglich die Kompilierung sparen, die Änderungen des Frontends jedoch nicht.

8.3 Zwischenbilanz – Gute Schnittstellen sind wichtig

Aus diesen Erfahrungen kann man, wenn man zynisch wäre, die folgende Bilanz über EAI-Werkzeuge ableiten:

Kosten

- Wenn man es mit schlecht designten und »zerwarteten« Schnittstellen zu tun hat, wird ein EAI-Tool bei der Integration Kostenvorteile bringen, die im Vergleich zur gesamten Größenordnung des Redesign-Aufwandes nicht wirklich ins Gewicht fallen.
- Wenn man allerdings gute Schnittstellen hat, benötigt man auch keine zusammengesetzten Aufträge, um alte Schnittstellen zu normalisieren, oder Transformationstools, die Schnittstellensätze ineinander überführen.

Folgerung wäre dann also, man braucht EAI-Tools gar nicht. Dies wird vermutlich auch nicht stimmen, weil man nicht davon ausgehen kann, dass ein Milliardenmarkt durch Produkte entsteht, die nutzlos sind.

Es ist aber auch klar, dass mit Aufräumprojekten, bei denen es um die »Schönheit« von Schnittstellen geht, die aber sonst keinen Kundennutzen bringen, kein Geld zu verdienen ist. Die Killerapplikationen für EAI müssen also auf anderen Gebieten liegen. Damit beschäftigen wir uns in Abschnitt 9.1.

9 Ihr Weg zu einer EAI-Architektur

Wenn Sie dieses Buch nicht nur gelesen haben, um sich über EAI zu informieren, sondern weil Sie die zukünftige Architektur Ihres Unternehmens beeinflussen, dann ist noch die Frage interessant, wie Sie zu einer für Ihr Unternehmen guten EAI-Architektur kommen.

Checkliste

Es wird hier nicht möglich sein, eine minutiöse Arbeitsanleitung zu geben. Was wir aber tun können, ist, Hinweise auf die richtigen Themen und Fragen zu geben, mit denen Sie sich beschäftigen müssen. Dieses Kapitel befasst sich also schwerpunktmäßig mit der Strategiefindung. Wenn Sie dann genauere Vorstellungen über Ihre Strategie haben, werden Sie die Checklisten in Kapitel 10 so für sich anpassen können, dass Sie damit besser zu einer Tool-Auswahl kommen können.

In der Theorie werden oft Top-down-Planungsansätze, wie der folgende, vorgestellt: Aus der Strategie folgt die mittelfristige Planung, daraus folgt die Umsetzung zum Beispiel in Projekten.

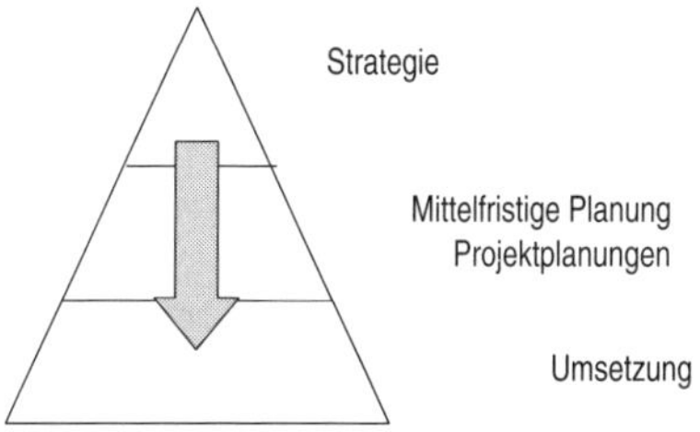

Abbildung 124: *Top-down-Planungsansatz*

In der Praxis sind diese Abläufe allerdings selten so synchron wie oben. Dies zeigt die folgende Abbildung 125. Diese ist aber noch stark vereinfacht, weil sie keine Zyklen von Rückkopplungen enthält.

Strategische Planung

Die strategische Planung beeinflusst die mittelfristige und längerfristige Umsetzungs- und Projektplanung und auch die strategische Planung der Softwarearchitektur. Der Markt für Software hat allerdings auch schon Auswirkungen auf die Geschäftsstrategie. Viele Geschäftsmodelle funktionieren und rechnen sich nur noch, wenn man bezahlbare und passende Software dafür hat. Damit werden viele Geschäftsideen auch wesentlich durch den Markt für Software beeinflusst.

Projekte

Die Umsetzungsprojekte werden oft aus der Strategie getrieben und werden logischerweise von ihrer Umwelt beeinflusst. Zu dieser gehö-

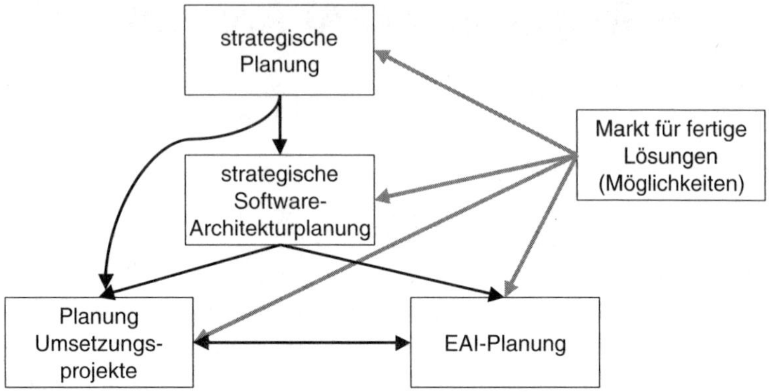

Abbildung 125: *Eine Auswahl an Teilplänen rund um eine EAI-Planung*

ren der Softwaremarkt, die vorhandenen und geplanten Softwaresysteme aus der strategischen Architekturplanung und logischerweise auch die EAI-Planung als Bestandteil der strategischen Architekturplanung.

Mittelfristige Planung

Zu einem sinnvollen EAI-Plan zu kommen, ist also kein triviales Unterfangen und man muss dazu die Unternehmensstrategie, die mittelfristige Projektplanung, die Ist-Systeme und die Architekturplanungen kennen.

Auch wenn das Vorgehen nicht strikt top-down sein wird, ist ein Top-down-Vorgehen zumindest gedanklich hilfreich, wenn Sie sich mit Ihrer EAI-Strategie beschäftigen. Es wird Ihnen helfen, die richtigen Fragen zu stellen. Einige davon werden hier im Folgenden angesprochen.

9.1 Was ist Ihre E-Business-Strategie?

Wie der so genannte Dotcom-Crash des letzten Jahres gezeigt hat, sind Business-to-Customer (B2C)-Geschäftsmodelle nicht immer erfolgreich. Das gesamte Thema E-Business befindet sich auf der Hype-Kurve derzeit in der Phase der Adoption (siehe schon Abbildung 4, Seite 11).

Geschäftsstrategie

Eine der ersten Fragen, die Sie sich zur Entwicklung Ihrer Softwarearchitektur und der EAI-Planung als Teil der Gesamtarchitektur stellen müssen, ist die nach Ihrer Geschäftsstrategie. Wie wird Ihr Imperium also zurückschlagen?

Prozesskosten

Die Wahrscheinlichkeit ist gut, dass Sie Potenziale vor allem aus der Senkung von Prozesskosten über System- und Prozessintegration ziehen können oder aus B2B-Prozessen über die Integration von Geschäftspartnern.

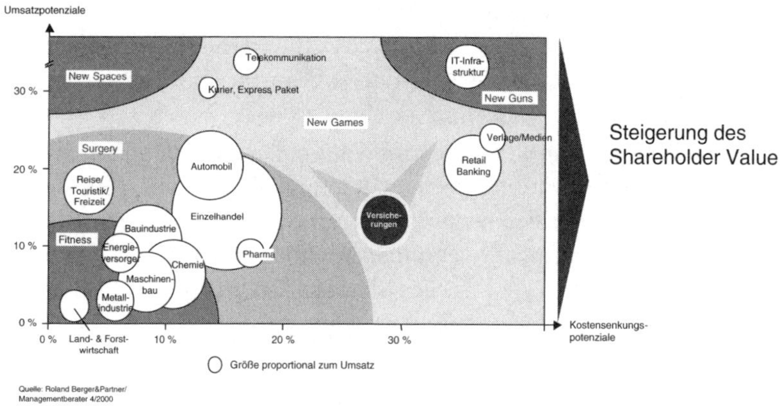

Abbildung 126: *Erwartungen über Effekte von E-Technologien*
Quelle: Generali eBusiness Strategieprojekt, Roland Berger Strategy Consultants, 2000

Die Wahrscheinlichkeit ist auch hoch, dass Sie es schwer haben werden, Aussagen zu einer solchen Strategie in ausreichender Präzision in Ihrem Unternehmen zu finden. Wenn Sie allerdings zusammen mit einem guten Strategieberater eine entsprechende E-Business-Strategie entwickelt haben, dann können Sie sich vorstellen, was Ihr Unternehmen an Effekten erreichen will und welche Cashflows Ihr Unternehmen damit freisetzen will. Damit wird auch Ihr mögliches Investitionsvolumen für EAI-Projekte mitbestimmt.

9.2 Haben Sie einen Business Case und wenn ja, welchen?

Nachdem Sie sich mit der Geschäftsstrategie Ihres Unternehmens vertraut gemacht haben und festgestellt haben, ob und welche Art von E-Business-Projekten ansteht, werden Sie sich als Nächstes die Szenarien und Projektvorschläge näher ansehen.

Normalerweise haben Sie einen Überblick darüber, welche Ihrer existierenden Systeme Sie für Ihr Projekt benötigen und welche Defizite dort existieren, um Ihr Projektziel zu erreichen. Sie merken an der Allgemeinheit dieser Aussage, dass Ihnen dieses Buch bei dieser Aufgabe nur wenig helfen kann.

Nichts Neues erfinden

Das Buch kann Sie nur darauf aufmerksam machen, dass Sie versuchen sollten, Ihren Fall auf einen bereits bekannten Fall zurückzuführen und an dieser Stelle möglichst noch nicht mit Verkäufern zu reden. Wenn Sie das doch tun, dann versuchen Sie Informationen zu Ihrem Fall zu bekommen. Wenn Sie zum Beispiel Ihre Servicekosten durch Kundenselbstbedienung bei der Vertragsauskunft senken wollen, dann werden Sie nicht weit kommen, wenn Sie sich von einem guten Verkäufer eine EAI-Lösung verkaufen lassen, die besonders gut für die Application to Application Integration (A2A) funktioniert. Versuchen Sie daher, Ihr Problem auf ein bekanntes Problem zurückzuführen, in diesem Fall auf N:M-Multichannel.

Quantifizierung

Versuchen Sie weiter, mit quantifizierten Aussagen zu arbeiten. Ein Projekt, dessen Investitionen sich nicht innerhalb von zwei oder spätestens drei Jahren abzahlen lassen, kann man heute kaum noch rechtfertigen und schon gar nicht, wenn man wie im Fall von E-Business und EAI mit relativ neuen und daher riskanten Technologien arbeitet, bei denen man damit rechnen muss, Lehrgeld zu bezahlen.

9.3 Haben Sie einen guten technischen Berater?

Dass es nützlich sein kann, einen guten Strategieberater zu haben, wird aus Darstellungen wie den Hype-Kurven oder Abbildung 126 klar. Aus vielen kurzen Beratungsprojekten haben Berater meist Routine darin, strategische Entscheidungssituationen übersichtlich aufzubereiten und die richtigen Fragen zu stellen.

Strategieberater

Strategieberater werden seriöserweise eher technisch orientierte Kollegen holen, wenn es an die technische Umsetzung eines Projektes geht. Nur wenige (eigentlich keine) Berater beherrschen gleichermaßen die Entwicklung von Geschäftsstrategien und die Entwicklung technischer Strategien.

Magischer Quadrant

Die magischen Quadranten von Gartner Research haben gezeigt, dass man zunächst eine Menge nützlicher Informationen einkaufen kann. Einen Nischenanbieter, der sich zum Beispiel auf EAI in Univac[2]-Umgebungen spezialisiert hat, werden Sie auf diese Weise schnell von Ihrer Auswahlliste streichen können. Und Sie werden schnell herausfinden, was die Marktführer bieten und was deren Stärken, Schwächen und Modelle sind.

Auswahl

Sie können dann anfangen, anhand Ihres Business Case und der Ist-Analyse technische Auswahlkriterien zu formulieren. Sie können dies entweder selbst tun oder sich von einem guten Berater helfen lassen. Wir wollen hier keine allgemeine Anleitung zur Auswahl technischer Berater geben. Sie sollten aber folgende Punkte abprüfen:

Check des Beraters

- ❑ **Ist der Berater mit einem Hersteller verbunden?** Auch Berater können Umsatzziele für den Verkauf der Tools der eigenen Firma haben. Das ist kein K.-o.-Kriterium, aber es sollte Sie vorsichtig ma-

2. Dies nur zur Sicherheit, um keine noch lebenden, weit verbreiteten Umgebungen als Nischen zu bezeichnen.

chen und Sie werden Aussagen anders bewerten, wenn Sie sich dessen bewusst sind.

- Hat Ihr konkreter Berater **Erfahrung** mit möglichst vielen EAI-Projekten und hat er die Projekte auch von der Wiege bis zur Bahre begleitet? Wobei das konfliktäre Anforderungen sind. Jemand, der viele Projekte in der Tiefe über zwei bis drei Jahre begleitet hat, kann schlecht 10 Projekte zu einem technisch aktuellen Thema gleichzeitig betreut haben. *Erfahrung*
- Verfügt Ihr Berater über **Featurelisten und einschlägige Erfahrungen** aus Vorprojekten, die er für Ihren Zweck nur noch ein wenig anpassen muss. Berater werden nach Stunden bezahlt und nur selten pro Problemlösung [Wein1985]. Berater, die Teilergebnisse haben, sind schneller und damit preiswerter. *Checklisten*
- **Stellt Ihr Berater Fragen?** Auf der einen Seite sollten Technologieberater mit vorgefertigten Checklisten arbeiten. Auf der anderen Seite hat es aber auch schon Berater gegeben, die so in ihre Checkliste vertieft waren, dass sie den 30 Kilo schweren Goldklumpen in Ihrem Unternehmen übersehen haben, über den sie sogar noch gestolpert sind und sich dabei den Zeh gebrochen haben. Aber der Klumpen stand nicht auf der Checkliste. Sie werden sagen, das gibt's nicht. Gibt es doch. *Zuhören*

9.4 Gehen Sie die Entscheidungsfelder und Fähigkeiten durch

Aus Ihrer Geschäftsstrategie, der Projektplanung und Ihrem konkreten Business Case werden Sie Ideen haben, wo Sie mit EAI Geld verdienen wollen. Aus Ihrer Kenntnis über die existierenden Systeme wissen Sie, welche Verbindungen und welche Arten von Integration für Sie wichtig sind.

Sie können mit diesem Wissen daran gehen, eine allgemeine Liste von Fähigkeiten, wie Sie sie in Kapitel 3 gefunden haben und in kompakter Form nochmals in Kapitel 10 vorfinden werden, für Ihre Zwecke anzupassen und mit Prioritäten und Wichtigkeiten zu versehen.

Sie werden dann Produkte evaluieren, finden und einsetzen. Oder auch nicht, wenn sich der Business Case nicht rechnet.

9.5 Zum Schluss

EAI-Hype

Naive Verkaufsaussagen und Hypes können abstoßend wirken. Frühe EAI-Produkte wurden zum Teil mit abenteuerlichen Aussagen verkauft. Die Architekturen waren dagegen nicht immer elegant. Das hat viele bewogen, das Thema nach hinten zu schieben oder zunächst eigene Lösungen zu bauen.

Adoption

EAI befindet sich inzwischen hinter dem Berg des Hypes in der Phase der Adoption, also auf dem so genannten Weg über den Anstieg der Erleuchtung (Slope of Enlightment) zum Plateau der Produktivität. Wie die Fallstudie gezeigt hat, gibt es elegante Architekturen, mit denen man Integrations- und Prozessmanagementprobleme lösen kann.

Damit wird es für jeden Großanwender Zeit, sich mit der Technologie zu befassen und, sofern ein Business Case vorhanden ist, von Eigenbau und Experimenten zum Kaufen von Produkten überzugehen, um diese in die eigene Architekturlandschaft zu integrieren.

Gekaufte Anwendungen

Mit dem Megatrend, dass immer mehr Funktionalität fertig zugekauft und integriert werden wird, gewinnt auch das Thema EAI mehr und mehr an Bedeutung. Eine gute und gut informierte Beherrschung des Themas kann die eigene Wettbewerbsfähigkeit durch eine Verbesserung der Kostensituation stärken.

Gefahr von EAI

EAI macht es möglich, das Leben existierender Anwendungen »preiswert« noch eine Weile zu verlängern. Darin liegt allerdings auch eine gewisse Gefahr von EAI. Man kann damit auch die an sich fällige Modernisierung seiner Backend-Serverlandschaft noch länger aufschieben und hinterlässt dann seinem Nachfolger die Kosten, so wie uns unsere Vorgänger Kosten für die Nachdokumentation alter Systeme überlassen haben. EAI ist also wie die meisten Technologien eine Medaille mit mindestens zwei Seiten und vielen Facetten und keinesfalls einfach »naiv« gut.

Dieses Buch sollte die Anwendungsfälle, Potenziale und Beurteilungskriterien für die Technologie so vermittelt haben, dass Profis dadurch in die Lage versetzt werden, fundiertere Entscheidungen zum Einsatz von EAI-Technologien zu treffen.

10 Anhang: Fragen zum Einsatz und zur Auswahl von EAI-Produkten

Die folgenden Fragen können Sie verwenden, um sich daraus Ihre individuelle Checkliste für die Evaluierung von EAI-Produkten oder für die Überprüfung der Strategie Ihres EAI-Projektes zusammenzustellen. Zu den meisten Punkte finden Sie im Buch tiefer gehende Informationen. Es handelt sich hier also um eine stichpunktartige Zusammenfassung in Form einer Checkliste.

10.1 Fragen zur Strategie

Strategie

- ❑ Kennen Sie die E-Business-Strategie Ihres Unternehmens?
  Hintergrund der Frage: Wenn Sie andere Probleme lösen, als die, die Ihr Unternehmen hat, bekommt Ihr Unternehmen zumindest ein Kostenproblem.
- ❑ Wissen Sie, welche Bedeutung Integration und EAI für diese Strategie haben könnten?
- ❑ Kennen Sie einen oder mehrere Business Cases, aus denen Sie eine sichere Investitionsbasis für EAI ableiten können?
  Hintergrund der Frage: EAI ist wie jedes andere Investitionsobjekt auch zuerst ein Mittel, das dem Unternehmenszweck nützt und um Geld zu verdienen.

10.2 Ist-Situation

Ist-Zustand

- ❑ Wie ist das Integrationsproblem bei Ihnen bisher gelöst?
  Hintergrund der Frage: Eventuell sind die Probleme ausreichend gelöst und Sie müssen nicht weiter investieren.
- ❑ Hat diese Lösung überhaupt Schwachstellen oder wie lange hält sie noch?
- ❑ Was sind die vorhandenen Anwendungsarchitekturen und deren Schnittstellen?
  Hintergrund der Frage: Diese Frage hilft Ihnen einzuschätzen, welches Verbindungsproblem Sie haben.
- ❑ Welche wichtigen Systeme haben noch keine normierten Schnittstellen?
  Hintergrund der Frage: Schnittstellennormierung ist ein wesentlicher Kostentreiber. Siehe dazu Abschnitt 8.2.1. Diese Frage hilft Ih-

nen also einzuschätzen, woher Ihre Projektkosten kommen werden. Ob Ihre Kosten also aus der Toolinvestition getrieben werden oder ob das Tool nur einen Bruchteil der Kosten ausmachen wird und die Kosten folglich durch die fälligen Verbesserungen von Schnittstellen verursacht werden.

- ❑ Was war die Triebfeder, derentwegen Sie sich mit EAI beschäftigen? *Hintergrund der Frage:* Haben Sie wirklich einen Business Case oder gibt es andere Motive für ein EAI-Projekt? Welche sind das? Sind sie wirtschaftlich zu begründen?

10.3 Produktbewertung

10.3.1 Produkt und Referenzmodell

Referenzmodell

- ❑ Welche Teile des Referenzmodells aus Abbildung 23: »EAI-Referenzarchitektur« (Seite 43) werden abgedeckt? *Hintergrund der Frage:* Sie erreichen schneller eine Vergleichbarkeit, wenn Sie mehr als ein Produkt evaluieren, und bekommen eine schnelle Handhabe, um Ihre Auswahlliste kürzer zu machen.
- ❑ Welche Produkte haben Sie in Ihrem Ist-Portfolio in diesen Bereichen?
- ❑ Ergänzt sich das Ist-Portfolio mit dem neuen Produkt oder stößt es sich ab? *Hintergrund der beiden Fragen:* Prüfen Sie, welche funktionalen Redundanzen und Wartungsprobleme Sie durch den Einsatz dieses Produktes bekommen werden. Beispiel oben war die Redundanz zwischen einem vollen EAI-Integrationsserver und existierenden Workflow-Produkten. Sie haben dann zusätzlichen Aufwand, solche Situationen zu bereinigen.

10.3.2 Fremdeinschätzung des Produktes und des Herstellers

Position des Herstellers

- ❑ Wie wird das Produkt von Gartner oder GIGA eingeschätzt? In welchem Quadranten liegt es? *Hintergrund der Frage:* Beim Marktführer liegt man nie völlig verkehrt. Bevor man bei einem Nischenanbieter kauft, sollte man über die Zukunft seiner Anforderungen und damit die Zukunft des Nischenproduktes nachdenken.
- ❑ Wie wird die Zukunft des Herstellers von Gartner oder GIGA eingeschätzt?
- ❑ Ist der Hersteller finanziell solide?

- ❑ Gibt es Übernahmegerüchte?
  Hintergrund der letzten drei Fragen: Oft haben Informationsanbieter Hinweise auf die Zukunft von Herstellern. Ein Übernahmekandidat, dessen Produkt untergehen wird, ist kein guter Investitionstipp.

10.3.3 Kosten

Lizenzkosten

- ❑ Wie sieht das Lizenzmodell aus?
- ❑ Wie hoch ist die Einmallizenz?
- ❑ Welche Kosten fallen laufend für Wartung an?
- ❑ Wie sehen die Gesamtkosten für Ihr erwartetes Lastmodell aus?
  Hintergrund der Frage: Es gibt die unterschiedlichsten Lizenzmodelle, auch volumen- und prozessorabhängige. Sie brauchen ein erwartetes Lastprofil, wenn Sie die Preise solcher exotischen Lizenzmodelle wirklich vergleichen wollen.

10.3.4 Verständlichkeit

Elegante Architektur

- ❑ Basiert das Produkt auf einem einfach zu verstehenden Grundmodell?
- ❑ Ist dieses Grundmodell mächtig?
- ❑ Ist die Architektur elegant?
  Hintergrund der letzten drei Fragen: Ihre Entwickler arbeiten besser und produktiver, wenn sie das Produkt schnell verstehen, positiv beurteilen und wenn es mächtig genug ist, um jede gewünschte Funktionalität einfach abzudecken.
  Weiterer Hintergrund ist auch, dass die Wartung einer eleganten Architektur meist billiger ist und Fehler für den Hersteller einfacher zu finden und zu reparieren sind.

10.3.5 Funktionale Fähigkeiten

Unterstützung von Geschäftsprozessen

Geschäftsprozesse

- ❑ Ist Unterstützung von Geschäftsprozessen vorhanden?
  Kontrollfrage: Wird sie überhaupt benötigt?
- ❑ Wie mächtig ist dieses Werkzeug und die Modellierungssprache?
  Hintergrund der Frage: Das Vorhandensein von Geschäftsprozessmodellierung alleine sagt absolut noch nichts über die Verwendbarkeit und Qualität aus. Man könnte dazu eigene Listen angeben.
- ❑ Wie gut ist die Geschäftsprozessmodellierung mit der Kommunikationsschicht integriert?

- Nach welchem Paradigma arbeitet die Geschäftsprozesssteuerung?
  Hintergrund der beiden Fragen: Herkömmliche Workflow-Modellierung kann Schwächen haben und muss nicht immer gut in das Paradigma der darunter liegenden Kommunikationsschicht integriert sein.
  Als positives Beispiel siehe Seite 140.
- Gibt es dazu ein Modellierungswerkzeug?
- Gibt es eine offene Schnittstelle, an die man auch vorhandene Modellierungswerkzeuge andocken kann?
  Hintergrund der Frage: Irgendwann wird der Tag kommen, an dem Sie eine Namenskonvention ändern wollen, eine globale Umstellung Ihrer Modelle vornehmen wollen und so weiter. Dann arbeiten Sie wesentlich produktiver mit einem Skript als mit der grafischen Benutzungsschnittstelle.
- Ist die Ausführung von Geschäftprozessen ausreichend performant?
  Hintergrund der Frage: Unter metadatengetriebenen Workflow-Managern gibt es ausgemachte »Schleicher« mit schlimmen Performance-Problemen.
- Gibt es neben den reinen Prozessen auch persistente Datencontainer, in denen man die Prozessdaten ablegen kann?
  Hintergrund der Frage: Sie sparen sich damit sehr sehr viel Programmieraufwand.

Kommunikationsmodell und Kommunikationsschicht

Kommunikationsschicht

- Wie mächtig und elegant ist das Kommunikationsmodell?
  Hintergrund der Frage wieder: Ihre Entwickler arbeiten besser und produktiver, wenn sie das Produkt schnell verstehen, positiv beurteilen und wenn es mächtig genug ist, um jede gewünschte Funktionalität einfach abzudecken.
- Welche Dienste bietet die Kommunikationsschicht sonst noch?
  Hintergrund der Frage: Nehmen Sie sich ein Modell wie CORBA vor und entscheiden Sie, welche Dienste Sie benötigen. Die vom EAI-Integrationsserver mitgelieferten Dienste müssen Sie nicht mehr programmieren.
- Gibt es Routing-Funktionalität?
  Hintergrund der Frage: Dies ist eine Basisfähigkeit.
- Kann diese auch abhängig vom Inhalt einer Nachricht gemacht werden (Content Based Routing)?
  Hintergrund der Frage: Dies ermöglicht es Ihnen, Nachrichten zum Beispiel Bearbeitern zuzuordnen und mehr Prozesse mit weniger menschlichen Eingriffen besser zu automatisieren.

- Welche Integrationsstile unterstützt das Produkt? Oberflächenintegration, funktionale Integration, Datenbankintegration? Und welche benötigen Sie davon?
  Kontrollfrage: Welche brauchen Sie wirklich?

Adapter (Konnektoren)

Adapterschicht

- Welche Adapter sind vorhanden und sind im Grundlizenzpreis enthalten?
- Welche weiteren Adapter kann man zukaufen?
- Für welche Protokolle benötigen Sie Adapter? Sind das die, die vorhanden sind?
  Kontrollfrage zu den letzten drei Fragen: Welche brauchen Sie davon wirklich?
- Welche Qualität haben die zugekauften Adapter? Handelt es sich um »alte Projektlösungen« oder um eigenständige professionelle Produkte?
  Hintergrund der Frage: Hersteller machen gerne Projektlösungen, weil die Kosten der Kunde als Projektkosten trägt und der Hersteller dann nicht investieren muss. Solche Projektlösungen haben nicht immer dieselbe Qualität wie die Adapter des Kernlieferumfanges.
- Wie produktiv ist das Programmieren von Adaptern? Ist ein entsprechender SDK vorhanden?
  Hintergrund der Frage: Ein elegantes Produkt, bei dem man die Adapter schnell programmieren kann, ist eventuell besser als ein unelegantes, das man nach den Namen der benötigten Adapter kauft.
- Passen alle Adapter in das Kommunikationsmodell?
  Hintergrund der Frage: Achten Sie auf funktionale Einschränkungen einzelner Adapter. Fragen Sie explizit danach.

Performance

- Kann es Performance-Probleme durch Beschränkungen der Adapter geben?
  Hintergrund der Frage: Wenn ein Adapter zum Beispiel singlethreaded ist und wartet, bis er vom aufgerufenen System eine Antwort bekommt, kann das die Performance des kompletten Systems ruinieren, zumindest macht es jedoch die Performance der Verbindung zu einem angebundenen Backend kaputt. Leider sagt die Tatsache, dass ein Adapter vorhanden ist, nicht immer etwas darüber aus, ob er auch performant arbeitet. Dies kann sich auch erheblich unterscheiden, je nach angebundenem Protokoll. Der Adapter A ist zum Beispiel einer aus dem Basisumfang des EAI-Produktes. Der

Adapter B dagegen ist einer aus einem Projekt, der Ihnen nur als Produkt verkauft wird, aber kein wirkliches Produkt ist.

Hilfswerkzeuge für Datentransformation (ETL-Tools)

ETL-Tools

- ❑ Ist ein Werkzeug zur Transformation von Schnittstellen und Daten vorhanden?
  Hintergrund der Frage: Solche Werkzeuge können die Produktivität steigern.
- ❑ Ist das Werkzeug grafisch, skriptbasiert oder beides?
  Hintergrund der Frage: Massenänderungen sind mit textbasierten Werkzeugen produktiver als mit GUI-Tools.
- ❑ Auf welchen Ebenen kann man Daten transformieren: Records, Attribute, Teile von Feldern?
  Hintergrund der Frage: Man muss sich die Funktionalität genau ansehen und darf nicht aufgrund einer Schlagzeile in einem Flyer entscheiden.
- ❑ Wie und in welcher Art wird XML unterstützt?
  Hintergrund der Frage: Durch den breiten Support für XML bekommt man sehr viele lizenzfreie oder preiswerte Manipulationswerkzeuge dafür.

Behandlung von Metadaten

Metadaten

- ❑ Sind wesentliche Modellinformationen des Werkzeuges in Metadatenrepositories vorhanden?
- ❑ Welche Objekte, mit denen das Werkzeug arbeitet, sind im Repository zugänglich und administrierbar?
- ❑ Kann man sie dort nur ansehen oder auch manipulieren?
  Hintergrund der letzten drei Fragen: Massenänderungen sind mit textbasierten Werkzeugen produktiver durchzuführen als mit GUI-Tools.
- ❑ Führt die Metadatenbasierung zu Performance-Problemen?
- ❑ Gibt es Verwendungsnachweise der Metaobjekte – also Cross-Referenzen?
- ❑ Sind alle Objekte versionierbar? Welche sind es nicht?
  Hintergrund der Frage: Große Systeme ohne Release- und Versionsmanagement werden instabil und unwartbar.

Programmierung und Skripting

Programmierung

- ❑ Wie erfolgt Skripting? Visuell, über Texte oder beides?
  Hintergrund der Frage wieder: Massenänderungen sind mit textbasierten Werkzeugen produktiver als mit GUI-Tools.
- ❑ Können Skripte versioniert werden?
  Hintergrund der Frage: Große Systeme ohne Release- und Versionsmanagement werden instabil und unwartbar.

Unterstützung von Geschäftsregeln

Business Rules

- ❑ Wie ist die Unterstützung von Geschäftsregeln in die Architektur integriert?
- ❑ Bekommt man das Gefühl, dass das elegant und ansprechend gelöst ist?
- ❑ Hat man den Eindruck, dass Business Rules nur eingebaut wurden, um ein Hype-Feature anbieten zu können?
  Hintergrund der letzten drei Fragen: Das Modewort Business Rules sagt nichts über die praktische Verwertbarkeit dieser Fähigkeit aus.
- ❑ Wie mächtig ist die Regelsprache?
- ❑ Können Regeln über eine grafische Schnittstelle, Code oder beides eingegeben werden?
  Hintergrund der Frage wieder: Massenänderungen sind mit textbasierten Werkzeugen produktiver als mit GUI-Tools.
- ❑ Wie können Regeln debugged werden?
  Hintergrund der Frage: Regeln sind Code. Damit müssen sie auch debugbar sein. Sonst hat man Probleme, Fehler zu finden.
- ❑ Wie können Regeln auf Konsistenz geprüft werden?
  Hintergrund der Frage: Große Mengen von Regeln können Widersprüche enthalten. Ein Resultat der theoretischen Informatik ist, dass man solche Widersprüche nicht maschinell finden kann. Daher sind die Aussagen eines Herstellers zu diesem Thema interessant, denn sie sagen etwas über dessen Seriosität aus.
- ❑ Was bietet der Hersteller an Konzepten zur Versionierung von Regeln an?
  Hintergrund der Frage: Regeln sind Code. Damit müssen sie auch versionierbar sein. Sonst hat man Probleme in der Wartung und bei der Erstellung großer Systeme.

10.3.6 Technische Fähigkeiten

Nichtfunktionale Eigenschaften

- ❑ Welche Aussagen über die Quality of Service werden gemacht?
- ❑ Ist die Quality of Service anpassbar und konfigurierbar?
  Hintergrund der Frage: Hohe Quality of Service (Transaktionen, garantierte Auslieferung) bedeutet, dass Zustände von Nachrichten immer sicher in einer Datenbank gespeichert werden müssen. Das kostet Performance, die man nicht für jede Nachricht ausgeben möchte, die fachlich gesehen auch verloren gehen darf.
- ❑ Können Nachrichten priorisiert werden?
  Hintergrund der Frage: Die Fähigkeit ist zwingend notwendig, wenn man in Echtzeit oder nahe an Echtzeit programmieren möchte.
  Kontrollfrage: Haben Sie das Problem?
- ❑ Sind Sicherheitskonzepte vorhanden?
- ❑ Basieren diese auf Standards?
  Hintergrund der Frage: Bei Sicherheitskonzepten, die auf Standards beruhen, ist es einfacher, zum Beispiel die Betriebssicherheit nachzuweisen, was bei Banken erforderlich sein kann.
- ❑ Was tut das Produkt, um seine Testbarkeit zu unterstützen?
- ❑ Welche Unterstützung gibt es für getrennte Entwicklungs-, Test- und Produktionsräume? Wie werden die Übergänge unterstützt?
  Hintergrund der Frage: Bei vielen Systemen besteht die Gefahr, dass mangels Unterstützung für solche Verfahren in der Produktion programmiert wird. Man muss dann entweder das Problem teuer selbst korrigieren oder man achtet gleich bei der Auswahl auf das Problem.

10.3.7 Betriebsunterstützung

Betreibbarkeit

- ❑ Wie wird Load Balancing unterstützt?
  Kontrollfrage: Haben Sie überhaupt so viel Last, dass Sie Load Balancing benötigen werden?
- ❑ Welche Monitoring-Möglichkeiten bietet das System?
- ❑ Gibt es Schnittstellen zu Software-Infrastrukturen für die Betriebsüberwachung?
  Hintergrund der Frage: Große Unternehmen haben meist eine der verbreiteten Infrastrukturen zur Betriebsüberwachung heterogener Netzwerke. Als Beispiele für solche übergreifenden Lösungen zur Netzverwaltung seien hier nur Tivoli, NetView, CA Unicenter oder OpenView genannt. Wenn sich ein EAI-Server dort nicht einfügt, entstehen Zusatzkosten für den Betrieb.
- ❑ Ist der Server recoveryfähig?

- ❑ Wie lange braucht der Server nach einem Ausfall, um wieder hochzufahren?
  Hintergrund der beiden letzten Frage: Wie viele Nachrichten können bei einem Absturz verloren gehen? Wie lange ist der Server nach einem Absturz nicht verfügbar?
- ❑ Welche Aussagen über die Zuverlässigkeit gibt es? Sind das garantierte Eigenschaften?
- ❑ Ist das System transparent verteilbar?
  Kontrollfrage: Haben Sie überhaupt einen sinnvollen Anwendungsfall dafür?
- ❑ Welche Möglichkeiten bietet das System bezüglich Tracing und Debugging?

10.3.8 Nichtfunktionale Eigenschaften

Viele der Eigenschaften wie Produktivität der Tools sind oben jeweils schon mit in der Checkliste abgedeckt. Daher ist die Liste nur noch kurz.

Performance

- ❑ Ist die Performance ausreichend für Ihr Lastprofil?
  Tipp: Definieren Sie Ihr Lastprofil mit harten Zahlen und Mengen. Lassen Sie sich Referenzinstallationen mit ähnlicher Last zeigen. Wenn es die nicht gibt, lassen Sie vom Hersteller die Performance mit einem Lasttest nachweisen.

Skalierbarkeit

- ❑ Ist das System skalierbar? Wenn die Performance derzeit ausreicht, was kann man tun, wenn Ihre Last wächst?
  Hintergrund der Frage: Dieses Thema wird sehr gerne vergessen. Der Systemprototyp mit wenig Last funktioniert hervorragend und in Produktion bricht das System ein. Sie werden sagen, das gibt's nicht – doch, aus genau diesem Grund sind schon viele Projekte für viele Millionen gescheitert, haben sich verzögert oder sind erheblich teurer geworden.

Literatur

[Arne1999] Chuck Arney: Web Enabling Native VSE Applications Using Web/VSE-Host, VSE/ESA Software Newsletter, Issue #18, *VSE/ESA Software Newsletter* (First/Second Quarter, 1999).

[Bass+1998] Len Bass, Paul Clements, Rick Kazman: Software Architecture in Practice. Addison-Wesley 1998.

[BizNet] Microsoft Corporation, biztalk.NET Website: http://www.biztalk.net/, Ist die Homepage der BizTalk-Initiative.

[BizTalk] Microsoft Corporation, BizTalk Website: http://www.microsoft.com/biztalk. Enthält Informationen zum BizTalk-Server.

[Brod+1995] Michael L. Brodie, Michael Stonebreaker: Migrating Legacy Systems. Morgan Kaufmann Publishers 1995.

[Dada1999] Peter Dadam: Verteilte Datenbanken und Client/Server-Systeme. Grundlagen, Konzepte und Realisierungsformen. Springer-Verlag 1999.

[Date1994] C. J. Date: An Introduction to Database Systems (6th edition). Addison-Wesley 1994.

[DBFo1995] »Vom Eigenbau zum Produkt: Normiertes Verbindungsstück«. In: Datenbank Fokus, Heft 2/95, S. 30 – 34.

[Den1991] Ernst Denert: Software-Engineering. Springer 1991.

[Gam+1994] Erich Gamma, Richard Helm, Ralph Johnson, John Vlissides: Design Patterns; Elements of Reusable Object-Oriented Software. Addison-Wesley 1994.

[Gray1981] Jim Gray: The Transaction Concept: Virtues and Limitations. Proc. 7th International Conference on VLDB, Cannes, 1981, pp. 144-154.

[Gray+1993] Jim Gray, Andreas Reuter: Transaction Processing: Concepts and Techniques. Morgan Kaufmann Publishers 1993.

[Grif1998] Frank Griffel: Componentware. dpunkt.verlag 1998.

[Härd+1983] Theo Härder, Andreas Reuter: Principles of Transaction-Oriented Database Recovery. ACM Computing Surveys, Vol. 15, No.4, Dec. 1983, pp. 287-317.

[Hous2001] Peter Houston: Selecting Between Synchronous and Asynchronous Alternatives. White Paper, EBizQ Forum (http://e-serv.ebizq.net), 2001.

[IBM1994] DataJoiner – A Multidatabase Server. IBM White Paper 10/94, Reihe »Data Management Solutions«.

[IBM1995] Distributed Relational Database Architecture, Every Manager's Guide, IBM Document # GC26-3195-01, Second Edition, 1995.

[IBM2001] IBM Corp, IBM DCE for AIX, das Handbuch ist über diese Schlüsselbegriffe mit Suchmaschinen an vielen Stellen im Web online verfügbar und einfach mit einer Suchmaschine zu finden. Der für dieses Buch verwendete Hyperlink ist http://www.hpc2n.umu.se/doc/aix/dce/A3U2S/A3U2SM02.HTM.

[Juric2002] Matjaz B. Juric: Professional J2EE EAI. Wrox Press 2002.

[Kell1999] Wolfgang Keller: The Pitfalls of Meta-Systems and Business Rules. White Paper: Background Material for Tutorial »How to Build Flexible Insurance Systems« at STJA99. http://www.objectarchitects.de/ObjectArchitects/papers/WhitePapers/index.htm.

[Kell2001] Wolfgang Keller: A Few Patterns for Managing Large Application Portfolios. Proceedings EuroPLoP 2001 oder auch unter http://www.objectarchitects.de/ObjectArchitects/papers/Published/index.htm.

[Kimb+1998] David Kimball, Laura Reeves, Margy Ross, Warren Thornthwaite: The Data Warehouse Lifecycle Toolkit. Wiley 1998.

[Leyb+2001] Igor Leybovich, Scott Woodgate: Learning BizTalk-Server 2000. Microsoft Corp. 2001, WebTutorial.

[Lint2001] David Linthicum: B2B Application Integration. Addison-Wesley 2001.

[Loos+1997] Chris Loosley, Frank Douglas: High-Performance Client/Server. A Guide to Building and Managing Robust Distributed Systems. Wiley 1997.

[Mano+2001] Dragos A. Manolescu, Adrian E. Kunzle: Several Patterns for eBusiness Applications. Proceedings PloP 2001.

[Musil2000] Sabine Musil (Hrsg.): no-insure.com, Warum Versicherungen im Internet doch eine Chance haben. Karlsruhe, VVW, 2000. XIV, 119 S. (Leipziger Schriften zur Versicherungswissenschaft; 2) ISBN 3-88487-855-7.

[Nuss2000] Richard Nußdorfer: Das EAI-Buch. Erschienen im Selbstverlag, erhältlich beim Autor als elektronisches Dokument, CSA Consulting 2000.

[OMG2001] Jon Siegel: What's Coming in CORBA 3, OMG 2001, siehe auch http://www.omg.org/technology/corba/corba3releaseinfo.htm.

[Open1999] Open Group Technical Standard, DRDA, Version 2, Volume 1: Distributed Relational Database Architecture (DRDA) (C911).

[Orfa+1996] Robert Orfali, Dan Harkey, Jeri Edwards: The Essential Distributed Objects Survival Guide. Wiley 1996.

[Pude2001] Arno Puder: CORBA Feature Implementation Matrices, http://www.ap-c.org/corba/matrix/, based on profiles submitted by users or companies, 2001.

[Ruh+2001] William A. Ruh, Francis X. Maginnis, William J. Brown: Enterprise Application Integration. Wiley 2001.

[Same1997] Johannes Sametinger: Software Engineering with Reusable Components. Springer-Verlag 1997.

[Shar+2001] Rahul Sharma, Beth Stearns, Tony Ng: J2EE Connector Architecture and Enterprise Application Integration. Addison-Wesley 2001.

[Shep2001] Devan Shepherd: XML in 21 Tagen. Verlag Markt und Technik 2001.

[Simm+2002] Curt Simmons, Ash Rofail: The Microsoft .NET Platform and Technologies. Prentice Hall 2002.

[SOAP1.1] Box, Ehnebuske, Kakivaya, Layman, Medelson, Nielsen, Thatte, Winer: Simple Object Access Protocol (SOAP) 1.1, W3C, 8. Mai 2000, http://www.w3.org/tr/soap/.

[Star2002] Gernot Starke: Effektive Software-Architekturen. Ein praktischer Leitfaden. Hanser Verlag 2002.

[Szyp1997] Clemens Szyperski: Component Software. Addison-Wesley 1997.

[VAA1999a] Autorenteam Datenmanager, VAA – die Anwendungsarchitektur der Versicherungswirtschaft, Datenmanager / Anhang. GDV 1999, zu beziehen über http://www.gdv-online.de/vaa/.

[VAA1999b] Autorenteam VAA-Arbeitskreis: Die Technische Beschreibung der pVAA. GDV 1999, zu beziehen über http://www.gdv-online.de/vaa/.

[Vast+2001] Vasters, Oellers, Javidi, Jung, Freiberger, DePetrillo: .NET Crashkurs. Microsoft Press 2001.

[vHal2001] Barbara von Halle: Business Rules Applied. Wiley 2001

[Vitr2000] Vitria Technology Inc: Business Ware Foundations, Version 3.1., Nov 29, 2000.

[Voel+2002] Voelter, Schmid, Wolff: Server Component Patterns – Component Infrastructures Illustrated with EJB. Wiley 2002.

[Wake2000] Philip Wakelin: Securing Web Access to CICS. IBM Redbook, 2000, kostenlos beziehbar über www.redbooks.ibm.com.

[Wein1985] Gerald M. Weinberg: The Secrets of Consulting. Dorset House Publishing 1985.

[Wiek1999] John-Harry Wieken: Der Weg zum Data Warehouse. Addison-Wesley 1999.

[WSDL1.1 Erik Christensen, Francisco Curbera, Greg Meredith, Sanjiva Weerawarana: Web Services Description Language (WSDL) 1.1, W3C, 15. März 2001, (http://www.w3.org/TR/wsdl)

Index

E

I

J

K

L

U

V

W

X

Z

Ihre Meinung ist gefragt!
Gewinnen
Sie mit dpunkt
einen
Palm:
www.dpunkt.de/feedback